LE ROOF TOP
LA PETITE RIVIERA
LA FABRIQUE
L'HYPER MUSEUM
LA STREET GALERIE
LE DELTA
LE SQUARE XXL
LA FORÊT ENCHANTÉE

GUIDE DES GRAND PARIS -IENS

GUIDE DES GRANDS PARIS -IENS

L'éditeur

Les Magasins généraux sont un centre de création fondé par BETC. Au travers de partenariats inédits, ils développent de nouveaux contenus culturels, sans limite de forme : éditions, expositions, festivals, rencontres... Nés sur les bords du canal de l'Ourcq à Pantin, les Magasins généraux croient que le futur s'invente dans le Grand Paris.
magasinsgeneraux.com

Les auteurs

Les journalistes d'Enlarge your Paris, média local indépendant, explorent le Grand Paris depuis 2013 avec une attention particulière pour la culture et ce qu'il se passe au-delà du périph'. Ils y organisent aussi de nombreux événements comme la Transhumance du Grand Paris en 2019 ou les randonnées urbaines le long des futures lignes du Grand Paris Express.
enlargeyourparis.fr

AVERTISSEMENT

Les adresses qui figurent dans le Guide des Grands Parisiens ont été choisies par les journalistes de la rédaction du média en ligne Enlarge your Paris et l'équipe des Magasins généraux. Cette sélection subjective a pour but de donner à voir la diversité du Grand Paris de part et d'autre du périphérique. Chaque lieu a été visité au moins une fois par les auteurs. Il se peut toutefois que certaines indications de ce guide ne soient plus d'actualité lorsque vous en aurez l'usage. Sachez qu'une édition réactualisée vous sera proposée en 2024.

Tout le monde, partout dans le monde, possède sa propre image de Paris. Pour beaucoup, il s'agira de la tour Eiffel®. D'autres auront à l'esprit Notre-Dame, les terrasses des cafés, les Grands Boulevards, la Seine ou encore le Louvre. Paris est la ville la plus visitée au monde, et son hashtag dépasse les 100 millions de photos postées sur Instagram®. C'est encore loin d'être le cas du Grand Paris, qui doit se contenter pour le moment de quelques dizaines de milliers de photos partagées par les influenceurs.

Ce n'est pourtant pas faute de lieux ou de paysages à immortaliser, qu'il s'agisse de musées aussi majeurs que le MAC VAL à Vitry ou de parcs plus grands que Central Park comme ceux de La Courneuve et de Saint-Cloud. Seulement voilà, le périph' s'interpose encore aujourd'hui comme une barrière mentale que ce Guide des Grands Parisiens vous invite à gommer. Publié pour la première fois en 2018 par les journalistes d'Enlarge your Paris et les Magasins généraux, centre de création à Pantin, il décentre le regard que l'on porte sur Paris en proposant une carte composée de dix grands quartiers sans distinction de frontières entre Paris intra et extra-muros.

Une façon d'écrire un nouveau récit à l'heure du réchauffement climatique et de la Covid-19, où l'attractivité d'une métropole ne se mesure plus seulement à la place qu'elle fait à la culture mais aussi aux liens qu'elle entretient avec la nature. Aujourd'hui, seul un quart du territoire est dévolu à la ville. Contre toute attente, c'est l'agriculture qui occupe 50% de l'espace tandis que le quart restant est recouvert de bois et de forêts. Ces statistiques dessinent une autre image du Grand Paris, un Grand Paris plus vert qu'il n'y paraît, capable de répondre aux aspirations des citadins en quête de grands espaces.

À présent, grâce au Guide des Grands Parisiens, vous irez tout naturellement randonner dans « La Forêt Enchantée », profiter des paysages champêtres de « L'Océan Vert » et des « Champs » mais aussi admirer des œuvres en pleine rue dans « La Street Galerie », faire le plein de culture dans « L'HyperMuseum » et goûter à l'esprit de liberté qui souffle sur « La Fabrique ». Avec ce guide et ses plus de 300 adresses, le Grand Paris vous appartient !

Les 10 quartiers du Grand Paris

LE ROOF TOP
LES CHAMPS
LA PETITE RIVIERA
LA FABRIQUE
L'HYPER MUSEUM
LA STREET GALERIE
L'OCÉAN VERT
LE DELTA
LE SQUARE XXL
LA FORÊT ENCHANTÉE

RIQUE
RIQUE
LA FABRIQUE
LA FABRIQUE
LA FABRIQUE
LA FABRIQUE
LA FABRIQUE
LA FABRIQUE
UE
RIQUE
LA FAB

Si l'Île de la Cité est souvent désignée comme le berceau de Paris, il se pourrait que la couveuse du Grand Paris se situe dans le Nord-Est parisien et la Seine-Saint-Denis. Des rives du canal Saint-Martin jusqu'aux cités populaires du 93, une nouvelle façon de fabriquer la ville émerge dans ces quartiers aussi contrastés qu'inventifs et qui donnent leur chance aux audacieux. Qu'ils soient agriculteurs urbains, artistes, *makers*, architectes ou bien simples habitants, les acteurs du changement ont fait des friches de ce vaste territoire leur Eldorado, avec pour envie de créer les conditions d'une ville plus durable. Un *work in progress* aussi prometteur qu'inspirant.

La Fabrique

AUBERVILLIERS | AULNAY-SOUS-BOIS | BOBIGNY | CLICHY-SOUS-BOIS | DRANCY | LA COURNEUVE | LA PLAINE SAINT-DENIS | LE BOURGET | MONTREUIL | PANTIN | PARIS | ROISSY-EN-FRANCE | SAINT-DENIS | SAINT-OUEN | VAUJOURS

carte
LA FABRIQUE

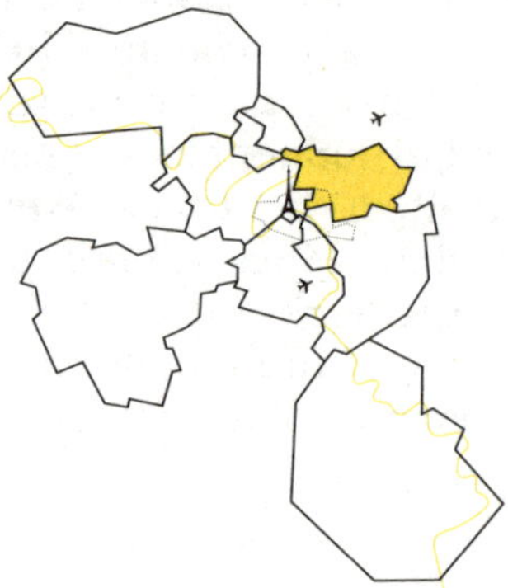

CULTURE

01 THÉATRE DE LA COMMUNE
02 THÉATRE ÉQUESTRE ZINGARO
03 CONSERVATOIRE ANDRÉ CITROËN
04 CANAL 93
05 MC 93
06 ATELIERS MÉDICIS
07 MÉMORIAL DE LA SHOAH
08 ACADÉMIE FRATELLINI
09 INSTANTS CHAVIRÉS
10 CENTRE NATIONAL DE LA DANSE
11 GALERIE THADDAEUS ROPAC
12 MAGASINS GÉNÉRAUX
13 CIRQUE ÉLECTRIQUE
14 PHILHARMONIE DE PARIS
15 KOMUNUMA
16 BASILIQUE CATHÉDRALE DE SAINT-DENIS
17 CHAPITEAU RAJ'GANAWAK
18 THÉATRE GÉRARD PHILIPE
19 6B

ART DE VIVRE

20 BERGERS URBAINS
ET L'ASSOCIATION CLINAMEN
21 BEERS & RECORDS
22 LE CHINOIS
23 ICI MONTREUIL
24 LA MARBRERIE
25 LES TATAS FLINGUEUSES
26 BRASSERIE GALLIA
27 DOCK B
28 LA CITÉ FERTILE
29 LA PANTINOISE
30 CENTQUATRE
31 LA GARE
32 LE HASARD LUDIQUE
33 PAVILLON DES CANAUX
34 RECYCLERIE
35 AÉROPORT PARIS-CHARLES DE GAULLE
36 FERME URBAINE DE SAINT-DENIS
37 MARCHÉ DE SAINT-DENIS
38 LA FABRIQUE DU MÉTRO
39 PUCES DE SAINT-OUEN

PLEIN AIR

40 PARC JEAN-MOULIN – LES GUILANDS
41 PARC GEORGES-VALBON
42 BASSIN DE LA VILLETTE
43 BUTTES-CHAUMONT
44 MARIN D'EAU DOUCE
45 PETITE CEINTURE
46 PARC FORESTIER DE LA POUDRERIE

MANGER

47 AUBERGE DES SAINTS PÈRES
48 APSARA « CHEZ LILI »
49 GYPSE
50 LE JARDIN DE MONTREUIL
51 LES PANTINS
52 RELAIS
53 LE GRAND BRÉGUET
54 PIERRE SANG
55 MULKO
56 DILIA
57 AU RENDEZ-VOUS DES CHAUFFEURS
58 LE RIPAILLEUR
59 YAYA

EN FAMILLE

60 MUSÉE DE L'AIR ET DE L'ESPACE
61 LA VILLETTE

DORMIR

62 MOB HÔTEL

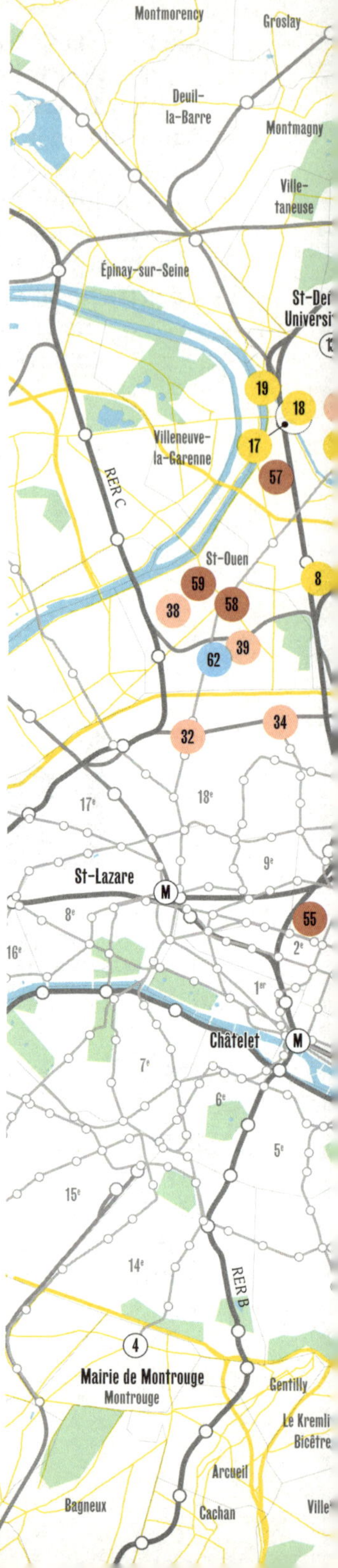

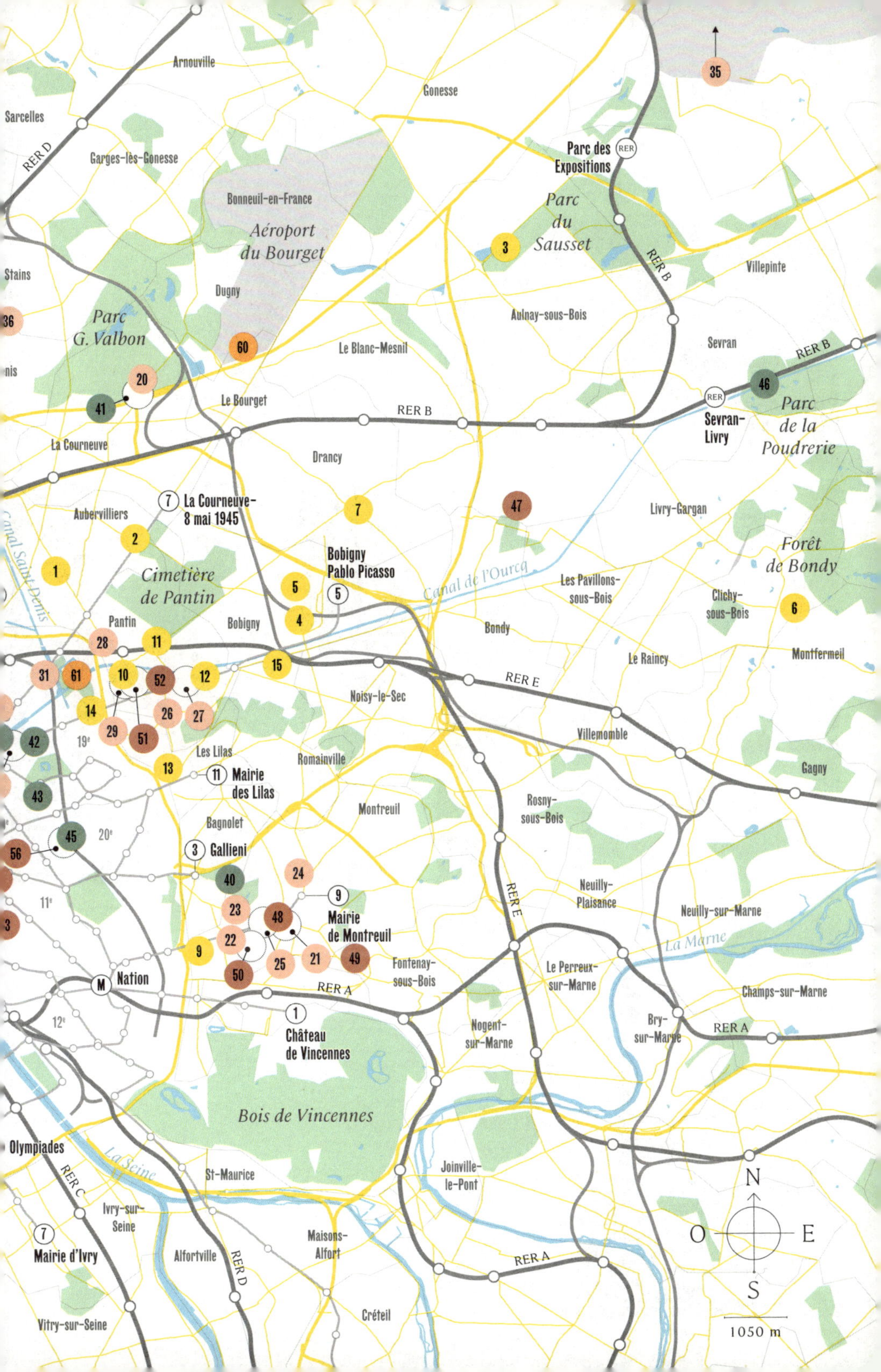

Arnouville
Gonesse
Sarcelles
RER D
Garges-lès-Gonesse
Parc des Expositions
RER
Bonneuil-en-France
Aéroport du Bourget
Parc du Sausset
Stains
Dugny
RER B
Villepinte
Parc G. Valbon
Aulnay-sous-Bois
Sevran
Le Blanc-Mesnil
Le Bourget
Sevran-Livry
Parc de la Poudrerie
La Courneuve
Drancy
La Courneuve-8 mai 1945
Aubervilliers
Livry-Gargan
Forêt de Bondy
Cimetière de Pantin
Bobigny Pablo Picasso
Canal de l'Ourcq
Les Pavillons-sous-Bois
Clichy-sous-Bois
Canal Saint-Denis
Pantin
Bobigny
Bondy
Montfermeil
Le Raincy
RER E
Noisy-le-Sec
19e
Les Lilas
Romainville
Villemomble
Gagny
Mairie des Lilas
Montreuil
Rosny-sous-Bois
Bagnolet
20e
Gallieni
Neuilly-Plaisance
11e
Mairie de Montreuil
Neuilly-sur-Marne
La Marne
Fontenay-sous-Bois
Le Perreux-sur-Marne
Nation
RER A
Champs-sur-Marne
Château de Vincennes
12e
Nogent-sur-Marne
Bry-sur-Marne
Bois de Vincennes
Olympiades
RER C
La Seine
St-Maurice
Joinville-le-Pont
N
O
E
S
Ivry-sur-Seine
Maisons-Alfort
Mairie d'Ivry
Alfortville
Créteil
Vitry-sur-Seine
1050 m

Lampadaire timide | *Quai de la Seine, Paris.*

Chacun son style | *Parc de La Villette, Paris.*

Pin, Pon et Pin | *Quai de l'Oise, Paris.*

Bric-à-brac de broc' | *Marché aux Puces, Saint-Ouen.*

Cigare | *Rue Lécuyer, Aubervilliers.*

Potager partagé | *Passage Haguette, Saint-Denis.*

La dame de l'Ourcq | *Canal de l'Ourcq, Pantin.*

Roger la Gagne | *Marché aux Puces, Saint-Ouen.*

Au sixty-one | *Bagnolet.*

United Colors of Rideaux | *Rue Lopez et Jules Martin, Aubervilliers.*

culture

AUBERVILLIERS

01 THÉÂTRE DE LA COMMUNE

#THÉÂTREENGAGÉ #THÉÂTREDIDÉES #THÉÂTREPOURTOUS

Quel rôle le théâtre peut-il jouer dans l'une des villes les plus pauvres de France ? Cette question, Marie-José Malis se l'est posée dès son arrivée en janvier 2014 à la tête du théâtre de La Commune à Aubervilliers. L'une de ses réponses a été d'instituer un cycle intitulé *Pièce d'actualité*, dont le but est de dépeindre la réalité des habitants. Elle a aussi soutenu la création de l'École des actes, qui vise à faire se rencontrer des personnes d'horizons divers. Difficile de faire théâtre plus engagé.

2, rue Édouard Poisson, 93300 Aubervilliers
Tél : 01 48 33 16 16 / lacommune-aubervilliers.fr

- M — Ligne 7 : Aubervilliers – Pantin – Quatre Chemins, puis bus 150 ou 170 : André Karman
- Vélib' — Rue André Karman, Aubervilliers
- Navettes retour gratuites Paris du mardi au vendredi arrêts Porte de la Villette, Stalingrad, Gare de l'Est, Châtelet

02 THÉÂTRE ÉQUESTRE ZINGARO

#BALLETÉQUESTRE #VIRTUOSITÉ #BARTABAS

Rien que l'endroit vaut le détour. Réalisé par l'architecte engagé Patrick Bouchain, l'édifice en bois collé au fort d'Aubervilliers, ex-enceinte militaire en passe d'être transformée en écoquartier, sert de décor à la troupe de l'écuyer et metteur en scène Bartabas. Pensé de manière à ce que le spectateur se sente immergé, le théâtre équestre Zingaro constitue un univers en soi avec ses écuries et ses caravanes. Depuis 1989, de nombreux spectacles, alliant l'art équestre, le théâtre, la danse et la musique ont illuminé la scène. Les soirs de représentation, un restaurant à l'univers féerique peut accueillir jusqu'à 500 personnes.

176, avenue Jean-Jaurès, 93300 Aubervilliers
Tél : 01 48 39 18 03 / bartabas.fr

- M — Ligne 7 : Fort d'Aubervilliers
- Bus — 250, 330 : Fort d'Aubervilliers / 134, 234 : Fort d'Aubervilliers - Métro
- Vélib' — Avenue Jean Jaurès, Aubervilliers

AULNAY-SOUS-BOIS

03 CONSERVATOIRE ANDRÉ CITROËN

#CROISIÈREJAUNE #LADSDUGÉNÉRAL #LA2CVORIGINELLE

À Aulnay, 400 belles carrosseries au bois dormant somnolent entre les murs du conservatoire André Citroën®. La marque aux chevrons, qui s'est illustrée il y a près d'un siècle en se lançant dans la Croisière jaune, une expédition sur la Route de la soie de Beyrouth à Pékin à bord d'autochenilles, a réuni ici ses top-modèles, de la 2CV (dont vous admirerez l'un des premiers prototypes retrouvés dans un grenier où il avait été caché après 1940 pour éviter que l'armée allemande ne s'en empare) en passant par la DS du Général de Gaulle et la fameuse Traction. Un pan d'histoire de l'automobile en chair et en pistons.

Tarifs : 10 € (plein tarif), 5 € (7 - 18 ans) / Gratuit pour les moins de 7 ans.
Fermé le dimanche.

- Boulevard André Citroën, 93600 Aulnay-sous-Bois
  Tél : 01 56 50 80 22
  laventurepeugeotcitroends.fr/visiter-conservatoire
- Bus — 350 : André Citroën Visiteurs

BOBIGNY

04 CANAL 93

#CONCERTS #ÉCOLEDESARTSURBAINS #BONPLAN

En 20 ans d'existence, Canal 93 s'est forgé une solide réputation. Ce petit bijou de salle de concert vibre aussi bien au son du rock que du hip-hop et met ses équipements (studios de répétition, studio d'enregistrement) à disposition des amateurs comme des professionnels. Canal 93 accueille également L'École des arts urbains, ouverte à tous dès 12 ans avec pour spécialités la musique, la danse, l'humour, le théâtre et le cinéma.

63, avenue Jean Jaurès, 93300 Bobigny
Tél : 01 49 91 10 50 / canal93.net

- M — Ligne 5 : Bobigny – Pablo Picasso
- Bus — 301 : Louise Michel

05 MC 93

#THÉÂTRE #PASSILLIMITÉ #PARTAGE

Dans la mosaïque culturelle du Grand Paris, la MC93 est une pièce maîtresse qui œuvre en faveur de l'accès pour tous à la culture. En plus de sa programmation défricheuse, elle a lancé la «Fabrique d'expériences» qui permet de faire participer le public lors d'avant-spectacles, d'ateliers et de séances d'université populaire. Et comme elle fourmille d'idées, elle a aussi créé un pass illimité pour assister à tous ses spectacles moyennant un abonnement mensuel à prix réduit, 12 € pour les Grands Parisiens hors 93 et 10 € pour les habitants de Seine-Saint-Denis.

Tarif: Pass annuel illimité à 12 €/mois (plein tarif).

9, boulevard Lénine, 93300 Bobigny
Tél: 01 41 60 72 60 / mc93.com

- M — Ligne 5: Bobigny – Pablo Picasso
- Tram — T1: Hôtel de Ville
- Bus — 134, 234, 251, 301: Conservatoire Jean Wiener

CLICHY-SOUS-BOIS

06 ATELIERS MÉDICIS

#CULTUREPOURTOUS #ATELIERSDARTISTES #SPECTACLES

Les grandes institutions culturelles ne doivent pas être réservées qu'à Paris intra-muros. Tel est le sens des Ateliers Médicis, lancés en 2016 à Clichy-Montfermeil afin d'imaginer un lieu de prestige qui s'inspirerait de la Villa Médicis à Rome. Si l'ouverture officielle est prévue à l'horizon 2025, un lieu éphémère a ouvert ses portes en 2018 avec notamment une salle de spectacle et des résidences d'artistes.

4, allée François N'Guyen, 93390 Clichy-sous-Bois
Tél: 01 58 31 11 00 / ateliersmedicis.fr

- RER — E: Le Raincy - Villemomble - Montfermeil, puis bus 601: Administrateur ou Émile Zola.

DRANCY

07 MÉMORIAL DE LA SHOAH

#SURLESTRACESDELHISTOIRE #TRANSMISSION #EXPOS

Moins connu que son pendant parisien, le Mémorial de la Shoah de Drancy est une nécessité historique. Inauguré en 2012, il fait face à la Cité de la Muette, qui devint en 1941 lieu d'internement, puis en 1942 le camp de regroupement des Juifs de France en vue de leur déportation vers les camps d'extermination. Sous ses airs de forteresse recouverte de miroirs, le bâtiment abrite des espaces d'exposition et de conférences ainsi qu'un centre documentaire. Des visites de l'ancienne gare de déportation de Bobigny sont également organisées régulièrement. Les informations pour y participer sont à retrouver sur le site garedeportation.bobigny.fr.

Entrée libre.
Fermé lundi, mardi et mercredi.

110/112, avenue Jean-Jaurès, 93700 Drancy
Tél: 01 42 77 44 72 / memorialdelashoah.org

- M — Ligne 5: Bobigny - Pablo Picasso, puis bus 251: Place du 19 mars 1962

LA PLAINE SAINT-DENIS

08 ACADÉMIE FRATELLINI

#NOUVEAUCIRQUE #SPECTACLES #STAGES

Pour vous purifier de tous les clichés emmagasinés sur le cirque, un pèlerinage s'impose à l'Académie Fratellini. Là, vous avez le choix entre différentes options pour entamer votre cure. Tout d'abord, prendre place dans les travées du grand chapiteau et assister à des spectacles inspirés du Nouveau cirque qui mélange danse, acrobatie ou encore jonglage. Une autre variante consiste à expérimenter un apéro-cirque au cours duquel les artistes viennent vous divertir pendant que vous trinquez. Enfin, troisième possibilité, vous pouvez passer de l'autre côté du miroir en participant aux stages de formation pour petits et grands. Prêt à changer de regard sur le cirque?

1/9, rue des Cheminots, 93210 La Plaine Saint-Denis
Tél: 01 49 46 00 00 / academie-fratellini.com

- RER — D: Stade de France - Saint-Denis
- Bus — 139, 173: Landy-Cheminots
- Vélib' — Rue André Campra, Saint-Denis

MONTREUIL

09 INSTANTS CHAVIRÉS

#MUSIQUE #HORSNORME #MYTHIQUE

C'est l'une des adresses les plus mythiques et les plus confidentielles de Montreuil. Installés dans le silence d'une petite rue anonyme, Les Instants Chavirés explorent le champ des musiques «émancipées». Les spectacles à l'affiche de cette

petite salle conviviale s'affranchissent de toute forme connue. Ici on déconstruit les normes, on brise les formats. Bruitiste, conceptuelle, électronique ou électrique, la musique proposée par les Instants se vit comme une expérience intense et souvent déconcertante. Les concerts sont proposés avec une programmation de vidéos projetées aux murs, que l'on peut savourer avec un excellent verre de vin naturel.

7, rue Richard Lenoir, 93100 Montreuil
Tél : 01 42 87 25 91 / instantschavires.com

- M — Ligne 9 : Robespierre
- Bus — 215, 351 : Rue de Paris
- Vélib' — Rue de Paris, Montreuil

PANTIN

10 CENTRE NATIONAL DE LA DANSE

#DANSECONTEMPORAINE #BÉTONBRUT
#CANTINESOLIDAIRE

Surtout ne pas se fier pas aux apparences. Avec sa façade de cubes de béton, le Centre national de la Danse (CN D) est baigné de grâce. Conçu initialement pour abriter la cité administrative de Pantin, le bâtiment voit défiler depuis 2004 la fine fleur de la danse contemporaine. Lieu de résidence pour les artistes, il sert aussi de scène avec plusieurs temps forts dans l'année comme « Camping » et « Danses partagées » qui permettent de faire se rencontrer professionnels et amateurs. Les férus de danse peuvent aussi accéder à la médiathèque et consulter gratuitement un fonds unique en Europe. Le CN D abrite également une table bonne et pas chère, le Mingway, qui finance la distribution de légumes de qualité à des familles en situation de précarité.

Restaurant-bar le Mingway, entrée-plat-dessert à 16 €.
Ouvert tous les jours de 9h30 à 19h, jusqu'à 21h30 le vendredi et le samedi. Fermé le dimanche.

1, rue Victor Hugo, 93500 Pantin
Tél : 01 41 83 27 27 / cnd.fr

- M — Ligne 5 : Hoche
- RER — E : Pantin
- Bus — 151, 170, 330 : Centre National de la Danse
- Vélib' — Quai de l'Aisne, Pantin

11 GALERIE THADDAEUS ROPAC

#ARTCONTEMPORAIN
#CHAUDRONNERIE #CAFÉ

Trois nefs d'exposition d'une dizaine de mètres de haut baignées de lumière. La galerie Thaddaeus Ropac à Pantin est une cathédrale de l'art contemporain. Ancienne chaudronnerie en briques rouges, elle a accueilli les œuvres de quelques grands noms comme celles du duo d'artistes britanniques Gilbert & George ou de l'allemand Georg Baselitz. Pour prolonger le moment, faites une pause au Café Bleu face à l'entrée de la galerie et devisez sur la place de l'art dans la société.

Entrée libre.
Fermé le dimanche.

69, avenue du Général Leclerc, 93500 Pantin
Tél : 01 55 89 01 10 / ropac.net

- M — Ligne 5 : Église de Pantin
- RER — E : Pantin
- Transilien — Ligne P : Pantin
- Bus — 151 : Diderot
- Vélib' — Quai de l'Aisne, Pantin

12 MAGASINS GÉNÉRAUX

#COLOSSEDERHODES #MARMITECULTURELLE
#GRATUIT

Avec les Grands Moulins, c'est l'autre colosse de Rhodes du canal de l'Ourcq. Anciens entrepôts de marchandises, les Magasins généraux se sont transformés en 2016 en temple de la création sous l'impulsion de l'agence de pub BETC, qui en a fait son siège. Celle-ci, plutôt que de vivre en vase clos, a choisi de s'ouvrir grand sur la ville en faisant du vaste rez-de-chaussée un lieu de programmation culturelle exigeante et populaire. Afin de toucher le public le plus large possible, elle y concocte tout au long de l'année une programmation très éclectique ponctuée de Saisons culturelles, temps forts dédiés à un grand sujet de société ou à une scène artistique émergente. Autres agitateurs à être montés à bord, les créateurs de la Bellevilloise alliés au label Allo Floride qui ont donné naissance à Dock B (voir page 24), gigantesque bar-restaurant culturel.

Entrée libre.

1, rue de l'Ancien Canal, 93500 Pantin
magasinsgeneraux.com

- M — Ligne 5 : Église de Pantin
- Bus — 61 : Église de Pantin
- Vélib' — Avenue Jean Lolive, Pantin

Sieste artistique | *Rue Pierre Larousse, Aubervilliers.*

Couleurs à tous les étages | *Rue Yves Farges, Tremblay-en-France.*

Au balcon | *Magasins généraux, Pantin.*

Main dans la main | *Philharmonie de Paris, Paris.*

« M'efface-pas, mec ! » | *Rue Pierre Larousse, Aubervilliers.*

Berger 4G | *Basilique Cathédrale de Saint-Denis, Saint-Denis.*

PARIS

13 CIRQUE ÉLECTRIQUE

#PUNK #GUINGUETTE #ÉCOLE

Entrer sous ce chapiteau revient à mettre le pied dans un univers parallèle. Le Cirque électrique court-circuite les codes de la piste aux étoiles. Tout y est plus punk, plus *destroy*, plus gothique, plus érotique. Ne soyez pas surpris si un soir de représentation on vous accueille par un *shot* de l'amitié avant de vous servir une grande rasade d'émotions fortes. Ne soyez pas surpris de retrouver les artistes faire le service au « Nouveau tigre », la guinguette des lieux. Ne soyez pas surpris d'apprendre que le Cirque électrique abrite également une école dédiée aux arts circassiens ouverte dès l'âge de 2 ans. En bref, ne soyez pas surpris d'être agréablement surpris.

Place du Maquis du Vercors, 75020 Paris
Tél : 09 54 54 47 24 / cirque-electrique.fr

- M — Lignes 3bis, 11 : Porte des Lilas
- Tram — T3b : Porte des Lilas
- Bus — 105, 115, 129, 249 : Porte des Lilas
- Vélib' — Place du Marquis du Vercors, Paris 19e

14 PHILHARMONIE DE PARIS

#CONCERTS #EXPOS #DRAGONARGENTÉ

Ses écailles lui confèrent un aspect reptilien et la fait ressembler à un dragon argenté. Laissez-vous aspirer dans les entrailles de la Philharmonie, vous serez ébloui par les formes et l'acoustique de la grande salle Pierre Boulez, cocon dans lequel la musique vous enveloppe. En dehors des concerts, la galerie d'expositions temporaires collectionne les expos événements. Et pour tenter de dompter ce dragon mélomane, grimpez sur son dos, un rooftop accessible gratuitement du mercredi au dimanche vous attend au 9e étage d'où vous profitez d'une vue panoramique sur Paris intra et extra-muros.

221, avenue Jean Jaurès, 75019 Paris
Tél : 01 44 84 44 84 / philharmoniedeparis.fr

- M — Ligne 5 : Porte de Pantin
- Tram — T3b : Porte de Pantin / Parc de la Villette
- Vélib' — Avenue Jean Jaurès, Paris 19e

ROMAINVILLE

15 KOMUNUMA

#ANCIENNEUSINE #BRIQUESROUGES #ARTCONTEMPORAIN

Symbole du patrimoine industriel de Seine-Saint-Denis, les anciens laboratoires pharmaceutiques Roussel-Uclaf à Romainville ont entamé leur mue depuis le printemps 2019 pour devenir un quartier ouvert au public et dédié à la création artistique, Komunuma (commune en esperanto, Ndlr). Sous l'impulsion de la Fondation Fiminco®, cet ensemble de bâtiments en briques rouges a pour but d'accueillir plusieurs galeries majeures d'art contemporain, des artistes en résidence ainsi que les réserves du Fonds régional d'art contemporain. L'objectif, en finir avec le centralisme culturel de Paris intra-muros et contribuer à faire émerger un imaginaire métropolitain.

Sont rassemblés au sein de Komunuma : Air de Paris, Fondation Fiminco, Frac Île-de-France, Galerie Sator, Galerie Jocelyn Wolff, In situ – fabienne leclerc, et Jeune Création.

43, rue de la Commune de Paris, 93230 Romainville
komunuma.com /
Plus d'infos sur Facebook @fondationfiminco

- M — Ligne 5 : Bobigny – Pantin – Raymond Queneau
- Bus — 147 : Avenue de Metz
- Vélib' — Avenue Anatole France

SAINT-DENIS

16 BASILIQUE CATHÉDRALE DE SAINT-DENIS

#NÉCROPOLEROYALE #GISANTS #TRÉSORMÉCONNU

C'est une forme d'injustice. Alors que Notre-Dame accueillait jusqu'à l'incendie de 2019 quelque 19 millions de personnes par an, la basilique Saint-Denis doit toujours se contenter de 130 000 visites. Pourtant, elle est un des plus forts symboles de l'Histoire de France puisque pas moins de 42 rois et 32 reines y furent inhumés avant d'être jetés dans la fosse commune par les révolutionnaires. Aujourd'hui encore, on peut y admirer 70 gisants et tombeaux monumentaux parmi lesquels ceux de François 1er, Catherine de Médicis, Louis XVI et Marie Antoinette. Autre particularité de la basilique, sa flèche, démontée en 1847 après une violente tornade, est actuellement en cours de reconstruction. Un chantier à suivre grâce à l'association « Suivez la flèche ! » (suivezlafleche.com).

L'entrée dans la basilique est gratuite.
L'accès aux tombeaux sculptés est payant :
Plein tarif : 9,50 € / Gratuit pour les moins de 25 ans.
Ouvert tous les jours.

1, rue de la Légion d'Honneur, 93200 Saint-Denis
saint-denis-basilique.fr

- M — Ligne 13 : Basilique de Saint-Denis
- Tram — T1 : Basilique de Saint-Denis
- Bus — 153, 253 : Basilique de Saint-Denis
- Vélib' — Rue Franciade, Saint-Denis

17 CHAPITEAU RAJ'GANAWAK

#CIRQUE #BELLEHISTOIRE
#ÇASÉPELLECOMMENT?

À deux pas de la station RER de Saint-Denis et de sa place qui ne désemplit que tard le soir se trouve un cirque intimiste : le chapiteau Raj'ganawak. Ouvert au début des années 2000, il est rapidement devenu un poumon culturel de la ville où s'enchaînent ateliers quotidiens, scènes ouvertes et soirées festives. Après s'être installée durant plusieurs années dans un bidonville de Saint-Denis, la troupe du Raj'ganawak est revenue sur ses terres d'origine en 2016 avec des spectacles « cabaret », des entraînements de cirque ouverts à tous, de la boxe, des bals et des lectures de textes écrits par les habitants. À découvrir absolument.

3, rue Ferdinand Gambon, 93200 Saint-Denis
Tél : 06 61 41 03 71
Facebook @chapiteauRaj'ganawak

- RER — D : Saint-Denis
- Transilien — Ligne H : Saint-Denis
- Tram — T1 : Saint-Denis /
  T8 : Saint-Denis - Gare
- Bus — 255 : Denfert-Rochereau
- Vélib' — Quai du Port, Saint-Denis

18 THÉÂTRE GÉRARD PHILIPE

#SCÈNENATIONALE
#ANCIENNESALLEDESFÊTES #CLUBDEJAZZ

Le soir, comme à l'Olympia®, les initiales du théâtre Gérard Philipe (TGP) brillent en lettres rouges sur la façade monumentale. Autrefois salle des fêtes où se tenaient aussi bien des matchs de catch que des meetings politiques, voilà maintenant près de 40 ans que le TGP est devenu Centre dramatique national et s'adresse à tous les âges dès 5 ans. L'endroit, à la décoration en bois brut, possède aussi une librairie ainsi qu'un restaurant ouvert pour le déjeuner du lundi au vendredi et les soirs de représentations. Enfin, une fois par mois, le TGP se transforme en club de jazz. Impossible de ne pas trouver son bonheur au TGP, qu'on apprécie les classiques ou les découvertes.

59, boulevard Jules-Guesde, 93200 Saint-Denis
Tél : 01 48 13 70 00 / theatregerardphilipe.com

- M — Ligne 13 : Basilique-de-Saint-Denis
- RER — D : Saint-Denis
- Transilien — Ligne H : Saint-Denis
- Tram — T1 : Théâtre Gérard Philipe
- Bus — 255 : Église - Théâtre Gérard Philipe
- Vélib' — Boulevard Jules Guesdes, Saint-Denis

19 6B

#FRICHECULTURELLE #SOIRÉES #EXPOS

Vu depuis la rue, le 6b ne paie pas de mine. Cet immeuble de bureaux grisâtre fut le siège durant de longues années d'un des fleurons de l'industrie tricolore, Alstom®. Ne vous laissez pas refroidir pour autant et pénétrez dans ce dédale de 7 000 m² sur six étages. Les salles de réunion ont laissé place à des galeries d'art, les bureaux à des studios d'artistes et le réfectoire à une salle de bal. Depuis 2010, il se passe toujours quelque chose au 6b : expos, concerts, soirées électro, conférences, rythment les jours et les nuits du lieu tandis que chaque été, une plage de sable fait le bonheur des estivants grand-parisiens. Le 6b abrite aussi une cantine ouverte à tous le midi du lundi au vendredi.

6/10, quai de Seine, 93200 Saint-Denis
Tél : 01 42 43 23 34 / le6b.fr

- RER — D : Saint-Denis
- Transilien — Ligne H : Saint-Denis
- Tram — T1, T8 : Saint-Denis
- Bus — 254 : Rue du Port
- Vélib' — Quai du Port, Saint-Denis

art de vivre

LA COURNEUVE

20 LES BERGERS URBAINS ET L'ASSOCIATION CLINAMEN

#MOUTONS #TRANSHUMANCE
#ELLEESTPASBÊÊÊLELAVIE

Si de nombreuses espèces composent la faune grand-parisienne, les bergers urbains de l'association Clinamen y ont ajouté les moutons depuis 2012. Ils élèvent un troupeau en Seine-Saint-Denis, un département qu'ils traversent régulièrement

Le grand plouf | *Magasins généraux, Pantin.*

pour se rendre d'un pâturage urbain à un jardin public. Tous les jours, ils font paître leurs bêtes dans le parc de La Courneuve, là où se trouve leur bergerie. Et vous pouvez les aider en devenant berger bénévole. Seule condition : s'engager à venir encadrer le troupeau au moins deux fois par mois.

55, avenue Waldeck Rochet, 93120 La Courneuve
Tél : 01 83 74 04 62 / association-clinamen.fr

- RER — B : La Courneuve - Aubervilliers
- Tram — T11 : Stains-Cerisaie

MONTREUIL

21 BEERS & RECORDS

#BOUTIQUE #BIÈRES&VINYLES #FUNK

Des vinyles et de la bière, c'est l'équation imparable proposée par Beers & Records. On y va naturellement pour découvrir de nouvelles mousses parmi plusieurs centaines de références artisanales, pour chiner des pépites *funk*, *groove* et *old school* dans les bacs mais surtout parce que Beers & Records c'est une famille qui cultive le sens du partage. Il n'est pas rare de croiser les *beatmakers* les plus pointus en pleine tchatche avec les potes de passage ou les nouveaux *hipsters* montreuillois venus s'y faire remarquer. Enfin, Beers & Records c'est aussi le label Happy Milf qui produit, toujours en vinyle, des artistes locaux et internationaux.

Fermé le dimanche.

17, rue de l'Église, 93100 Montreuil
Tél : 06 18 22 88 69 / Facebook @beersandrecords93

- M — Ligne 9 : Croix de Chavaux / Mairie de Montreuil
- Bus — 127 : Croix de Chavaux - Métro / 322 : Mairie de Montreuil
- Vélib' — Boulevard Paul Vaillant-Couturier, Montreuil

22 LE CHINOIS

#CONCERTS #CLUBBING #PLUSPARISIENNEDESADRESSESMONTREUILLOISES

En moins de 10 ans, Le Chinois est devenu la plus parisienne des adresses montreuilloises. Surtout depuis que la *hype* s'est décidée à prendre la ligne 9 pour débouler devant la porte grise et anonyme de cet ancien resto asiatique. Ce n'est donc pas vraiment grâce au charme de la déco que le Chinois doit sa très bonne réputation mais à sa programmation. De belles fiestas aux sonorités balkaniques, afro ou brésiliennes s'y déroulent toute l'année mais aussi de grand-messes *rock'n'roll* ainsi que des concerts indé.

6, place du Marché, 93100 Montreuil
lechinoisdemontreuil.com

- M — Ligne 9 : Croix de Chavaux
- Bus — 102 : Marché de Montreuil
- Velib' — Rue de Paris, Montreuil

23 ICI MONTREUIL

#FABLAB #DOITYOURSELF #RESTO

Ici Montreuil réussit le tour de force de réunir dans un même lieu des savoir-faire issus de l'artisanat d'art avec les nouveaux métiers du numérique. En parallèle des machines traditionnelles pour travailler le bois, le métal ou le cuir, on trouve donc un fablab dernier cri équipé d'imprimantes 3D et autres découpeuses électriques. Des outils qui ne sont pas réservés qu'aux professionnels puisque des stages *Do It Yourself* sont ouverts au public pour concevoir soi-même ses meubles voire sa guitare électrique et même sa borne d'arcade. Ici Montreuil c'est aussi un restaurant, Rest'Ici, ouvert tous les midis en semaine.

135, boulevard Chanzy, 93100 Montreuil
makeici.org

- M — Ligne 9 : Robespierre
- Bus — 102 : Fraternité
- Vélib' — Rue du Centenaire, Montreuil

24 LA MARBRERIE

#MUSIQUE #CANTINEBIO #BRUTDEDÉCOFFRAGE

Ouverte dans un ancien local industriel, la salle de spectacle de la Marbrerie conserve un aspect brut de décoffrage. Avec ses différents niveaux répartis entre la salle de concert, le grand balcon semi-circulaire et la cantine bonne et bio, elle permet au choix de prendre un bain de foule ou de se créer une bulle d'intimité. Quant à la programmation, elle fait le grand écart entre musique classique et musique du monde. Et chaque dimanche, c'est brunch. C'est sûr, la Marbrerie vous restera gravée.

2, rue Alexis Lepère, 93100 Montreuil
Tél : 01 43 62 71 19 / lamarbrerie.fr

- M — Ligne 9 : Mairie de Montreuil
- Bus — 322 : Mairie de Montreuil
- Vélib' — Boulevard Paul Vaillant-Couturier, Montreuil

25 LES TATAS FLINGUEUSES

#CONCEPTSTORE #VINTAGE #MADEINMONTREUIL

Le nom est un coup génial qui résume parfaitement l'esprit *rock'n'roll* chipie-chic de ce café-boutique follement orienté *vintage*, déco et produits locaux. Les Tatas Flingueuses est l'endroit idéal lorsqu'on a un cadeau à faire ou à s'offrir, avec même un service de restauration le midi pour joindre l'agréable à l'agréable. On adore.

Fermé le dimanche.

52, rue de Paris, 93100 Montreuil
Tél : 09 84 43 65 65 / Facebook @lesflingueuses

- M — Ligne 9 : Croix de Chavaux
- Bus — 102 : Marché de Montreuil
- Vélib' — Rue de Paris, Montreuil

PANTIN

26 BRASSERIE GALLIA

#BIÈRE #BRASSERIEARTISANALE #CONCERTS

Ouvert sur le site de production de la bière parisienne Gallia, créée en 1890 et relancée en 2009, ce bar est un lieu étonnant. Avec son marché de petits producteurs installé dans la grande cour, sa scène ouverte où sont programmés DJ sets et concerts et ses murs en briques rouges, le bar Gallia est un petit paradis à vivre en famille. Des visites de la brasserie sont par ailleurs proposées sur réservation. On vous dira tout sur la fabrication des bières avec à la clé une dégustation de chacune d'elles.

Ouvert tous les jours de 17h à minuit et le week-end de 13h à minuit.

35, rue Méhul, 93500 Pantin
Tél : 01 57 14 56 72 / galliaparis.com

- M — Ligne 5 : Église de Pantin
- Bus — 61 : Candale - Stade de la Seigneurie
- Vélib' — Rue Candale, Pantin

27 DOCK B

#AUBERGEESPAGNOLE #GRANDETERRASSE #AUBORDDUCANAL

À la fois pizzeria, restaurant bistronomique, salle de spectacle, lieu d'exposition, forum citoyen et espace de coworking, Dock B est un condensé du nouvel état d'esprit soufflant sur Pantin. Installé au rez-de-chaussée des Magasins généraux (voir page 16), ancien entrepôt des douanes entièrement réhabilité, ce lieu hybride possède un sérieux atout avec sa grande terrasse qui permet de profiter pleinement des rives du canal de l'Ourcq.

Ouvert tous les jours de 16h à 22h et le week-end de 12h à 22h.

Magasins généraux
1, place de la Pointe, 93500 Pantin
Tél : 01 41 71 49 69 / dockbpantin.com

- M — Ligne 5 : Église de Pantin
- Bus — 61 : Église de Pantin
- Vélib' — Avenue Jean Lolive, Pantin

28 LA CITÉ FERTILE

#ANCIENNEGARE #LIEUÉPHÉMÈRE #GRANDJARDIN

Pour penser la ville de demain, autant profiter de grands espaces, comme celui de la Cité Fertile. Ouverte dans une ancienne gare de marchandises à Pantin, elle dispose jusqu'en 2022 d'un hectare pour mener à bien ses réflexions. Aux manettes on trouve l'équipe de Sinny&Ooko à qui l'on doit la REcyclerie dans le 18e (voir page 28) et le Pavillon des Canaux dans le 19e (voir page 27). Si l'endroit est idéal pour la détente avec son grand jardin, sa cantine, sa microbrasserie ou encore sa grande halle qui accueille des conférences sur les sujets environnementaux, il se veut aussi lieu de formation professionnelle avec l'École des Tiers-Lieux et laboratoire avec un espace dédié à l'agriculture urbaine.

Café Cantine La Source : du lundi au vendredi (10h-18h) et brunch le dimanche (12h-16h).

14, avenue Édouard Vaillant, 93500 Pantin
citefertile.com

- M — Ligne 7 : Aubervilliers - Pantin - Quatre Chemins
- RER — E : Pantin
- Bus — 170, 249, 330 : Jean Moulin
- Vélib' — Place du Président Salvador Allende, Pantin

29 LA PANTINOISE

#FROMAGERIE #VINSNATURELS #APÉROSAPRÈSTAFAVANTTEUF

C'est à 200 mètres du canal que Sébastien, Pantinois depuis plus de 10 ans et ancien journaliste chez Libération, a décidé d'entamer une nouvelle carrière. Dans sa fromagerie, il fait la part belle aux producteurs AOP ainsi qu'aux vins naturels. Vous allez aimer faire du lèche-vitrine à la Pantinoise. Tous les jeudis et vendredis de 18h30 à 20h30, Sébastien et Olivier organisent des « *apéros A.T.A.T* » (pour après taf - avant teuf) autour de vins sélectionnés pour l'occasion et de planches de fromages - charcuterie. Et le dimanche, ils vous invitent à venir déguster vos huîtres ouvertes sur le marché voisin.

Salle non obscure | *Parc de La Villette, Paris.*

« Tape-là ! » | *La Cité Fertile, Pantin.*

Rayon luminaires | *REcyclerie, Paris.*

Fermé le lundi.

34, rue Hoche, 93500 Pantin / Tél : 01 48 46 21 23
Facebook @fromagerielapantinoise

- M — Ligne 5 : Hoche
- RER — E : Pantin
- Bus — 151, 170 : Montgolfier
- Vélib' — Quai de l'Aisne

PARIS

30 CENTQUATRE

#HALLECOUVERTE #ARTS
#LIBERTÉ

Ouvert dans l'ancien service municipal des pompes funèbres, le Centquatre est un chaudron artistique unique en son genre. On peut s'y rendre sans but précis, pour passer un moment ou flâner un dimanche après-midi. Dans cette halle de plus de 200 mètres de long, on se balade à pas lent en regardant les artistes de tout poil et de tous horizons répéter des figures de *break dance* ou régler les mouvements d'un ballet. On peut y boire un verre au café, fouiner dans la boutique Emmaüs Défi, visiter une expo d'art contemporain ou assister à un concert, à un spectacle de danse ou à une pièce de théâtre. Le Centquatre, c'est l'assurance d'une expérience sans cesse renouvelée.

Accès libre.
Fermé le lundi.

5, rue Curial, 75019 Paris /
Tél : 01 53 35 50 00 / 104.fr

- M — Ligne 7 : Riquet
- Bus — 54 : Riquet
- Vélib' — Rue Riquet, Paris 19e

31 LA GARE

#ANCIENNEGARE #JAZZ
#CONCERTSGRATUITS

Privée depuis plus de 80 ans de sa raison d'être, cette ancienne station de la petite ceinture s'est inventée une nouvelle vie et promet chaque soir « des concerts gratuits de jazz pas chiant qui donnent la banane ». De toute façon qu'importe si le jazz n'est pas votre tasse de thé. La Gare est un lieu qui mérite le voyage. Perchée sur une butte, on y accède par un chemin pavé éclairé le soir par des guirlandes multicolores. À l'intérieur, on a beau être dans un club de jazz, l'ambiance est plutôt grunge. Surtout pensez à pousser la porte au fond de la salle. L'une des terrasses les mieux cachées de Paris vous y attend.

Ouvert tous les jours.

1, avenue Corentin-Cariou, 75020 Paris
Facebook @LaGareJazz

- M — Ligne 7 : Corentin Cariou
- Bus — 239 : Rosa Parks - Curial
- Vélib' — Avenue de Flandre, Paris 20e

32 LE HASARD LUDIQUE

#ANCIENNEGARE #ÉVÉNEMENTS
#GRANDETERRASSE

Il était une fois une jolie petite gare qui avait longtemps fait la fierté des habitants de son quartier. Puis, chemin faisant, elle avait été transformée en cinéma puis en supermarché avant d'être finalement laissée à l'abandon. Jusqu'à ce qu'une poignée d'amis lui redonnent vie, lui imaginant une nouvelle identité mêlant musique, bons petits plats ainsi qu'une foultitude d'activités participatives pour tous les âges (yoga du rire, recyclage et jardinage, impro...). S'ajoute à cela un espace extérieur aménagé sur les quais le long des voies de la Petite Ceinture (voir page 32).

Fermé le lundi.

128, avenue de Saint-Ouen, 75018 Paris
Tél : 01 42 28 35 91 / lehasardludique.paris

- M — Ligne 13 : Porte de Saint-Ouen
- Bus — 81 : Navier
- Vélib' — Rue Jacques-Kellner, Paris 18e

33 PAVILLON DES CANAUX

#COWORKING #RESTAURANT
#DÉCODENFER

Connaissez-vous le « *coffice* » ? Cette contraction des mots « *coffee* » et « *office* » désigne un espace de travail ouvert à tous, même à ceux qui n'ont pas envie de bosser, et qui assure un service de restauration. Le Pavillon des Canaux, sur les bords du bassin de la Villette, applique ce concept à merveille dans une déco d'enfer. Au choix, vous prenez place dans la chambre d'amis, autour de la table à manger ou dans la baignoire avec de gros coussins dans le dos. Et comme le Pavillon des Canaux n'a que des bons côtés, il vous fait aussi profiter de sa grande terrasse et de ses transats.

Ouvert tous les jours.

39, quai de la Loire, 75019 Paris
Tél : 01 73 71 82 90 / pavillondescanaux.com

- M — Ligne 5 : Stalingrad
- Bus — 54 : Quai de la Seine
- Vélib' — Rue Euryale Dehaynin, Paris 19e

34 RECYCLERIE

#ANCIENNEGARE
#PARADISÉCORESPONSABLE #CAFÉ

Sous ses airs berlinois, la REcyclerie a transformé une ancienne gare de la petite ceinture en paradis éco-responsable. Vente directe de produits bons et bios, ateliers *Do It Yourself*, conférences, l'endroit propose une large gamme d'activités. Il fait bon s'y déconnecter pour ouvrir un livre ou bien participer à la vie de la ferme urbaine tout en buvant un verre de gingembre à la santé d'un monde meilleur.

Ouvert tous les jours.

83, boulevard Ornano, 75018 Paris
Tél : 01 42 57 58 49 / larecyclerie.com

- M — Ligne 4 : Porte de Clignancourt
- Tram — T3b : Porte de Clignancourt
- Bus — 85, 137, 341 : Porte de Clignancourt
- Vélib' — Rue Belliard, Paris 18e

ROISSY

35 AÉROPORT DE PARIS-CHARLES DE GAULLE

#VOYAGEVOYAGE #MASPERO
#CLASSEAFFAIRES

« L'important ce n'est pas la destination, c'est le voyage » dixit l'écrivain Robert Louis Stevenson. Alors même si vous n'avez pas d'avion à prendre, rien ne vous empêche d'aller à Roissy pour faire comme si et d'en profiter au passage pour découvrir les paysages du RER B, comme le fit il y a 30 ans l'écrivain François Maspero dans *Les passagers du Roissy-Express*. Vous pourrez sur votre route visiter le Musée de l'Air et de l'Espace (voir page 36), pique-niquer dans le parc du Sausset classé Natura 2000 à Villepinte (parcsinfo.seine-saintdenis.fr) et, une fois à Roissy, vous glisser dans un fauteuil digne de la classe affaires dans l'espace First du cinéma Pathé-Gaumont® d'Aéroville (aeroville.com/store/PATHE). Les chanceux détenteurs d'un billet d'avion pourront eux découvrir l'Espace Musées du Terminale 2E (espacemusees.com). Heureux qui comme Ulysse a fait un beau voyage.

parisaeroport.fr

Avenue Charles de Gaulle, 95700 Roissy-en-France

- RER — B : Aéroport Ch. De Gaulle 1 ou Aéroport Ch. De Gaulle 2

SAINT-DENIS

36 FERME URBAINE DE SAINT-DENIS

#AGRICULTURE #CULTURE #PREUVEDECONCEPT

Fin 2017, après plus d'un siècle d'existence, la dernière terre maraîchère du 93 a entamé une nouvelle vie. Les Fermes de Gally (voir page 70) et le collectif d'artistes-apiculteurs du Parti Poétique ont mutualisé leurs savoir-faire pour créer la Ferme urbaine de Saint-Denis. La vocation de ce lieu ouvert au public est double : préserver une production agricole et proposer une riche programmation culturelle. Un attelage étonnant.

Ouvert du lundi au samedi et certains dimanches.

112, avenue de Stalingrad, 93200 Saint-Denis
lesfermesdegally.com, Facebook @zonesensible

- M — Ligne 13 : Saint-Denis – Université
- Bus — 356 : Clos Hanot

37 MARCHÉ DE SAINT-DENIS

#MARCHÉCOUVERT #BAINDEFOULE
#CUISINEDUMONDE

Avec ses 300 stands, le marché de la place Victor Hugo est l'un des plus importants d'Île-de-France. Mais aussi l'un des plus beaux grâce à sa grande halle datant du XIXe siècle et qui rappelle les anciens pavillons Baltard des halles de Paris. Le dimanche, difficile de trouver endroit plus vivant.

Ouvert le mardi de 8h à 12h30, le vendredi de 8h à 13h et le dimanche de 8h à 13h30.

Place Victor Hugo, 93200 Saint-Denis

- M — Ligne 13 : Basilique de Saint-Denis
- Tram — T1 : Basilique de Saint-Denis
- Bus — 153, 253 : Basilique Saint-Denis

SAINT-OUEN

38 LA FABRIQUE DU MÉTRO

#GRANDPARISEXPRESS #AVANTPREMIÈRE
#GRATUIT

Le Grand Paris Express n'est encore qu'un vaste chantier. Pourtant, on peut d'ores et déjà déambuler sur ses quais. Ce tour de passe-passe, on le doit à la Fabrique du Métro à Saint-Ouen. Dans cette immense halle de 2 500 m², on a installé le décor grandeur nature d'une station de la future ligne 15, une façon pour les futurs voyageurs de se projeter. Outre la station à l'échelle 1, la Fabrique renferme des maquettes, une salle immersive

avec des images projetées en 3D, des écrans tactiles pour se promener dans les gares du futur et même une rame en taille réelle. Un lieu qui se visite toute l'année sur réservation et lors de journées portes ouvertes.

Gratuit.

50, rue Ardoin, 93400 Saint-Ouen
societedugrandparis.fr/fabrique

- M — Ligne 13 : Mairie de Saint-Ouen
- Bus — 85 : Parvis des bateliers
- Vélib' — 61 rue Madame de Sanzillon

39 PUCES DE SAINT-OUEN

#SOUCOUPEVOLANTE #AUTREPLANÈTE #BROCANTEGÉANTE

Paris a la tour Eiffel®, Versailles le château de Louis XIV, et les Puces de Saint-Ouen une véritable soucoupe volante. Cette pièce rare est à contempler dans le marché Dauphine, l'un des 14 marchés des Puces, situé au 132, rue des Rosiers. Conçue par l'architecte finlandais Matti Suuronen et baptisée Maison Futuro, elle fut construite en une centaine d'exemplaires dont la plupart ont disparu de la surface de la Terre. Cette pièce de collection est l'une des mille et une fantaisies sur lesquelles on tombe en parcourant les allées des Puces de Saint-Ouen, l'un des plus grands marchés d'antiquités et de brocante du monde, d'où vous aurez du mal à repartir sans un souvenir.

Fermé du mardi au jeudi.

Rue des Rosiers, 93400 Saint-Ouen
marcheauxpuces-saintouen.com

- M — Ligne 13 : Garibaldi
- Bus — 85 : Marché aux Puces
- Vélib' — Rue René Binet, Paris 18e

plein air

BAGNOLET

40 PARC JEAN-MOULIN – LES GUILANDS

#DEUXPARCSPOURLEPRIXDUN #BELVÉDÈRE #DÉCORDECINÉMA

Unis par un long ruban de pelouse impeccablement tondue, le parc Jean Moulin et le parc des Guilands à Bagnolet et Montreuil s'étendent sur 26 hectares, soit quasi la même superficie que le parc Montsouris (voir page 190), le parc Monceau et le parc de Belleville réunis. Ce lieu de promenade tout en reliefs, qui servit de décor à plusieurs scènes du film *L'amour flou* de Romane Bohringer, fait partie des belvédères incontournables qui entourent Paris avec la butte d'Orgemont et la butte des Châtaigniers à Argenteuil (voir page 90) ou encore le Mont Valérien à Suresnes (voir page 58). Il sert enfin régulièrement de salle de yoga, de taï chi et de qi gong. De quoi prendre de la hauteur.

Ouvert tous les jours.

Rue Robespierre, 93170 Bagnolet
parcsinfo.seinesaintdenis.fr

- M — Ligne 3 : Gallieni
- Bus — 76, 102, 221 : Gallieni

LA COURNEUVE

41 PARC GEORGES-VALBON

#PLUSGRANDQUECENTRALPARK #PARCPAYSAGÉ #GRANDESPELOUSES

415 hectares. C'est 70 de plus que Central Park. Toutefois, le parc Georges-Valbon ne se contente pas d'être grand. Il est aussi, à l'instar de son homologue new-yorkais, magnifiquement paysagé. Propice à la promenade et aux loisirs avec ses trois hectares d'aires de jeux pour les enfants, son centre équestre et son boulodrome, il possède l'une des plus belles salles de sport à ciel ouvert du Grand Paris, sur les bords du lac principal. Enfin, mention spéciale pour ses pelouses, très vastes et entretenues notamment par le troupeau des bergers urbains de Clinamen (voir page 21), dont la bergerie est installée sur cette plaine de verdure.

Ouvert tous les jours (horaires variables selon les saisons).

55, avenue Waldeck-Rochet, 93120 La Courneuve
parcsinfo.seine-saint-denis.fr

- RER — B : La Courneuve - Aubervilliers puis bus 249 : Cimetière de La Courneuve

PARIS

42 BASSIN DE LA VILLETTE

#CANAL #BAIGNADEENEAUVIVE #TROISPISCINES

Restée longtemps interdite, la baignade est maintenant ouverte chaque été depuis 2017 dans le bassin de la Villette, côté quai de la Loire. Trois piscines d'eau vive de 40 cm, 1,20 m et 2 m de

Réceptionniste | *La Cité Fertile, Pantin.*

Entre les parasols | *Basilique Cathédrale de Saint-Denis, Saint-Denis.*

Perdu dans le décor | *Rue Boileau, Pantin.*

Au quai d'accord | *Canal de l'Ourcq, Pantin.*

Coudes à coudes | *Marché aux Puces, Saint-Ouen.*

profondeur ont été créées par la Ville qui s'est bien creusé la tête afin d'assurer la qualité de l'eau et la sécurité des nageurs. Pari réussi et qui attire des milliers de baigneurs heureux de profiter du plaisir de faire la planche tout en contemplant le ciel de Paris plutôt qu'un faux plafond.

Tous les jours de juillet à septembre, de 11h à 21h.

Quai de la Loire, 75019 Paris
paris.fr

- M — Ligne 5 : Laumière
- Bus — 60 : Jean Jaurès - Lorraine
- Vélib' — Quai de la Loire, Paris 19e

43 BUTTES-CHAUMONT

#MONTAGNEENVILLE #PANORAMA
#GRANDESPELOUSES

Le parc des Buttes-Chaumont échappe au rationalisme des jardins à la française. L'ingénieur Jean-Charles Alphand, à qui l'on doit notamment les bois de Vincennes et de Boulogne, a fait parler son imagination pour dessiner un paysage inspiré de la montagne : rochers, falaises, cascades, grotte, lac, belvédère. Ancienne carrière, les Buttes-Chaumont affichent un impressionnant dénivelé qui fait le bonheur, ou le malheur, des joggeurs. Pour les enfants, les animations ne manquent pas, pas plus que les adresses où se restaurer à l'instar de la guinguette Rosa Bonheur.

Ouvert tous les jours (horaires variables selon les saisons).

1, rue Botzaris, 75019 Paris
Tél : 01 48 03 83 10 / paris.fr

- M — Ligne 7 bis : Buttes-Chaumont / Botzaris
- Bus — 26 : Buttes-Chaumont /
  48, 60, 75 : Armand Carrel - Mairie du 19e
- Vélib' — Rue Botzaris

44 MARIN D'EAU DOUCE

#CANAL #CROISIÈRE #ENBATEAUSIMONE

Pour briser le train-train, une solution consiste à prendre la barre d'un bateau. Pas si simple, sauf pour ceux qui connaissent Marin d'Eau Douce. Depuis le bassin de la Villette et après un petit brief sécurité, vous voici aux commandes d'un bateau électrique sans permis qui vous permettra de naviguer sur le canal de l'Ourcq et le canal Saint-Denis durant quelques heures ou le temps d'une journée. C'est pas l'homme qui prend le canal, c'est le canal qui prend l'homme, tintintin !

37, quai de la Seine, 75019 Paris
marindeaudouce.fr

- M — Ligne 5 : Laumière
- Bus — 54 : Maroc-Flandre
- Vélib' — Quai de la Loire, Paris 19e

45 PETITE CEINTURE

#ANCIENNEVOIEFERRÉE #FRICHE
#OASIS

Voie ferroviaire construite autour de Paris sous le Second Empire (1852-1870) et laissée à l'abandon avec l'arrivée du métro, la Petite Ceinture sort peu à peu de son sommeil. Parmi les tronçons ouverts, on trouve celui situé entre la rue de la mare et la rue de Ménilmontant, portion d'environ 400 mètres aménagée en square où des chaises longues en bois invitent au farniente au milieu d'une nature en friche. À quelques centaines de mètres de cette oasis de verdure, une autre bien plus vaste encore offre une vue imprenable sur Paris et le Grand Paris. Son nom : le parc de Belleville.

Ouvert tous les jours. Les tronçons accessibles sont à retrouver sur paris.fr/petiteceinture.

79, rue de Ménilmontant, 75020 Paris

- M — Ligne 2 : Ménilmontant
- Bus — 96 : Henri Chevreau
- Vélib' — Rue Sorbier

VAUJOURS

46 PARC FORESTIER DE LA POUDRERIE

#QUEDARBRES #GRANDESPELOUSES
#CANAL

Sur les rives du canal de l'Ourcq, le parc forestier de la Poudrerie, ancien site de production d'explosifs, a tout pour séduire. Des arbres bien sûr. Beaucoup d'arbres, puisque que 90% de ses 137 ha en sont recouverts. De belles pelouses aussi. Des mares. Une colline de jeux pour les enfants avec un toboggan géant que l'on remonte comme un mur d'escalade. Des buvettes au cas où. De grandes allées pour faire du vélo. Et on en passe et des meilleurs.

Ouvert tous les jours.

Allée Eugène Burlot, 93410 Vaujours
parcsinfo.seine-saint-denis.fr

- RER — B : Vert Galant
- Bus — 143 : Sevran-Livry

manger

AULNAY-SOUS-BOIS

47 AUBERGE DES SAINTS PÈRES

#ÉTOILÉ #MODERNE #GRANDESOCCASIONS

L'étoile est amplement méritée pour cette seule adresse adoubée par le Michelin® en Seine-Saint-Denis. Le cadre est moderne, le service convivial et les assiettes pleines de créativité. Sur la carte, les plats se racontent avec humour et une pointe de mystère : « Au début, l'idée était une Choucroute Terre-Mer, puis... », « Bon Ok... Je remets le presque Paris Brest. » Côté vin, chacun trouvera l'ivresse à hauteur de son budget grâce aux conseils avisés du sommelier.

Menus à 32 € le midi, de 44 € à 76 € le soir.
Fermé lundi midi, mercredi soir, samedi midi et dimanche.

212, avenue de Nonneville, 93600 Aulnay-sous-Bois
Tél : 01 48 66 62 11
- RER — B : Aulnay-sous-Bois
- Bus — 134, 346, 351 : Rabelais

MONTREUIL

48 APSARA « CHEZ LILI »

#CAMBODGIEN #BOBUN
#THÉGLACÉOFFERT

Niché dans le vieux centre commercial de Croix de Chavaux, Apsara est le genre d'adresse où seuls les connaisseurs s'engouffrent. Il se chuchote qu'on y mange le meilleur bo bun du Grand Paris et ce depuis près de 40 ans. Soyons clairs, les puristes crieront au scandale. Le chef ne lésine pas sur le lait de coco et se permet des déclinaisons qui sortent des clous. Pourtant, à touche-touche à l'intérieur ou sur les quelques tables en bois installées à l'extérieur, la magie opère. Le thé glacé est offert, les plats généreux, le bobun au bœuf saté est dément et les prix riquiquis.

Menu à 9 €.
Fermé le dimanche.

12, boulevard Chanzy, 93100 Montreuil
Tél : 01 48 58 77 71
- M — Ligne 9 : Croix de Chavaux
- Bus — 127 : Croix de Chavaux
- Vélib' — Avenue de la Résistance, Montreuil

49 GYPSE

#PIERREPRÉCIEUSE #TOUTLEMONDEENPARLE
#VERRIÈRE

Lorsqu'une bouche est conquise par une assiette, elle en parle. Et plus elles sont nombreuses à s'exprimer, plus l'assiette est bonne. Théorie qui se vérifie au Gypse à Montreuil, ouvert en juillet 2019 et qui nourrit depuis un bouche à oreille viral. Avec sa grande verrière et sa déco qui mêle bois, béton et briques, le Gypse fait preuve d'inventivité quand il associe le cerf avec la mangue ou qu'il sert les accras de poisson avec une mayonnaise au citron vert. Une pierre précieuse ce Gypse.

Plat du jour 13,5 €, 2 plats 15,5 €, 3 plats 19 €.
Fermé dimanche et lundi.

26, rue du Capitaine Dreyfus, 93100 Montreuil
Tél : 01 88 49 47 53 / Facebook @GYPSE.RESTO
- M — Ligne 9 : Croix de Chavaux
- Bus — 127 : Croix de Chavaux Métro
- Vélib' — Rue de Vincennes, Montreuil

50 LE JARDIN DE MONTREUIL

#MAISONDECAMPAGNE #TERRASSE
#CUISINEGOURMANDE

Tomettes, murs de couleur, cheminée, déco *vintage*, le Jardin de Montreuil a tout de la maison de campagne rêvée, avec en prime une jolie terrasse pour les beaux jours. Une maison de campagne dont l'hôte aurait un talent certain pour la cuisine avec des recettes gourmandes comme le presa de porc ibérique, caramel asiatique, purée de carottes au gingembre et salade de papaye verte ou le palais de pommes, gelée au piment d'Espelette, glace vanille et tonka. Un jardin vraiment extraordinaire.

Menu déjeuner 2 plats 16 €, 3 plats 19 € /
Plats entre 9 € et 26 €.
Fermé lundi et dimanche.

1, rue du Sergent Godefroy, 93100 Montreuil
Tél : 01 41 63 92 66 / lejardindemontreuil.fr
- M — Ligne 9 : Croix de Chavaux
- Bus — 115 : Solidarité
- Vélib' — Rue de Vincennes, Montreuil

PANTIN

51 LES PANTINS

#ZINC #BISTROT #GOURMET

Sous ses faux airs de bistrot de quartier avec son zinc, ses demi rideaux aux fenêtres et ses fauteuils en sky bleu canard, Les Pantins avance

masqué. Mais les détails du Chef Walid Sahed ne trompent pas. L'œuf mayo est servi avec des œufs de harengs, le travers de cochon est délicatement relevé au saté et la soupe de pêche est assaisonnée au poivre de Timut. Pour autant, l'addition ne se révèle guère salée puisque le triptyque entrée-plat-dessert n'excède pas 21 €. Les Pantins tire les ficelles du goût sans tirer sur la corde et se classe parmi les tables à tester absolument dans le Grand Paris. À noter que l'équipe a également ouvert à deux pas de son bistrot un bar à cocktails – Le Pastoral – ainsi qu'une cave et une épicerie, Les Pantins Cave & Épicerie.

Deux plats 18 €, trois plats 21 €. Fermé dimanche et lundi.

6, rue Victor Hugo, 93500 Pantin
Tél : 01 57 14 38 74 / lespantins.fr
- M — Ligne 5 : Hoche
- RER — E : Pantin
- Transilien — Ligne P : Pantin
- Bus — 151, 170, 330 : Centre National de la Danse
- Vélib' — Quai de l'Aisne, Pantin

52 RELAIS

#RESTAURANT #INSERTION
#ANCIENNEUSINE

Cela fait plus de 25 ans que ce restaurant d'insertion a élu domicile dans une ancienne usine en briques rouges. En cuisine comme en salle, Le Relais emploie des jeunes sortis du système scolaire un peu trop tôt ou des retraités aux fins de mois difficiles. Et l'insertion n'est pas la seule vertu défendue par Le Relais. Sur ses fourneaux ne mijotent que des produits frais, de saison et, la plupart du temps, locaux.

Menus de 14,5 € à 25 €, à la carte 26 €.
Fermé le dimanche.

61, rue Victor Hugo, 93500 Pantin
Tél : 01 48 91 31 97 / lerelaisrestauration.com
- M — Ligne 5 : Église de Pantin
- Bus — 249 : Lycée Professionnel Simone Weil - Église de Pantin / 330 : Ciné 104
- Vélib' — Avenue Jean Lolive, Pantin

PARIS

53 LE GRAND BRÉGUET

#CANTINEBIO #PETITSPRIX
#LOFT

Proposer des plats à base de produits frais et bio à petits prix. Augustin Legrand en a fait son cheval de bataille, lui qui fut en 2006 l'un des co-fondateurs des Enfants de Don Quichotte, association de lutte contre le mal-logement. À l'initiative du Boétie dans le VIIIe, du Bichat dans le Xe et du Myrha dans le XVIIIe, il a donné au Grand Bréguet des airs de loft où le style indus côtoie tables et chaises en formica et où les cagettes de fruits et légumes participent elles aussi à la déco. Une adresse ouverte 7j/7 où l'on mange un repas complet servi dans un bol composé de riz et de légumes pour seulement 9 € ; 11 € si vous y ajoutez de la viande.

Tarifs : 9 € le bol végétarien, 11 € le bol protéiné.
Ouvert tous les jours.

17, rue Breguet, 75011 Paris
Tél : 09 70 75 54 59 / LeBreguet.com
- M — Ligne 5 : Bréguet-Sabin
- Bus — 69 : Popincourt
- Vélib' — Rue Froment, Paris 11^{e}

54 PIERRE SANG

#MENUSURPRISE #STREETFOOD
#LEMARIAGEDELACORÉEETDELAFRANCE

Les surprises c'est bien mais c'est encore mieux lorsqu'elles sont bonnes. Chez Pierre Sang, pas d'inquiétude. Dans ses trois restaurants du quartier Oberkampf, le finaliste de Top Chef® 2011, né en Corée et Auvergnat d'adoption, s'amuse à changer la carte tous les jours sans vous dire ce qu'il y a dedans. Vous ne le découvrirez qu'à la dégustation, sachant qu'on aura pris soin au préalable de s'enquérir de vos éventuelles allergies.

Menus de 20 € à 69 €. Ouvert tous les jours.

55, rue Oberkampf / 6 et 8 rue Gambay, 75011 Paris
Tél : 09 67 31 96 80 / pierresang.com
- M — Lignes 5, 9 : Oberkampf / Ligne 3 : Parmentier
- Bus — 96 : Oberkampf - Richard Lenoir
- Vélib' — Rue Jacquard, Paris 11^{e}

55 MULKO

#MÉDITERRANÉE #TAPAS
#TARAMADEPOUTARGUE

Le tarama de poutargue fumée est hautement addictif. À se demander d'ailleurs si Mulko ne l'a pas inscrit sciemment à sa carte pour nous faire revenir sans cesse. Ce petit bout de Méditerranée à deux pas de la très bouillonnante rue du Faubourg Saint-Denis joue la carte des tapas que l'on commande jusqu'à ce que la table en soit recouverte. Outre le tarama de poutargue, il faut citer parmi les incontournables l'œuf mollet épinards labné, le shawarma de poulet fermier, le pot au chocolat et les pommes frites XXL sauce aïoli-harissa.

Plats de 5 € à 18 €. Fermé lundi et dimanche.

29, rue d'Enghien, 75010 Paris
Tél : 09 50 94 56 10 / Facebook @mulkoparis

- M — Lignes 8, 9 : Bonne Nouvelle
- Bus — 20, 39 : Porte de Saint-Denis
- Vélib' — Rue d'Hauteville, Paris 10e

56 DILIA

#MÉNILMONTANT #TERREMER
#ANCIENPRÉSIDENT

Dans un recoin de Ménilmontant, à deux pas de l'église Notre-Dame-de-la-Croix de Ménilmontant, une façade blanche sans artifice et percée de larges fenêtres dissimule une table à la cuisine réjouissante, celle du chef italien Michele Farnesi. À l'intérieur, on retrouve la même sobriété qu'à l'extérieur : peinture blanche, briques rouges et parquet vieilli. Une simplicité qui imprègne également la carte où figurent des plats aux influences terre-mer d'une infinie délicatesse. Mieux vaut réserver son couvert, car l'endroit attire même d'anciens présidents de la République à en croire le compte Instagram @dilia_restaurant.

Formule déjeuner jeudi et vendredi 17 € (2 plats), 21 € (3 plats) / Formule dégustation de 48 € à 77 €. Fermé mardi et mercredi.

1, rue d'Eupatoria, 75020 Paris
Tél : 09 53 56 24 14 / dilia.fr

- M — Ligne 2 : Ménilmontant
- Bus — 96 : Julien Lacroix
- Vélib' — Rue Étienne Dolet, Paris 20e

SAINT-DENIS

57 AU RENDEZ-VOUS DES CHAUFFEURS

#PATRIMOINEENPÉRIL #YOUCEFLEBIENHEUREUX
#BLANQUETTEETCOUSCOUS

C'est un patrimoine en voie de disparition dans le Grand Paris. Les Relais Routiers sont de moins en moins nombreux au bord des routes. Dans la restauration depuis près de 40 ans et à la tête du Rendez-vous des chauffeurs, Youcef est l'un de ces derniers Mohicans. Si l'habitude des jeunes générations à manger vite le midi et la diminution des camions le rendent pessimiste, il n'en conserve pas moins une inébranlable joie de vivre et un goût pour les classiques de la cuisine française, concoctés maison et servis comme il se doit sur des nappes à carreaux rouges et blancs. Le jeudi et le vendredi, la carte se pare d'un invité de marque, le couscous.

Menu entrée-plat-dessert 12,90 € / Plat du jour 9,30 €. Fermé le dimanche.

1, rue Jules Genovesi, 93200 Saint-Denis
Tél : 01 42 43 59 69

- M — Ligne 13 : Carrefour Pleyel
- Bus — 274 : Jules Genovesi

SAINT-OUEN

58 LE RIPAILLEUR

#NÉOBISTROT #CONVIVIALITÉ #BAR

Un bistrot simple et chaleureux, où l'on vient aussi bien manger que juste boire un verre. Le Ripailleur a parfaitement choisi son nom. Si elle n'est pas prétentieuse, la cuisine du chef Stanislas Borsik, passé entre autres par la Tour d'Argent, n'en est pas moins à tomber comme le confirme le Capuccino de champignons – Yuzu – Café ou la Pomme façon tatin – Mousse pomme acidulée – Croustillant pain d'épices-chocolat. Bon à savoir : le client choisit son plat en format « entrée » ou « plat ». Idéal quand on veut goûter à tout.

Entrées 8-10 €/ Plats 9-12 €/ Desserts 7-10 €. Fermé le dimanche.

9, rue du Docteur Bauer, 93400 Saint-Ouen
Tél : 09 83 04 68 50 / leripailleur.fr

- M — Ligne 13 : Mairie de Saint-Ouen
- Bus — 166 : Jean Jaurès - Mairie / 85, 137, 173 : Mairie de Saint-Ouen

59 YAYA

#ALLEZVOUSASSEOIRCHEZLESGRECS
#BLACKPITA #SUCCESSSTORY

Yaya, mamie en grec, c'est le projet des frères Pierre-Julien et Grégory Chantzios, à la tête de la maison d'épicerie fine Kalios. 800 restaurants dont 100 étoilés se fournissent chez eux. Avec le chef colombien Juan Arbelaez, ils ont décidé d'ouvrir Yaya à Saint-Ouen, resto dédié à la cuisine grecque dans un loft baigné de lumière aux fresques bleu Cyclades. À la carte, des mezzés évidemment, du tarama blanc à tartiner sur du pain maison à l'huile d'olive, une épaule d'agneau confite cuite 12h à basse température et le plat chouchou, la Black Pita à l'encre de seiche. Que des bonnes raisons d'aller s'asseoir chez les Grecs.

Plats entre 6 € et 22 €. Ouvert tous les jours.

8, rue de l'Hippodrome, 93400 Saint-Ouen
Tél : 01 44 04 27 65 / yayarestaurant.com

- M — Lignes 13, 14 : Mairie de Saint-Ouen
- Bus — 85 : Mairie de Saint-Ouen

en famille

LE BOURGET

60 MUSÉE DE L'AIR ET DE L'ESPACE

#FUSÉESARIANE #ÀBORDDUCONCORDE
#PLANÉTARIUM

Il n'est pas courant de se retrouver face à une fusée. C'est elle qui vous attend pourtant au musée de l'Air et de l'Espace du Bourget, le plus important musée aéronautique de France et l'un des plus grands au monde. Outre les répliques à l'échelle 1 d'Ariane 1 et d'Ariane 5, ce temple de la conquête de l'air rassemble plus de 350 machines volantes dont deux exemplaires du Concorde à bord desquels il vous est possible de grimper. Le musée de l'Air c'est aussi un planétarium, des simulateurs de vol et un espace consacré aux enfants, Planète pilote.

Tarifs: À partir de 7€ / Gratuit pour les moins de 4 ans. Fermé le lundi.

Aéroport de Paris-Le Bourget, 93350 Le Bourget
Tél : 01 49 92 70 00 / museeairespace.fr

- M — Ligne 7 : La Courneuve
  puis bus 152 : Musée de l'Air et de l'Espace
- RER — B : Le Bourget
  puis bus 152 : Musée de l'Air et de l'Espace

PARIS

61 LA VILLETTE

#BOUILLONDECULTURE #DÈS2ANS
#LEPLUSGRANDPARCDEPARIS

La Villette est un bouillon de culture comme il en existe peu. Là, dans un parc de 55 hectares, soit le plus grand des parcs parisiens, on profite d'une concentration exceptionnelle de lieux culturels dédiés à la musique (Philharmonie de Paris (voir page 20), Cité de la musique, Trabendo, Cabaret Sauvage, Zénith...), à la science (Cité des sciences et de l'industrie, la Géode), au théâtre (théâtre Paris-Villette) et au cirque (Espace chapiteaux). Et comme il n'y a pas d'âge pour se cultiver, la Cité des enfants, intégrée à la Cité des sciences, et Little Villette, espace d'initiation et de spectacle, accueillent les plus jeunes dès 2 ans. Preuve que l'on peut être un parc d'attraction et se passer de grand huit.

Place de la Fontaine aux Lions, 75019 Paris
Tél : 01 40 03 75 75 / lavillette.com

- M — Ligne 5 : Porte de Pantin
- Tram — T3b : Porte de Pantin
- Bus — 151 : Porte de Pantin
- Vélib' — Avenue Jean Jaurès

dormir

SAINT-OUEN

62 MOB HÔTEL

#CONCEPTHOTEL #CHAMBRESANSTÉLÉ
#RESTAURANTBIO

Œuvre du philosophe-businessman Cyril Aouizerate, co-créateur des hôtels Mama Shelter, le MOB Hôtel est un écrin avant-gardiste situé à deux pas des Puces de Saint-Ouen. Aménagé dans les anciens bureaux de General Electric®, le MOB a conçu des chambres au style dépouillé et coloré d'où la télé a été bannie. Inutile lorsque l'on peut profiter d'une grande cour, d'une salle de sport, d'un restaurant bio, d'une collection de livres de poche en libre-service et d'activités variées (méditation, ciné en plein air, etc.). Et qui sait, vous aurez peut-être même la chance de profiter d'un *Live* enflammé. Se sont notamment déjà produits au MOB le rappeur Wyclef Jean, ex des Fugees, Arthur H et Neneh Cherry. Vous n'allez pas faire que dormir.

Tarifs: Hôtel: chambres de 68€ à 179€ / Restaurant: Plats de 13€ à 25€.

4-6, rue Gambetta, 93400 Saint-Ouen
Tél : 01 47 00 70 70 / mobhotel.com

- M — Ligne 13 : Garibaldi
- Bus — 85 : Eugène Lumeau - les Écoles /
  137 : Kléber
- Vélib' — 43-45 rue Blanqui - rue des Rosiers

Très à cheval | *Quai de la Seine, Paris.*

Cage à air | *Parc de La Villette, Paris.*

« Une 'tite vidange ? » | *Rue de Noisy-le-Sec, Les Lilas*

Kiki | *La Cité Fertile, Pantin.*

Très au calme | *Cimetière Parisien, Pantin.*

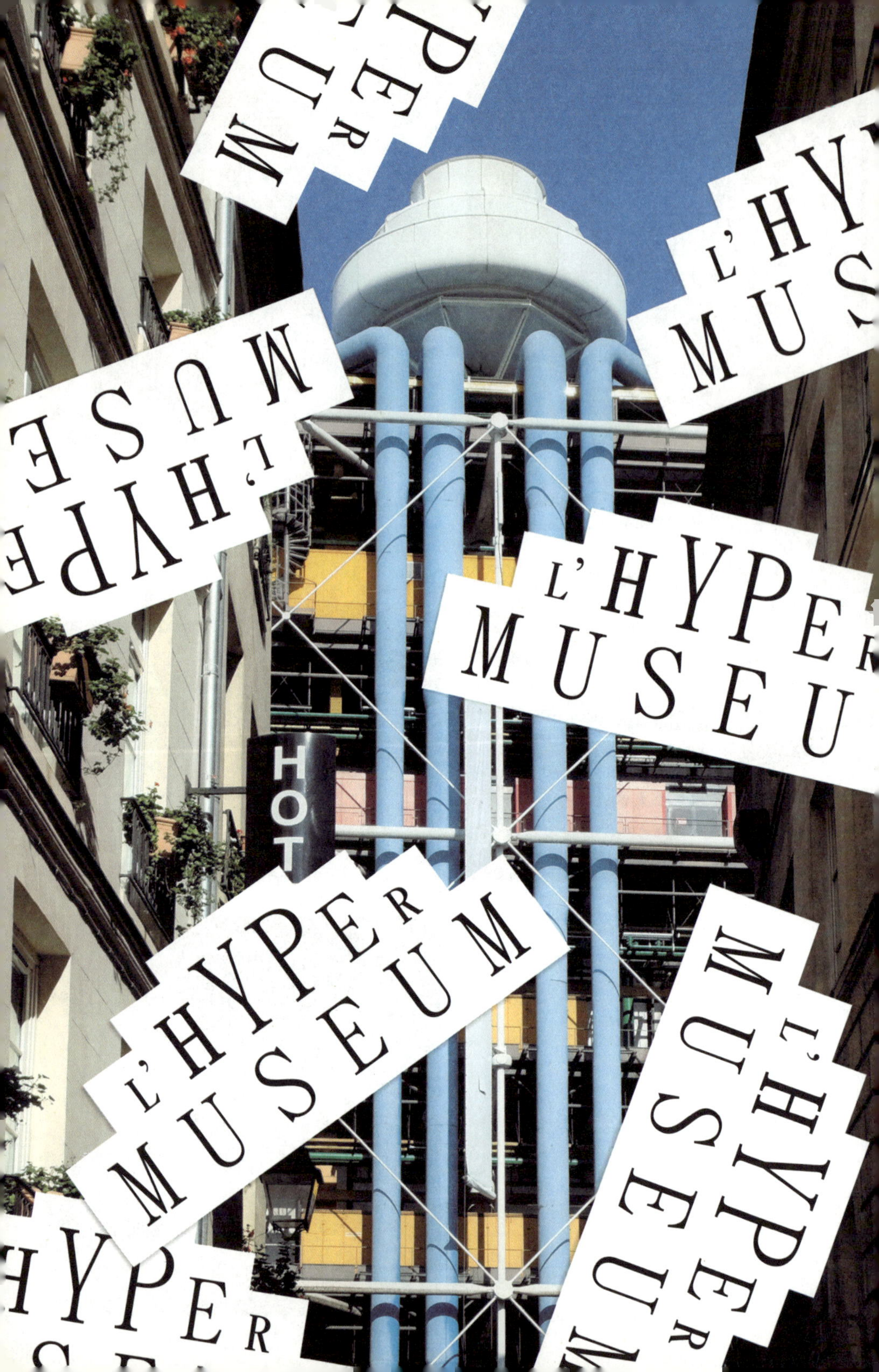
PER
UM
L'HY
MUS
MUSE
L'HYPE
L'HYPER
MUSEU
HOT
L'HYPER
MUSEUM
L'HYPER
MUSEUM
HYPER

Trente kilomètres séparent le parvis du Centre Pompidou à Paris de la terrasse du château de Saint-Germain-en-Laye. Entre les deux, la culture s'est aménagée l'un des plus prestigieux showrooms au monde. La concentration d'œuvres d'art, de musées, de théâtres et de monuments y est presque indécente. De la Renaissance à nos jours, de Le Nôtre à Jean Nouvel, on voyage à travers le génie artistique universel avec la possibilité de passer, dans la même journée, d'un tête-à-tête avec la Joconde au Louvre à la contemplation des personnages fantastiques de Joan Miró au milieu des tours de La Défense. Tout simplement stupéfiant.

L'HyperMuseum

ASNIÈRES-SUR-SEINE | BOULOGNE-BILLANCOURT | COURBEVOIE | LE PORT-MARLY | MAISONS-LAFFITTE | MARLY-LE-ROI | NANTERRE | PARIS | PUTEAUX | RUEIL-MALMAISON | SAINT-CLOUD | SAINT-GERMAIN-EN-LAYE | SÈVRES | SURESNES

L'HYPER MUSEUM

carte L'HYPER MUSEUM

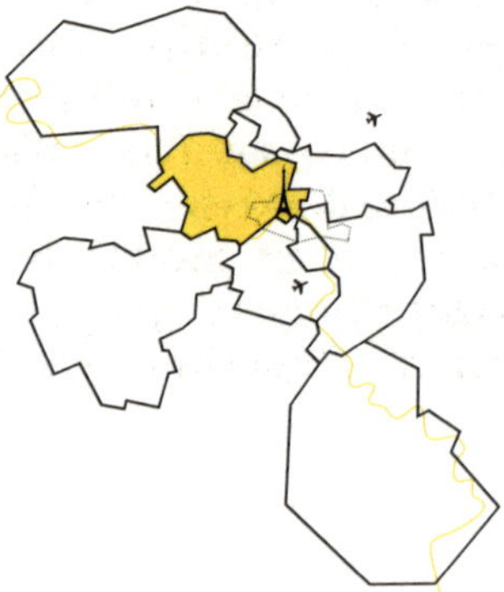

CULTURE

63 MUSÉE DES ANNÉES TRENTE
64 MUSÉE ET JARDIN ALBERT-KAHN
65 MUSÉE PAUL BELMONDO
66 LA SEINE MUSICALE
67 CHÂTEAU DE MONTE-CRISTO
68 CHÂTEAU DE MAISONS-LAFFITTE
69 PARIS LA DÉFENSE ARENA®
70 THÉÂTRE DE NANTERRE-AMANDIERS
71 BOURSE DE COMMERCE - PINAULT COLLECTION
72 CENTRE POMPIDOU
73 COMÉDIE-FRANÇAISE
74 FONDATION LOUIS VUITTON
75 FORUM DES IMAGES
76 GRAND PALAIS ÉPHÉMÈRE
77 JEU DE PAUME
78 LAFAYETTE ANTICIPATIONS
79 LOUVRE
80 MEP - MAISON EUROPÉENNE DE LA PHOTOGRAPHIE
81 MONA BISMARCK AMERICAN CENTER
82 MUSÉE CERNUSCHI
83 MUSÉE D'ART MODERNE DE PARIS
84 MAD, MUSÉE DES ARTS DÉCORATIFS
85 MUSÉE D'ORSAY
86 MUSÉE DU QUAI BRANLY - JACQUES CHIRAC
87 MUSÉE MARMOTTAN MONET
88 MUSÉE NATIONAL DES ARTS ASIATIQUES GUIMET
89 PALAIS DE TOKYO
90 PETIT PALAIS
91 THÉÂTRE NATIONAL DE CHAILLOT
92 PARVIS DE LA DÉFENSE
93 CHÂTEAU DE MALMAISON ET PARC DE BOIS-PRÉAU
94 MUSÉE D'ARCHÉOLOGIE NATIONALE
95 CITÉ DE LA CÉRAMIQUE
96 THÉÂTRE DE SURESNES JEAN VILAR

ART DE VIVRE

97 ROSA BONHEUR À L'OUEST
98 NODD CLUB
99 SKYLINE BAR
100 LA FERME DU BONHEUR
101 VIVE LES GROUES
102 FONDATION GOODPLANET

PLEIN AIR

103 DOMAINE DE MARLY
104 DOMAINE NATIONAL DE SAINT-CLOUD
105 FORÊT DE SAINT-GERMAIN-EN-LAYE
106 TERRASSE DU MONT VALÉRIEN

MANGER

107 LA TABLE DE CYBÈLE
108 BISTROT PIERRE LAMBERT
109 LE VILLAGE
110 BIB & GUSS
111 LE NICOLETTA PER CALA LUNA

EN FAMILLE

112 JARDIN D'ACCLIMATATION
113 TOIT DE LA GRANDE ARCHE

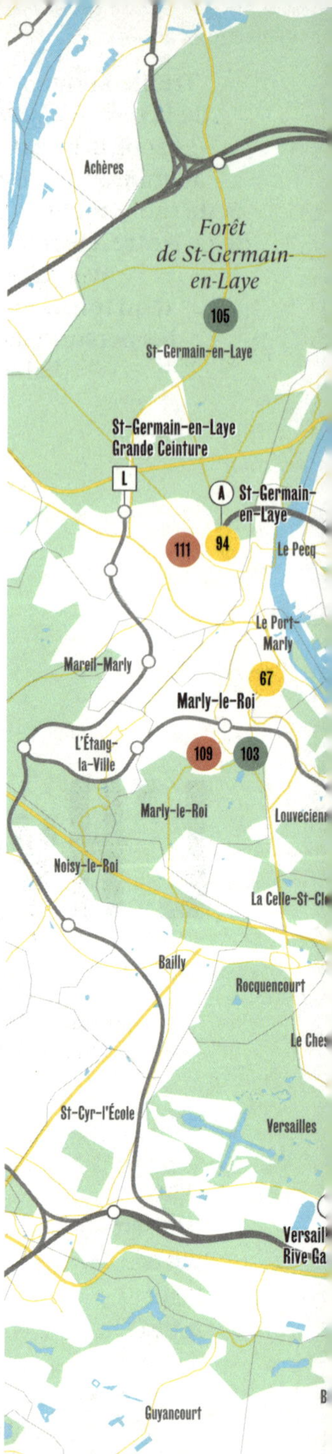

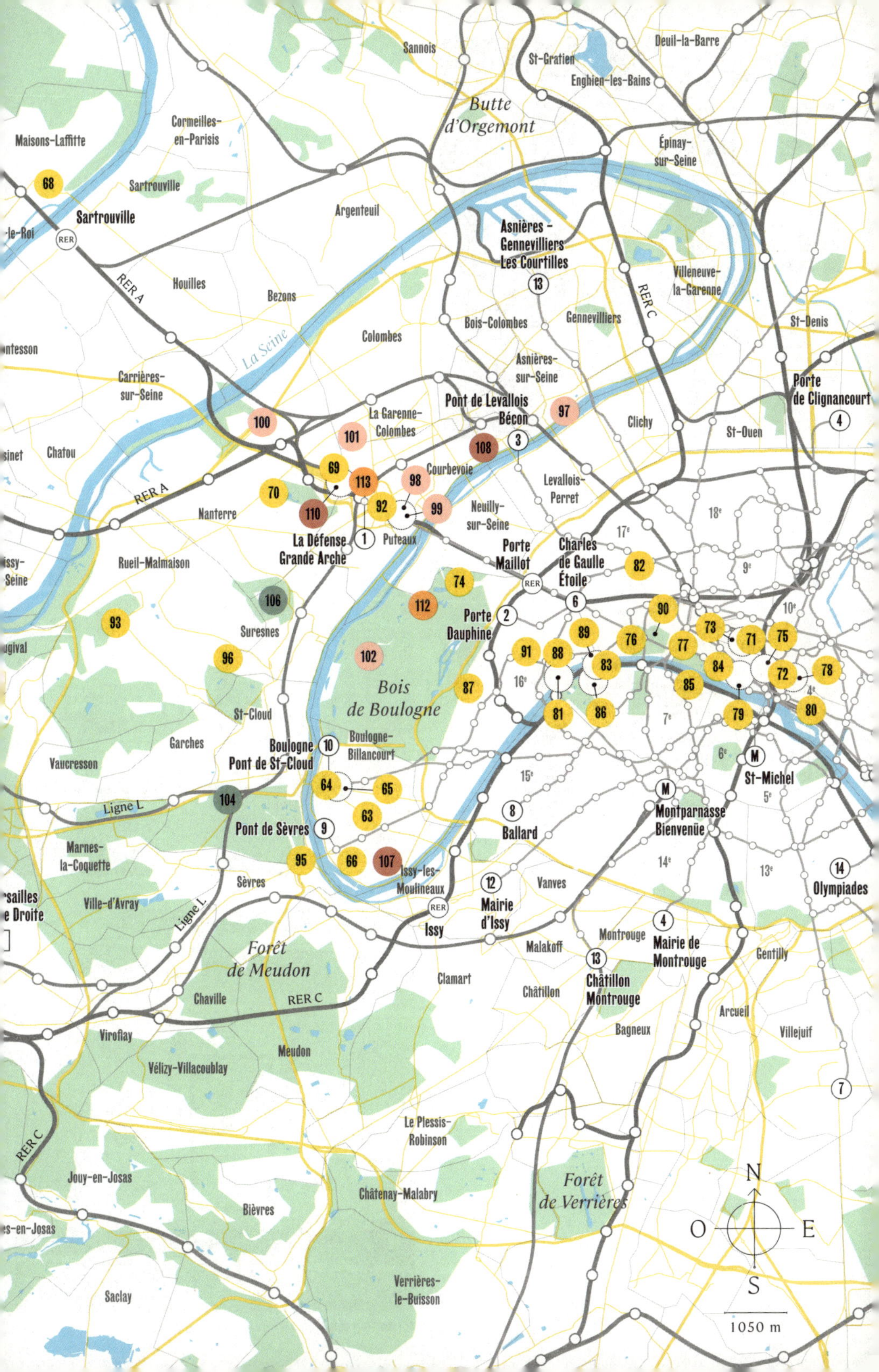

Sannois
Deuil-la-Barre
St-Gratien
Enghien-les-Bains
Butte d'Orgemont
Cormeilles-en-Parisis
Maisons-Laffitte
Épinay-sur-Seine
Sartrouville
Sartrouville
Argenteuil
Asnières - Gennevilliers Les Courtilles
Villeneuve-la-Garenne
Houilles
Bezons
RER A
RER C
Colombes
Bois-Colombes
Gennevilliers
St-Denis
La Seine
Asnières-sur-Seine
Carrières-sur-Seine
Porte de Clignancourt
Pont de Levallois Bécon
La Garenne-Colombes
Clichy
St-Ouen
Chatou
Courbevoie
Levallois-Perret
Nanterre
Neuilly-sur-Seine
La Défense Grande Arche
Puteaux
Porte Maillot
Charles de Gaulle Étoile
Rueil-Malmaison
Porte Dauphine
Suresnes
Bois de Boulogne
St-Cloud
Garches
Boulogne Pont de St-Cloud
Boulogne-Billancourt
Vaucresson
Ligne L
Pont de Sèvres
Ballard
St-Michel
Montparnasse Bienvenüe
Marnes-la-Coquette
Sèvres
Issy-les-Moulineaux
Ville-d'Avray
Issy
Mairie d'Issy
Vanves
Olympiades
Forêt de Meudon
Malakoff
Montrouge
Mairie de Montrouge
Gentilly
Clamart
Châtillon
Châtillon Montrouge
Chaville
Arcueil
Villejuif
Viroflay
Bagneux
Meudon
Vélizy-Villacoublay
Le Plessis-Robinson
Jouy-en-Josas
Châtenay-Malabry
Forêt de Verrières
Bièvres
Verrières-le-Buisson
Saclay
N
O
E
S
1050 m

Téléportation | *Rue Beaubourg, Paris.*

Les 2 frangins | *Jardins des Tuileries, Paris.*

Rêve de propriétaires | *Quai de l'Hôtel de Ville, Paris.*

Autoportrait chic | *Fondation Louis Vuitton, Paris.*

L'amie des touristes | *Place du Trocadéro, Paris.*

Libres | *Jardin des Tuileries, Paris.*

Réchauffement climatique | *Jardin des Tuileries, Paris.*

Vous êtes ici | *Rue Aubry-le-Boucher, Paris.*

Life on Mars | *Île Seguin, Boulogne-Billancourt.*

BOULOGNE-BILLANCOURT

63 MUSÉE DES ANNÉES TRENTE

#DESIGN #ARTCOLONIAL
#INNOVATIONS

Le musée des Années Trente est insoupçonnable depuis la rue, caché dans le gigantesque espace culturel Landowski. Entre ses murs, l'art de l'entre-deux-guerres s'y étend sur pas moins de 3 000 m² et trois étages. Il est ainsi aisé de s'immerger dans les fastes des riches appartements français, jadis emplis de toutes ces merveilles. La première grande salle présente le design et l'architecture audacieuse de l'époque. Puis les collections balaient les courants artistiques du début du XXe siècle et donnent aussi à voir un bel aperçu de l'art orientaliste et de l'art colonial. Un musée aussi riche qu'inattendu.

Tarif: 6,5 € (plein tarif) / Gratuit pour les moins de 26 ans. Fermé le lundi.

Espace Landowski, 28, avenue André Morizet, 92100 Boulogne-Billancourt
Tél : 01 55 18 46 42 / boulognebillancourt.com

- M — Ligne 9 : Marcel Sembat / Ligne 10 : Boulogne Pont de Saint-Cloud
- Bus — 126, 175, 389 : Hôtel de Ville de Boulogne-Billancourt
- Vélib' — Avenue André Morizet, Boulogne

64 MUSÉE ET JARDIN ALBERT-KAHN

#JARDINMAPPEMONDE
#MUSÉEDESARCHIVESDELAPLANÈTE
#PAIXDANSLEMONDE

Pénétrer dans l'antre d'Albert Kahn (1860-1940) revient à contempler le rêve accompli d'un humaniste voyageur. Ce banquier philanthrope a créé à Boulogne un jardin mappemonde, inspiré de ses voyages. Lavande d'Afghanistan, cerisiers du Japon, vigne de l'Oregon, lilas des Indes, pavot du Pays-de-Galles... La liste est longue. Convaincu que la connaissance des cultures étrangères est nécessaire pour pacifier le monde, Albert Kahn a par ailleurs missionné cinéastes et photographes à travers plus de cinquante pays. Cette collection unique, constituée de 1909 à 1931, est rassemblée en un musée des Archives de la planète actuellement en travaux et qui devrait ouvrir à l'automne 2021.

Musée fermé le lundi (jardin ouvert tous les jours).

1, rue des Abondances, 92100 Boulogne-Billancourt
Tél : 01 55 19 28 00 / albert-kahn.hauts-de-seine.fr

- M — Ligne 10 : Boulogne Pont de Saint-Cloud
- Bus — 52, 126, 160, 175, 467 : Pont de Saint-Cloud - Albert Kahn
- Vélib' — 15 rond-point Rhin-Danube, Boulogne

65 MUSÉE PAUL BELMONDO

#SCULPTURE #BELMONDOPÈRE
#GALERIETACTILE

Dans la famille Belmondo, Paul, le père (1898-1982), était l'une des dernières figures classiques de la sculpture française. Le musée qui lui est dédié, aménagé dans une belle bâtisse entourée d'un jardin où trônent quelques sculptures monumentales, s'ouvre par une très réaliste reconstitution de l'atelier du sculpteur. À l'étage, une galerie tactile permet aux non-voyants de découvrir des bustes de Belmondo par le toucher. Sous le toit, dans la pénombre, sont préservés de nombreux dessins, aquarelles, fusains, ainsi qu'une centaine de gravures de médaillons réalisés pour la Monnaie de Paris®. Puis, comme si vous pénétriez en douce chez l'artiste, observez les recoins et ouvrez les tiroirs pour découvrir la totalité des œuvres.

Tarif: 6,5 € (plein tarif) / Gratuit pour les moins de 26 ans. Fermé le lundi.

14, rue de l'Abreuvoir, 92100 Boulogne-Billancourt
Tél : 01 55 18 69 01 / boulognebillancourt.com

- M — Ligne 10 : Boulogne - Jean Jaurès
- Bus — 123, 260 : Église de Boulogne-Billancourt
- Vélib' — Rue du Transvaal

66 LA SEINE MUSICALE

#PAQUEBOTCULTUREL #BARÀCOCKTAILS
#JARDINSURLETOIT

Ex-bastion des mythiques usines Renault®, l'île Seguin a vu s'amarrer en 2017 la Seine Musicale, paquebot de verre et de béton avec à son bord un splendide auditorium de plus de 1 000 places ainsi qu'une grande salle modulable de 6 000 places capable d'accueillir aussi bien des mégastars comme Bob Dylan que des concerts symphoniques ou des comédies musicales. Et pour que la croisière s'amuse, un bar à cocktails, le New Rose, a ouvert sur le pont inférieur tandis qu'un jardin s'étend sur le pont supérieur.

Ouvert du mardi au samedi, et le lundi et dimanche uniquement les jours de spectacles et concerts.

Cours de l'île Seguin, 92100 Boulogne-Billancourt
Tél : 01 74 34 54 00 / laseinemusicale.com/fr

- M — Ligne 9 : Pont de Sèvres
- Bus — 42, 260, 389 : Cours de l'île Seguin
- Vélib' — Cours de l'île Seguin, Boulogne

LE PORT-MARLY

67 CHÂTEAU DE MONTE-CRISTO

#ALEXANDREDUMAS #PARC #ONIRIQUE

Édifié à la demande d'Alexandre Dumas (1802-1870) qui souhaitait s'installer au calme pour écrire, le château de Monte-Cristo offre un cadre propice à la balade. Le grand jardin boisé, avec ses grottes et sa prison cachée, est un formidable terrain d'aventure pour les plus petits. Au milieu du parc, le cabinet de travail de Dumas, aux allures de mini Bastille, accentue le caractère romanesque des lieux. Quant au château, on y éprouve quelque chose de familier en foulant ses vieux parquets qui sentent bon la cire. Une pièce se détache des autres : c'est le salon mauresque que l'écrivain se fit construire au retour d'un voyage en Tunisie. Le château de Monte-Cristo, bien au-delà de son lustre bourgeois, est un endroit vraiment plein de fantaisie.

Tarifs : 7 € (tarif plein) / 5 € (moins de 25 ans) / Gratuit pour les moins de 10 ans.
Fermé le lundi du 1er avril au 1er novembre / Fermé tous les jours sauf le samedi et le dimanche après-midi du 2 novembre au 31 mars.

Chemin du hauts des Ormes, 78560 Le Port-Marly
Tél : 01 39 16 49 49 / chateau-monte-cristo.com

- RER — A : Saint-Germain-en-Laye puis bus 259 : L'Ermitage

MAISONS-LAFFITTE

68 CHÂTEAU DE MAISONS-LAFFITTE

#RENAISSANCE #MANSART #LADÉFENSE

Des fenêtres de ce chef d'œuvre de la Renaissance, on aperçoit la skyline de La Défense. Un anachronisme saisissant pour ce château qui inspira Versailles et qui continue d'étonner ses visiteurs. *« Le château de Maisons est d'une beauté si singulière qu'il n'est point d'étranger qui ne l'aille voir comme l'une des plus belles choses que nous ayons en France »*, disait de lui l'écrivain Charles Perrault (1628-1703). Vous le comprendrez lorsque vous monterez les marches du vestibule d'honneur, somptueux escalier surmonté d'une coupole. Sobrement mais parfaitement remeublé, le château de Maisons surprend aussi par ses tableaux, dont le spectaculaire « Éruption du Vésuve » de Pierre-Jacques Volaire (1729-1799). De mai à septembre, des visites privées des mansardes, habituellement cachées, sont proposées le dimanche. Réservation obligatoire.

Tarif : 8 € (plein tarif) / Gratuit pour les moins de 18 ans.
Fermé le mardi.

2, avenue Carnot, 78600 Maisons-Laffitte
Tél : 01 39 62 01 49 / chateau-maisons.fr

- RER — A : Maisons-Laffitte
- Transilien — Lignes L, J : Maisons-Laffitte
- Bus — 262 : Rue du Mesnill

NANTERRE

69 PARIS LA DÉFENSE ARENA®

#STADE #SALLEDESPECTACLE
#ÉCRINFUTURISTE

Jusqu'à présent, il existait d'un côté les salles de spectacles comme Bercy et de l'autre les stades comme le Parc des Princes. Alors plutôt que d'avoir à choisir, la Paris La Défense Arena® a décidé d'être un stade de spectacles. Conçue pour accueillir les rencontres du club de rugby du Racing 92®, elle est recouverte d'un toit permanent. Ses tribunes, inspirées des stades anglais, assurent une proximité avec le terrain qui, lui, s'est paré d'un gazon synthétique fait sur mesure. Pouvant recevoir 25 000 personnes les jours de match, ce cocon futuriste, avec son écran géant de 1 400 m², est capable d'en faire tenir 40 000 pour les concerts ou les événements comme le Supercross de Paris®. Au rez-de-chaussée, la traditionnelle saucisse-frites a laissé place à la cuisine du chef multi-étoilé Alain Ducasse et son restaurant Bib & Guss (voir page 59). Une autre succulente raison de faire le déplacement.

8, rue des Sorins, 92000 Nanterre
parisladefense-arena.com

- M — Ligne 1 : La Défense
- RER — A : La Défense
- Transilien — Lignes L, U : La Défense
- Tram — T2 : La Défense - Grande Arche
- Bus — 163 : Les Terrasses
- Vélib' — Place Nelson Mandela, Nanterre

Huggy les bons tuyaux | *Rue Beaubourg, Paris.*

70 THÉÂTRE NANTERRE-AMANDIERS

#MYTHE #THÉÂTREPOURTOUS
#SCÈNENATIONALE

Les Amandiers, c'est l'histoire d'un mythe. Tout commence sous un chapiteau en 1965, au lieu-dit Côte des Amandiers. En 1971, l'aventure se poursuit dans un bâtiment provisoire avant l'ouverture de la salle en 1976 avec toujours la même philosophie, celle de briser l'image élitiste du théâtre. Depuis, la programmation navigue entre répertoire classique et créations contemporaines délurées. On ne peut que vous conseiller d'investir dans une carte d'adhérent (entre 5 € et 25 €) qui vous permet ensuite de voir tous les spectacles pour 10 € seulement. Les Amandiers, c'est aussi une librairie et un bar-restaurant bio ouvert tous les jours et qui fait brunch le week-end de 12h à 16h. Ne passez pas à côté de ce lieu culte du Grand Paris.

Des travaux sont prévus entre 2020 et 2022 ne remettant pas en cause le maintien des représentations.

7, avenue Pablo Picasso, 92000 Nanterre
Tél : 01 46 14 70 00 / nanterre-amandiers.com
- RER — A : Nanterre Préfecture
- Bus — 159, 259 : Joliot-Curie
- Vélib' — Avenue Pablo Picasso, Nanterre
- Navettes gratuites entre le RER Nanterre-Préfecture (arrêt au croisement de la rue Célestin Hébert et du boulevard de Pesaro) et Nanterre-Amandiers. Horaires sur le site internet du Théâtre.

PARIS

71 BOURSE DE COMMERCE – PINAULT COLLECTION

#ARTCONTEMPORAIN #DUNEUFAVECDUVIEUX
#RENOUVEAUDESHALLES

La collection d'art contemporain de l'homme d'affaires breton François Pinault s'exposait déjà à Venise, dans le cadre somptueux du Palazzo Grazzi et de la Punta della Dogana. En 2021, elle trouve un autre lieu à sa mesure, l'ancienne Bourse de commerce, réhabilitée par l'architecte japonais Tadao Ando, dans le quartier des Halles (1er) en pleine transformation. Outre les expositions, l'endroit offre une riche programmation culturelle avec un auditorium de 300 places pouvant accueillir conférences, projections et concerts.

2, rue de Viarmes, 75001 Paris
Tél : 01 55 04 60 60 / boursedecommerce.fr
- M — Ligne 4 : Les Halles
- RER — A, B, D : Châtelet - Les Halles

72 CENTRE POMPIDOU

#ARTCONTEMPORAIN
#JANTICIPEMAVISITE #VUEPANORAMIQUE

Sortir du métro d'un pas alerte, glisser le long de l'exosquelette du Centre Pompidou, arriver à la piazza et regretter immédiatement de ne pas avoir acheté son billet en ligne. Devoir renoncer face à l'interminable file d'attente, rentrer chez soi dépité. Recommencer l'opération, cette fois muni d'un e-billet. Une fois dans le saint des saints de l'art moderne et contemporain, il existe bien des façons d'en profiter. À commencer par cette vue qui surplombe le plafond parisien et vous donne l'impression de flotter sur les toits. Un billet à 5 € vous permet d'ailleurs d'y accéder sans passer par la case expo. Mais ce serait un comble de se contenter des combles en éludant notamment les collections permanentes du Musée National d'Art Moderne, dont la visite exhaustive est particulièrement agréable. Les équipes du musée ont su proposer un voyage dans l'histoire de l'art au XXe siècle en un condensé savamment orchestré. Quant aux expositions temporaires, elles font régulièrement sensation.

Tarifs : 14 € (plein tarif) pour l'accès au musée et aux expositions temporaires / 5 € uniquement pour l'accès à la vue sur Paris (ce tarif ne donne pas droit aux expositions) / Gratuit pour les moins de 18 ans. Fermé le mardi.

Place Georges-Pompidou, 75004 Paris
Tél : 01 44 78 12 33 / centrepompidou.fr
- M — Ligne 11 : Rambuteau / Ligne 1 : Hôtel de Ville
- Bus — 38, 47, 75 : Centre Georges Pompidou
- Vélib' — Rue Rambuteau

73 LA COMÉDIE-FRANÇAISE

#THÉÂTRE #CLASSIQUESDÉPOUSSIÉRÉS
#INSTITUTION

Du Molière proféré avec emphase, dans de beaux costumes du XVIIe siècle. Si vous avez ce souvenir de la Comédie-Française, c'est que vous n'y êtes pas retourné depuis bien longtemps. Sous les ors et le velours de la salle Richelieu et dans les plus intimistes théâtre du Vieux-Colombier et Studio-Théâtre, les pensionnaires de la troupe rejouent les classiques (Shakespeare, Racine, Feydeau) mais dans des mises en scène souvent très inventives, passionnées et passionnantes. Les confidences amoureuses de « La double inconstance » de Marivaux sont échangées dans un phrasé qui pourrait être le nôtre. Sur les planches brûlent aussi les auteurs contemporains ou les transpositions de films. Quand institution rime avec excitation.

1, place Colette, 75001 Paris
Tél : 01 44 58 15 15 / comedie-francaise.fr

- M — Lignes 1, 7 : Palais Royal - Musée du Louvre / Ligne 14 : Pyramides
- Bus — 21, 69, 72, 81 : Palais Royal - Musée du Louvre
- Vélib' — Place André Malraux

74 FONDATION LOUIS VUITTON

#ARTCONTEMPORAIN #DÉMESURE #ARCHITECTURE

Voilier aux voiles de verre courbé signé Frank Gehry, déjà auteur du Musée Guggenheim® à Bilbao, la Fondation Louis Vuitton marque les esprits par son architecture. Mais aussi, bien sûr, par sa programmation qui multiplie les expositions-événements à l'image de celles consacrées à Jean-Michel Basquiat ou au MoMA®, le musée d'art moderne de New York. Cependant, la Fondation sait aussi sortir des sentiers battus pour nous séduire et nous faire revenir inlassablement, notamment lors de ses nocturnes organisées chaque premier vendredi du mois et qui sont une occasion de voir et vivre autrement le bâtiment, ses œuvres et ses expositions.

Billet plein tarif : 14€. Le billet donne aussi accès au Jardin d'Acclimatation.
Fermé le mardi sauf vacances scolaires.

8, avenue du Mahatma Gandhi, 75016 Paris
Tél : 01 40 69 96 00 / fondationlouisvuitton.fr

- M — Ligne 1 : Les Sablons
- Bus — 244 : Fondation Louis Vuitton
- Vélib' — Avenue du Mahatma Gandhi

75 FORUM DES IMAGES

#QUANDLIMAGECRÈVELÉCRAN #MASTERCLASS #RÉALITÉVIRTUELLE

Dans le dédale des Halles, le Forum des images vous plonge dans un univers où l'image est reine. Vous pouvez au choix visionner les archives d'un Paris disparu ou vous familiariser avec le Grand Paris, profiter du meilleur du 7e art d'hier et d'aujourd'hui, dévorer documentaires et films d'animation. Tous les champs sont explorés, jusqu'au trompe-l'œil de la réalité virtuelle avec notamment le festival NewsImages qui fleurit chaque année au printemps. Sans oublier les *master class* organisées tout au long de l'année avec les monstres sacrés qui font le cinéma.

Fermé le lundi.

Forum des Halles, 2, rue du Cinéma, 75001 Paris
Tél : 01 44 76 63 00 / forumdesimages.fr

- M — Ligne 4 : Les Halles / Lignes 1, 4, 7, 11, 14 : Châtelet
- RER — A, B, D : Châtelet - Les Halles
- Bus — 67, 74, 85 : Coquillière - Les Halles
- Vélib' — Rue de la Cossonnerie

76 GRAND PALAIS ÉPHÉMÈRE

#ÉVÉNEMENTS #EXPOS #SALLEPOLYVALENTE

À Grand Palais, grands travaux. Alors que le chantier de rénovation du Grand Palais doit s'étaler jusqu'en 2024, un bâtiment provisoire de 10 000 m² trônera sur le Champ-de-Mars jusqu'à sa réouverture. Conçu par l'architecte Jean-Michel Wilmotte, à qui l'on doit entre autres le stade de Nice et l'aéroport de Séoul, ce Grand Palais éphémère sera l'écrin des grands événements accueillis habituellement sous la nef du Grand Palais comme la FIAC® - Foire internationale d'art contemporain, Taste of Paris®, les défilés Chanel® et le Saut Hermès®. Un nouveau voisin de prestige pour la tour Eiffel®.

Place Joffre, 75007 Paris
Tél : 01 44 13 17 17 / grandpalais.fr

- M — Ligne 8 : École militaire
- Bus — 80 : École militaire

77 JEU DE PAUME

#PHOTOGRAPHIE #DÉCOUVERTES #UNBALCONSURLACONCORDE

On a l'impression d'embrasser tout Paris. Le Jeu de Paume s'ouvre sur un balcon qui surplombe la place de la Concorde, son obélisque, sa circulation frénétique et, au loin, la tour Eiffel®. Pour un centre dédié à la photographie, quelle ironie d'avoir à ses pieds le cliché de la Ville Lumière. D'autant que les tirages, vidéos d'art, et films expérimentaux présentés sortent des sentiers battus. Certes, quelques grands noms sont remis à l'honneur mais, la plupart du temps, le néophyte y fait des découvertes précieuses. À l'heure où des millions de photos s'échangent chaque jour sur les réseaux sociaux, il fait bon de prendre le temps de la contemplation.

Tarifs : 10 € (plein tarif) / Gratuit pour les moins de 12 ans.
Fermé le lundi.

1, place de la Concorde, 75008 Paris
Tél : 01 47 03 12 50 / jeudepaume.org

- M — Lignes 1, 8, 12 : Concorde
- Bus — 24, 42, 72, 84, 94 : Concorde
- Vélib' — Rue Cambon

« Ah là là là là là... » | *Jardin des Tuileries, Paris.*

78 LAFAYETTE ANTICIPATIONS

#ARTCONTEMPORAIN #GRATUIT
#CAFÉRESTAURANT

Installée en plein Marais, dans un ancien bâtiment industriel réhabilité par Rem Koolhas, Lafayette Anticipations s'est donnée pour mission d'être au cœur de la création dans les domaines de l'art contemporain, du design et de la mode. Expositions, festivals et ateliers ouverts à tous rythment la vie des lieux qui servent également d'espace d'expérimentation aux artistes. C'est d'ailleurs l'ADN de Lafayette Anticipations : être un lieu où les créateurs testent des idées nouvelles pour ensuite les présenter *in situ* au public. Au rez-de-chaussée, le café-restaurant vegan et bio Wild & The Moon est propice aux petits creux en tous genres avec sa grande salle gorgée de lumière. Autre incontournable, la boutique À Rebours propose une collection d'objets contemporains insolites, drôles, utiles et décalés. C'est sûr, Lafayette Anticipations saura devancer vos attentes.

Entrée libre. Fermé le mardi.

9, rue du Plâtre, 75004 Paris
Tél : 01 57 40 64 17 / lafayetteanticipations.com

- M — Ligne 1 : Hôtel de Ville
- Bus — 75 : La Verrerie
- Vélib' — Rue des Blancs-Manteaux

79 LOUVRE

#PLUSGRANDMUSÉEDUMONDE #NOCTURNES
#ÀLÉCARTDELAFOULE

Avec pas moins de 460 000 œuvres, le Louvre est le plus grand musée du monde. C'est aussi le plus couru, puisque plus de 10 millions de visiteurs s'y pressent chaque année. Comment dès lors y naviguer en évitant de faire du surplace ? Il faut venir les mercredis ou les vendredis soirs. Car, vidé de la foule de la journée, il semble presque désert et l'atmosphère y est emprunte de mystère.

Tarifs : 17 €. Gratuit pour les moins de 26 ans.
Ouvert tous les jours de 9h à 18h excepté le mardi. Nocturne jusqu'à 21h45 le mercredi et le vendredi. Nocturne gratuite le 1er samedi de chaque mois de 18h jusqu'à 21h45.

Rue de Rivoli, 75001 Paris
Tél : 01 40 20 53 17 / louvre.fr

- M — Lignes 1, 7 : Palais Royal - Musée du Louvre
- Bus — 21, 48, 67, 69, 72, 81 : Palais Royal - Musée du Louvre / 27 : Musée du Louvre
- Vélib' — Rue Saint-Honoré

80 MEP – MAISON EUROPÉENNE DE LA PHOTOGRAPHIE

#MINEDOR #DESANNÉES50ÀNOSJOURS
#BIBLIOTHÈQUE

Depuis 1978, la Maison Européenne de la Photographie (MEP) constitue une mine d'or de la photographie contemporaine. Avec sa collection de 20 000 tirages, elle expose aussi bien les grandes figures que les jeunes talents, des années 50 à aujourd'hui. En plus de son musée, à l'architecture intimiste, la MEP abrite un auditorium, une bibliothèque de 30 000 titres ainsi qu'une vidéothèque de 750 films.

Tarifs : 10 € (plein tarif) / Gratuit pour les moins de 8 ans.
Fermé lundi et mardi.

5/7, rue de Fourcy, 75004 Paris
Tél : 01 44 78 75 00 / mep-fr.org

- M — Ligne 1 : Saint-Paul
- Bus — 69, 76, 96 : Rue du Pont Louis-Philippe

81 MONA BISMARCK AMERICAN CENTER

#HÔTELPARTICULIER #ARTCONTEMPORAIN
#GRATUIT

Elle était belle Mona, belle et riche. À une époque où fortune et glamour écrivaient la légende, Mona Bismarck fut même élue « femme la plus élégante » du monde. Peu avant sa mort, elle décida de transformer son hôtel particulier du 34, avenue de New York en un centre d'art dédié à la culture américaine contemporaine. C'est cette mission que l'équipe de l'American Center s'attache toujours à remplir en proposant tout au long de l'année des événements gratuits ou à des tarifs très accessibles. Le plus étonnant c'est que l'hôtel particulier est resté en l'état, comme si sa célèbre occupante y résidait encore. La bibliothèque, la chambre et tous les riches ornements dialoguent avec les installations, les œuvres et les pièces les plus contemporaines, ce qui confère au lieu une vibration particulière, proche de l'intime.

34, avenue de New York, 75016 Paris
Tél : 01 47 23 38 88 / monabismarck.org

- M — Ligne 9 : Iéna
- Bus — 72 : Musée d'Art Moderne - Palais de Tokyo
- Vélib' — Avenue Marceau

82 MUSÉE CERNUSCHI

#ARTSASIATIQUES #BOUDDHAGÉANT
#JARDINJAPONAIS

Caché au bout du parc Monceau, il ne laisse rien deviner des joyaux qu'il renferme. Car le discret musée Cernuschi abrite la deuxième collection d'arts asiatiques de France. On y contemple de formidables bijoux comme ce bouddha japonais du XVIIIe siècle, bronze noir de quatre mètres de haut venu d'un temple de Tokyo. À la sortie, il ne faut pas hésiter à aller faire quelques pas dans le parc anglo-japonais, romantique en diable avec son bassin.

Tarifs: 9 € (plein tarif) / Gratuit pour les moins de 18 ans.
Fermé le lundi.

7, avenue Velasquez, 75008 Paris
Tél : 01 53 96 21 50 / cernuschi.paris.fr

- M — Ligne 2 : Villiers ou Monceau /
  Ligne 3 : Malesherbes
- Bus — 20, 93, 94 : Malesherbes-Courcelles
- Vélib' — Rue de Monceau

83 MUSÉE D'ART MODERNE DE PARIS

#MONUMENT #13000ŒUVRES
#DEPICASSOÀBOLTANSKI

Au Palais de Tokyo, prestigieux héritage de l'exposition internationale de 1937, on trouve d'un côté... le Palais de Tokyo (voir page 52), centre d'art contemporain, et de l'autre le musée d'Art moderne de la Ville de Paris. Un binôme fracassant pour quiconque s'intéresse au monde de la création des XXe et XXIe siècle. Entre ses murs de marbre, le MAM abrite parmi ses collections 15 000 œuvres, allant de Picasso à Boltanski en passant par Modigliani, Chagall ou encore Picabia, et toujours des expositions temporaires de haut niveau. Depuis sa réouverture en 2019 suite à un important chantier de rénovation, il propose une librairie-boutique sur deux niveaux ainsi qu'un restaurant ouvert midi et soir. Une façon de combler tous les appétits.

Tarifs: 5 à 12 € selon les expositions (gratuit pour les moins de 18 ans) / Accès gratuit aux collections permanentes.
Fermé le lundi.

11, avenue du Président Wilson, 75016 Paris
mam.paris.fr

- M — Ligne 9 : Iéna
- Bus — 63 : Iéna
- Vélib' — Rue de Longchamp

84 MAD, MUSÉE DES ARTS DÉCORATIFS

#MACHINEÀREMONTERLETEMPS #ARTDEVIVRE
#RECONSTITUTIONS

Une machine à remonter le temps qui fonctionnerait vraiment. Installé dans le jardin des Tuileries, le MAD retrace l'évolution de notre cadre de vie, du Moyen Âge à aujourd'hui. À mesure qu'on gravit les étages, on bondit à travers les siècles. Au fil de 6 000 objets et des expositions, tout y passe : mobilier, orfèvrerie, céramique, tapisserie. Vous êtes parfois littéralement télétransporté dans des intérieurs d'époque reconstitués de manière saisissante. Ici, dans la chambre d'une courtisane du Second Empire, avec son lit à balustrade dit « de parade ». Là, dans un bureau tout en tubes métalliques dessiné par le designer français Robert Mallet-Stevens. Une passionnante leçon d'art de vivre.

Tarifs: 14 € (plein tarif) / Gratuit pour les moins de 26 ans.
Fermé le lundi.

107, rue de Rivoli, 75001 Paris
Tél : 01 44 55 57 50 / madparis.fr

- M — Lignes 1, 7 : Palais Royal - Musée du Louvre
- Bus — 21, 69, 72, 81 : Palais royal-Musée du Louvre
- Vélib' — Rue de l'Échelle

85 MUSÉE D'ORSAY

#MARMOTTAN #CURIEUSESNOCTURNES
#ANCIENNEGARE

Si vous pensez tout connaître du musée d'Orsay, ancienne gare devenue le repère des Impressionnistes comme Monet et Renoir, laissez-vous surprendre par *Les Curieuses Nocturnes*. Organisées quatre jeudis par an, ces soirées font durer le plaisir jusqu'à 23h en programmant toutes sortes d'animations : concerts dans la nef, performances *Live*, conférences, médiateurs dans les collections permanentes. L'annonce des dates est à guetter sur le site et la page Facebook du musée. Orsay accueille également régulièrement des spectacles, des projections ainsi que des cours d'histoire de l'art.

Tarif: 14 € (plein tarif) / Gratuit pour les moins de 26 ans
Fermé le lundi. Nocturne le jeudi jusqu'à 21h15.
Les Curieuses Nocturnes: 3 à 4 jeudis par an.

62, rue de Lille, 75007 Paris
Tél : 01 40 49 48 14 / musee-orsay.fr

- M — Ligne 12 : Solférino
- RER — C : Musée d'Orsay
- Bus — 24, 68, 69, 73, 84, 87 : Musée d'Orsay
- Vélib' — Rue de Lille

86 MUSÉE DU QUAI BRANLY – JACQUES CHIRAC

#TOURDUMONDE #CIVILISATIONS #JARDIN

C'est un voyage qui démarre au bord de la Seine, en face de la passerelle Debilly. Il faut franchir un cocon de verre, traverser un jardin foisonnant de fougères et de graminées et emprunter la passerelle illuminée de 16 000 noms de peuples de la planète pour atteindre les collections du Quai Branly. Dans la pénombre, sur un seul plateau sans murs, on navigue entre 3 500 objets. On passe insensiblement de l'Océanie à l'Asie, puis à l'Afrique et aux Amériques. Evidemment, chacun y mènera son expédition comme bon lui semble. Certains entendront les appels des immenses tambours à fente du Vanuatu, d'autres rêveront de porter les diadèmes de l'époque ottomane d'Alger. D'autres encore se sentiront invincibles grâce aux statuettes protectrices du Congo. À sa manière, le Quai Branly nous invite à quitter les rives du Grand Paris pour prendre le large. Outre des expositions temporaires, le musée propose trois soirs par an des *Before* qui mixent visites, performances, *workshops* et DJ sets. Une programmation à retrouver sur quaibranly.fr.

Tarifs: à partir de 10 €. Gratuit pour les moins de 18 ans. Accès à la terrasse panoramique de juin à septembre: 3 €. Ouvert tous les jours. Nocturnes jusqu'à 21h les jeudis, vendredis et samedis.

37, quai Branly, 75007 Paris
Tél: 01 56 61 70 00 / quaibranly.fr

- M — Ligne 9: Alma-Marceau ou Iéna
- RER — C: Pont de l'Alma
- Bus — 42: Tour Eiffel
- Vélib' — Quai Branly

87 MUSÉE MARMOTTAN MONET

#PARTICULIER #IMPRESSIONNANT #DEMONETÀRENOIR

Des cars de touristes débarquent aux confins du XVIe arrondissement juste pour lui. Mais il ne faudrait pas qu' *Impression, soleil levant* laisse dans l'ombre tous les autres chefs-d'œuvre du Musée Marmottan Monet. À commencer par les autres tableaux de Monet, ses *Nymphéas* où se rejoignent le ciel et l'eau ou sa rougeoyante *Allée des rosiers, Giverny*. Au-dessus des guéridons ou des candélabres Empire de cet hôtel particulier brillent aussi les perles d'autres impressionnistes: les yeux dans le vague de *Julie Manet* peinte par Pierre-Auguste Renoir, les rues scintillantes de Paris sous la pluie par Gustave Caillebotte... La première femme du mouvement, Berthe Morisot, a même une salle rien que pour elle. Sa technique dérivée de l'aquarelle donne des effets translucides extraordinaires. Préparez-vous à une leçon de peinture.

Tarifs: 12 € (plein tarif) / Gratuit pour les moins de 7 ans. Fermé le lundi.

2, rue Louis Boilly, 75016 Paris
Tél: 01 44 96 50 33 / marmottan.fr

- M — Ligne 9: La Muette
- RER — C: Boulainvilliers
- Bus — 32: Louis Boilly
- Vélib' — Place de la Porte de Passy

88 MUSÉE NATIONAL DES ARTS ASIATIQUES GUIMET

#ASIE #50000ŒUVRES #VESTIGEDANGKOR

Industriel, globe-trotter et collectionneur d'art, Emile Guimet décide de faire construire son propre musée en 1889 place d'Iéna. Cinquante ans plus tard, le musée choisit d'échanger ses pièces égyptiennes contre la totalité du département d'arts asiatiques du Louvre. Et c'est ainsi que naît l'une des plus fameuses institutions au monde consacrées aux cultures d'Extrême-Orient avec quelque 50 000 œuvres. Surtout ne loupez pas l'imposante *Chaussée des géants*, fragment du temple d'Angkor qui émerveilla la foule de l'Exposition universelle de 1878.

Tarifs: 11,50 € (plein tarif) / Gratuit pour les moins de 26 ans. Fermé le mardi.

6, place d'Iéna, 75016 Paris
Tél: 01 56 52 53 00 / guimet.fr

- M — Lignes 6, 9: Trocadéro
- Bus — 63: Iéna
- Vélib' — Rue de Longchamp

89 PALAIS DE TOKYO

#ARTCONTEMPORAIN #BOIREETMANGER #CLUBBING

Le Palais de Tokyo revendique les paradoxes du monde actuel, la radicalité des expressions contemporaines tout en cultivant l'art de la convivialité. Car il fait bon se perdre dans les 22 000 mètres carrés de cette cathédrale de béton brut où rien n'est plus vain que l'illusion de ses propres certitudes. Sa librairie, ludique et riche de belles références, est en soi un objet de flânerie et de découvertes. Mais le Palais de Tokyo procure aussi d'autres plaisirs. On peut y manger un morceau face à la tour Eiffel® chez Monsieur Bleu, boire un cocktail chez EDO, mais aussi danser au YOYO. Tout ça jusqu'à des heures avancées de la nuit, le Palais de Tokyo étant du genre couche-tard.

Tarifs : 12 € (plein tarif) / Gratuit pour les moins de 18 ans
12h - minuit. Fermé le mardi.

13, avenue du Président Wilson, 75016 Paris
Tél : 01 81 97 35 88 / palaisdetokyo.com

- M — Ligne 9 : Iéna
- Bus — 72 : Musée d'Art Moderne - Palais de Tokyo
- Vélib' — Avenue Marceau

90 PETIT PALAIS

#MUSÉE #JARDINDEDEN
#UNCAFÉENTERRASSE

Comme un frère dans l'ombre de son presque jumeau. Moins évidemment éclatant, mais d'un charme fou. Le Petit Palais, élevé comme le Grand Palais pour l'Exposition universelle de 1900, dissimule un havre de paix au cœur de la folie de la capitale, à deux pas des Champs-Élysées. Son jardin intérieur, décoré de bassins, est particulièrement luxuriant avec ses plantes exotiques, ses palmiers et ses bananiers. Attablé à la terrasse du café du musée, sous le sublime péristyle, vous croquerez distraitement la salade ou les pâtes du jour, trop occupé à contempler cet Eden. Les collections permanentes sont tout aussi saisissantes. On reste subjugué par le baiser de l'*Amour et Psyché* de Rodin ou par l'*Ugolin* de Carpeaux aux traits déformés par le désespoir.

Accès gratuit aux collections permanentes.
Expositions temporaires payantes.
Fermé le lundi.

Avenue Winston Churchill, 75008 Paris
Tél : 01 53 43 40 00 / petitpalais.paris.fr

- M — Lignes 1, 13 : Champs-Élysées - Clémenceau
- Bus — 72, 83, 93 : Grand Palais
- Vélib' — Avenue Dutuit

91 THÉÂTRE NATIONAL DE CHAILLOT

#PALAIS #ARTDÉCO #DANSECONTEMPORAINE

« Dans ces murs voués aux merveilles… » La citation de Paul Valéry (1871-1945), gravée sur la façade, ne pourrait pas mieux exprimer l'effet que procure le palais de Chaillot. Ce joyau Art déco a beau avoir été qualifié de « totalitaire » pour son architecture néo-classique monumentale, il nous en met plein les yeux. Ce qui fut, dans les années 1950, le siège du théâtre national populaire de Jean Vilar s'est métamorphosé, au début des années 2000, en un temple de la danse contemporaine. En dehors des spectacles, il est possible d'assister à de nombreux autres événements comme des bals ou des cours de danse collectifs animés par les plus grands chorégraphes.

1, place du Trocadéro, 75016 Paris
Tél : 01 53 65 31 00 / theatre-chaillot.fr

- M — Lignes 6, 9 : Trocadéro
- Bus — 32, 63 : Trocadéro
- Vélib' — Avenue d'Eylau

PUTEAUX

92 PARVIS DE LA DÉFENSE

#MUSÉEÀCIELOUVERT #PLUSDE50ŒUVRES
#MIRÓ

L'art est partout chez lui, jusque sur le parvis de La Défense où trônent une cinquantaine d'œuvres réparties sur l'équivalent de 5 terrains de foot. Dès lors, la visite peut se vivre comme une chasse aux œufs avec heureusement quelques réalisations inratables comme *Les personnages fantastiques* de l'artiste espagnol Joan Miró, *Le pouce* du sculpteur français César ou *La Défense de Paris* de Louis-Ernest Barrias, inaugurée en 1883 et qui donne son nom au quartier. Si l'imaginaire des tours renvoie au Financial District de New York, la quiétude des lieux a de quoi surprendre, les voitures étant reléguées à l'étage en dessous. L'autre bonne surprise, c'est la mue entamée par le quartier de La Défense, premier quartier d'affaires d'Europe et qui a choisi de s'ouvrir à la culture et aux loisirs en accueillant de nouveaux lieux comme le NODD (voir page 56), bar-club électro avec vue panoramique sur le Grand Paris, ou encore la Paris La Défense Arena®, stade de spectacles futuriste (voir page 45).

Accès libre.

Parvis de La Défense, 92800 Puteaux
ladefense.fr/fr/les-69-œuvres

- M — Ligne 1 : La Défense
- RER — A : La Défense
- Transilien — Lignes L, U : La Défense
- Tram — T2 : La Défense
- Bus — 144, 159, 178 : La Défense

RUEIL-MALMAISON

93 CHÂTEAU DE MALMAISON ET PARC DE BOIS-PRÉAU

#NAPOLÉONETJOSÉPHINE #PARC
#GRANDESPELOUSES

Pierre Fontaine (1762-1853), architecte de Napoléon, le décrivait comme une « vilaine maison ». Disons plutôt, à la manière de Thierry Lhermitte dans *Le Père Noël est une ordure*, que le château de

Jeune pousse | *Jardin des Tuileries, Paris.*

Attrape-touristes | *Jardin des Tuileries, Paris.*

Chat alors ! | *Domaine national de Saint-Cloud, Saint-Cloud.*

Ne pas aller tout droit | *Parc de l'Île de Monsieur, Sèvres.*

Malmaison n'est pas moche mais qu'il n'a pas un physique facile. Acquis par Napoléon Bonaparte et Joséphine de Beauharnais en 1799, il devient la demeure exclusive de cette dernière en 1809, suite au divorce du couple impérial. Transformée en musée, cette grande bâtisse blanche présente quelques belles pièces comme la bibliothèque et la salle du Conseil, où Napoléon réunissait ses ministres. De l'autre côté de la rue, un tour s'impose au parc de Bois-Préau. Accessible gratuitement, ce jardin à l'anglaise offre de vastes pelouses pour y faire dorer son épiderme et compte quelques beaux spécimens comme un séquoia géant.

Tarifs: 6,5 € (plein tarif) / Gratuit pour les moins de 26 ans.
Tarif pour le parc de Bois-Préau: 1,50 € (horaires à consulter sur rueil-tourisme.com).
Fermé le mardi.

Avenue du Château de Malmaison,
92500 Rueil-Malmaison
Tél: 01 41 29 05 55 / musees-nationaux-malmaison.fr/chateau-malmaison

- RER — A: Rueil-Malmaison
- Bus — 258, 259: Le Château
- Vélib' — Boulevard Marcel Pourtout, Rueil-Malmaison

SAINT-GERMAIN-EN-LAYE

94 MUSÉE D'ARCHÉOLOGIE NATIONALE

#CHÂTEAU #HISTOIREDEFRANCE #APPRENDREENFAMILLE

Saviez-vous que le Musée d'archéologie nationale se trouve dans un château du XIIe siècle à Saint-Germain-en-Laye? Résidence royale de Louis VI le Gros, le château de Saint-Germain-en-Laye en impose autant que le nom de son premier occupant. C'est Napoléon III, passionné d'archéologie, qui décida en 1862 d'y créer le Musée des antiquités celtiques et gallo-romaines. Du Paléolithique, il y a environ 2,6 millions d'années, au Premier Moyen-Âge, les collections du musée reconstituent notre Histoire. Qui plus est, la visite est richement documentée et la sublime vue sur la cour du château n'a pas grand chose à envier au Louvre. Autant de bonnes raisons de flâner des heures parmi les vestiges de nos ancêtres, seul ou en famille.

Tarif: 7 € (plein tarif) / Gratuit pour les moins de 26 ans.
Fermé le mardi.

Place Charles de Gaulle, 78100 Saint-Germain-en-Laye
Tél: 01 39 10 13 00 / musee-archeologienationale.fr

- RER — A: Saint-Germain-en-Laye
- Bus — 259: Saint-Germain-en-Laye

SÈVRES

95 LA CITÉ DE LA CÉRAMIQUE

#MUSÉE #FABRIQUE #ATTENTIONFRAGILE

Contrer le *Made in China* ne date pas d'hier. Ce fut l'une des missions premières de la Manufacture royale de Sèvres, fondée au XVIIIe siècle pour concurrencer la faïence fabriquée dans l'Empire du Milieu mais aussi en Allemagne. En parallèle, un musée est créé en 1824 qui présente une collection de plus de 50 000 pièces. Aux portes du parc de Saint-Cloud (voir page 57), la vénérable institution, qui conserve encore aujourd'hui sa fonction de manufacture, propose également des ateliers d'initiation ouverts à tous. Quant au musée, il organise régulièrement des expositions temporaires pour mettre en lumière la création contemporaine.

Tarif: 7 € (plein tarif) / Gratuit pour tous les moins de 26 ans.
Fermé le mardi.

2, place de la Manufacture, 92310 Sèvres
Tél: 01 46 29 22 05 / sevresciteceramique.fr

- M — Ligne 9: Pont de Sèvres
- Tram — T2: Musée de Sèvres
- Bus — 169, 171, 179, 426: Musée de Sèvres

SURESNES

96 THÉÂTRE DE SURESNES JEAN VILAR

#TERREDEHIPHOP #CLASSIQUESREVISITÉS #MUSIQUE

Sa façade en briques incrustée de vitres aux décors en fer forgé en impose. Mais pas question de se laisser impressionner. D'autant qu'au théâtre Jean Vilar de Suresnes on secoue le classique et on n'hésite pas à remettre sur le grill Molière et Rostand en plus des créations contemporaines et des concerts de jazz, de musique du monde ou de musique classique. Sans oublier l'événement phare de l'année, niché en plein cœur de l'hiver: le festival Suresnes Cité Danse, vitrine du hip-hop depuis plus d'un quart de siècle.

16, place Stalingrad, 92150 Suresnes
Tél: 01 46 97 98 10 / theatre-suresnes.fr

- Tram — T2: Suresnes Longchamp, puis bus 144: Stresemann ou bus 244: Place de la Paix
- Vélib' — Avenue Édouard Vaillant, Suresnes

art de vivre

ASNIÈRES-SUR-SEINE

97 ROSA BONHEUR À L'OUEST

#GUINGUETTEMODERNE #BORDSDESEINE #KIDSFRIENDLY

Après le Nord aux buttes Chaumont, le centre aux Invalides, le Rosa Bonheur s'est offert l'Ouest en s'installant sur les quais de Seine à Asnières. Toutefois, qu'importe le point cardinal, l'esprit du Rosa reste le même. On se retrouve au grand air sur de longues tables en bois, un verre de Spritz à la main et une pizza cuite au feu de bois entre les dents. Sur l'eau, une barge permet de s'abriter en cas de grain passager ou de baisse du mercure. Comble du luxe, le Rosa a même prévu un petit espace de jeux pour les enfants, histoire que les parents puissent refaire le monde sans être interrompus.

Fermé lundi et mardi.

20, quai du docteur Dervaux, 92600 Asnières-sur-Seine
rosabonheur.fr

- Transilien — Lignes L, J : Asnières-sur-Seine
- Bus — 238 : Rue de la Station
- Vélib' — Rue du Guichet, Clichy-la-Garenne

COURBEVOIE

98 NODD CLUB

#ALLNIGHTLONG #BAR #PANORAMA

Des heures d'électro et de techno minimale avec vue panoramique sur le Grand Paris, c'est la promesse adressée aux fêtards par le NODD. Pour cela, direction une destination peu prisée jusqu'à présent du monde de la nuit, La Défense, et qui entend désormais se faire une place sur l'échiquier du cool. En mode bar la semaine, ce cube de verre et de bois se transforme en club le week-end venu. De quoi changer de regard sur le plus grand quartier d'affaires d'Europe.

Ouvert de 16h à 2h du lundi au vendredi et toute la nuit les soirs de week-end.

2, esplanade du Général de Gaulle, 92400 Courbevoie
Facebook @noddclub

- M — Ligne 1 : Esplanade de La Défense
- Bus — 73, 174 : Pont de Neuilly - Rive Gauche

99 SKYLINE BAR

#BARPANORAMIQUE #COCKTAILS&TAPAS #DJ

Au 19e et dernier étage de l'hôtel Melià à La Défense, le Skyline a des allures de paquebot de luxe et offre une vue panoramique sur l'océan grand-parisien. Ouvert tous les jours, de 17h à 1h du matin, ce spot intimiste se remplit vite pour les afterworks que des DJ viennent mettre en musique les vendredis et samedis soirs. Au rez-de-chaussée de l'hôtel, un café à l'ambiance décontractée propose une restauration sur le pouce ainsi qu'une formule *happy hour*.

Tapas entre 8 et 15 €, cocktails 15 €.
Ouvert tous les jours de 17h à 1h du matin.

Hôtel Melià
2, esplanade de La Défense,
92400 Courbevoie
Tél : 01 75 57 99 00 /
Facebook @SkylineMeliaLaDefense

- M — Ligne 1 : Esplanade de La Défense

NANTERRE

100 LA FERME DU BONHEUR

#AGROPOÉSIE #FÊTESÉLECTRO #ROGERDESPRÈS

Depuis 1993, à quelques encablures de l'université Paris X de Nanterre, Roger des Près, « *communiste pratiquant non-croyant* », et sa troupe cultivent un drôle d'écosystème « agro-poétique », la Ferme du Bonheur. Au sein de cette zone franche alter de 4 hectares qui fait se rencontrer agriculture et culture, on partage la musique baroque et le fromage de chèvre, les écrits militants de Jean Genet et le miel de banlieue, les fêtes électro, le cinéma de plein air et les travaux des champs. Que du bonheur !

220, avenue de la République, 92000 Nanterre
Tél : 01 47 24 51 24 / lafermedubonheur.fr

- RER — A : Nanterre Université
- Bus — 394, 378 : Université Paris 10
- Vélib' — Place Nelson Mandela, Nanterre

101 VIVE LES GROUES

#FRICHEÉCOLO #FIESTAS #CAMPING

Après les Grands Voisins, friche devenue mythique à Paris et qui a fermé ses portes en 2020, la prolifique équipe parisiano-marseillaise de Yes We Camp s'est lancée dans un tout autre défi en ouvrant à Nanterre une friche de 9 000 m².

L'objectif cette fois, faire pousser une pépinière au gré d'ateliers ludiques, de plantations collectives et de fiestas. Pensée comme une place publique, la friche propose, outre une programmation riche en événements, des installations artistiques, une buvette et, signature Yes We Camp, un camping.

290, rue de la Garenne, 92000 Nanterre
vivelesgroues.org

- RER — A : Nanterre Préfecture
- Tram — T2 : Les Fauvelles
- Bus — 73 : Les Fauvelles
- Vélib' — Place Nelson Mandela

PARIS

102 FONDATION GOODPLANET

#ÉCOLOGIE #MAISONDECAMPAGNE #GRATUIT

« *Premier lieu à Paris dédié à l'écologie et l'humanisme* ». C'est ainsi que se présente la Fondation GoodPlanet, installée dans le bois de Boulogne. Créée par le photographe Yann Arthus-Bertrand, elle a ouvert ses portes au public en 2017. Sentier pédagogique à travers les bois, potager en permaculture, salon de lecture, ateliers de sensibilisation pour les enfants, projections de films et de documentaires, brunchs musicaux, expo photo, tous les moyens sont bons pour nous faire réfléchir à notre rapport à la nature. Prenez le temps également de vous plonger dans la collection de 800 instruments du monde entier qu'un médiateur vous fait tester et profitez de week-ends souvent bien remplis (cours de yoga, rencontres, brunchs, marché de producteurs bio et locaux, etc.).

Entrée libre.
Fermé lundi et mardi.

1, carrefour de Longchamp, 75016 Paris
Tél : 01 48 42 01 01 / goodplanet.org

- Bus — 244 : Carrefour de Longchamp
- Vélib' — Rue de Saint-Cloud, Suresnes

plein air

MARLY-LE-ROI

103 DOMAINE DE MARLY

#PARC #GRANDESPELOUSES #DANSLINTIMITÉDELOUISXIV

Imaginé à l'origine par le Roi Soleil pour recevoir les courtisans triés sur le volet, le domaine de Marly est maintenant l'une des plus belles aires de pique-nique du Grand Paris. Si du château il ne reste que les fondations, le parc est quant à lui toujours vaillant. Son grand bassin avec ses buis taillés en pointe évoque Versailles tandis que ses gigantesques pelouses vous garantissent de trouver de la place pour étendre votre nappe. Pour les férus d'Histoire, un musée permet d'en savoir plus sur le domaine.

Ouvert tous les jours.

78160 Marly-le-Roi
musee-promenade.fr

- Transilien — Ligne L : Marly-le-Roi

SAINT-CLOUD

104 DOMAINE NATIONAL DE SAINT-CLOUD

#20FOISLEJARDINDULUXEMBOURG #GRANDESPELOUSES #PANORAMAS

460 hectares de verdure aux portes de Paris, soit 20 fois le Jardin du Luxembourg (voir page 190) à Paris. Voilà ce qui vous attend au parc de Saint-Cloud, imaginé par l'un des architectes du château de Versailles, Jules Hardouin-Mansart. Outre ses belles pelouses sur lesquelles vous prélasser, l'endroit offre des vues inattendues sur Paris et abrite également plusieurs restaurants.

Entrée gratuite pour les piétons, 3 € pour les deux-roues à moteur, 5,50 € pour les voitures.

1, avenue de la Grille d'Honneur, 92210 Saint-Cloud
domaine-saint-cloud.fr

- M — Ligne 9 : Pont de Sèvres
- Transilien — Lignes L, U : Sèvres-Ville-d'Avray
- Tram — T2 : Musée de Sèvres
- Bus — 169, 171, 179, 426 : Musée de Sèvres
- Vélib' — Place de la Manufacture Nationale, Sèvres

SAINT-GERMAIN-EN-LAYE

105 FORÊT DE SAINT-GERMAIN-EN-LAYE

#DIRECTENRER #FÊTEFORAINE
#160FOISLEJARDINDULUXEMBOURG

Débarquer en RER dans une forêt grande comme 160 fois le Jardin du Luxembourg (voir page 190) a de quoi séduire. C'est ce que permet la gare d'Achères - Grand Cormier, située au cœur de la forêt de Saint-Germain-en-Laye. De là, vous pouvez profiter de plus de 50 km de sentiers balisés, de 70 km de pistes cavalières, de trois pistes cyclables ainsi que de plusieurs centaines de kilomètres de chemins et d'allées forestières fermées à la circulation. De fin juin à mi-août, la forêt de Saint-Germain-en-Laye abrite l'une des plus anciennes fêtes foraines de France, la Fête des Loges.

onf.fr
- RER — A : Achères - Grand Cormier
- Transilien — Ligne J : Achères - Grand Cormier

SURESNES

106 TERRASSE DU MONT VALÉRIEN

#ROOFTOP #PLUSBELLELAVUE
#HISTOIREDEFRANCE

De ce spacieux promontoire vous observez Paris, le bois de Boulogne ainsi que les tours de La Défense sans vis-à-vis pour vous gâcher la vue. Le parfait endroit pour un pique-nique 4 étoiles mais aussi pour se replonger dans l'Histoire, le Mont Valérien étant dédié à la mémoire de la France combattante. Un impressionnant mémorial est aménagé au pied de la forteresse construite au XIXe siècle qui servit à l'armée allemande de principal lieu d'exécution de résistants et d'otages pendant la Seconde Guerre mondiale. Un cimetière américain aux croix blanches parfaitement alignées est également présent sur les flancs du mont. De même qu'un parc avec de grandes pelouses, des jeux pour les enfants, un centre équestre, des courts de tennis avec vue sur La Défense, un skatepark et un sentier de 2,5 km, la promenade Jacques-Baumel.

Rue du Fécheray, 92150 Suresnes
Tél : 01 47 32 35 75 / hauts-de-seine.fr
- Transilien — Lignes L, U : Suresnes - Mont Valérien
- Bus — 160, 241, 360 : Mont Valérien
- Vélib' — Rue Gardenat-Lapostol, Suresnes

manger

BOULOGNE-BILLANCOURT

107 LA TABLE DE CYBÈLE

#UNEAMÉRICAINEÀPARIS #AUGRÉDESSAISONS
#PLATSÀPARTAGER

Si comme certains vous pensez que les Américains ne savent cuisiner que des steaks entre deux tranches de pain, invitez-vous chez Cybèle. À la table de cette *globe-cooker* patentée et ex-cheffe pâtissière à San Francisco et New York, ne sont admis que les produits frais et de saison. Ce qui donne maquereau fumé–betteraves « Bonbon »–crème de Topinambour–Amandes, filet mignon–patate douce–navets nouveaux–blettes–pickles d'Oignons ou encore chiffon de rhubarbe–pomme Boskoop–mousse au chocolat blanc–miel d'acacia. Petite fantaisie des lieux : le soir, les plats sont à partager.

Menus du midi à 29 € (2 plats) et 34 € (3 plats) /
À la carte le soir, plats entre 12 € et 28 €.
Fermé lundi et dimanche.

38, rue de Meudon, 92100 Boulogne-Billancourt
Tél : 01 85 15 27 49 / latabledecybele.com
- M — Ligne 9 : Billancourt
- Bus — 42, 389 : Place Jules Guesde
- Vélib' — Rue Nationale, Boulogne

COURBEVOIE

108 BISTROT PIERRE LAMBERT

#LAMOURDURISQUE #MENUSURPRISE #GRANDETABLE

Avec le Chef Pierre Lambert, célèbre pour son restaurant « AUDA Izakaya » à Levallois, il faut accepter de se laisser porter et s'attendre à être bousculé. Bref, à vivre une expérience. Et pour cause. Dans son bistrot de Courbevoie, il fonctionne sans carte et sans menu. Cette chronique devrait donc s'arrêter là et laisser votre imagination prendre le relai. Néanmoins, histoire de mettre votre cortex en appétit, voici quelques-uns des plats que vous avez ratés : cèpe en différentes textures, nougat de foie gras, cabillaud mazoute, soupe de camembert et brioche perdue au Mexique. En vrai, c'est tout aussi bon qu'en rêve.

Menu déjeuner à 38 €, menus créations à 46 €, 54 € ou 62 €.
Fermé lundi et dimanche.

215, boulevard Saint-Denis, 92400 Courbevoie
Tél : 01 43 33 25 35 / pierrelambert.fr

- Transilien — Lignes L, J : Bécon-les-Bruyères
- Bus — 175 : Franklin
- Vélib' — Rue Edith Cavell

MARLY-LE-ROI

109 LE VILLAGE

#UNEÉTOILEMICHELIN® #FRANCEJAPON #MURSROUGES

Remonter à pied la Grande rue de Marly-le-Roi depuis le parc (voir page 57) constitue déjà en soi un dépaysement. L'impression d'un ailleurs aux accents provençaux. Le voyage se poursuit vers des horizons encore plus lointains à la table du chef étoilé Tomohiro Uido. Dans son restaurant intimiste aux murs rouges, il fait se rencontrer gastronomie française et nippone, ce qui donne naissance par exemple dans l'assiette à un suprême de poulet Label Rouge au tzatziki de tofu. Une belle fabrique à souvenirs gustatifs où il est vivement recommandé de réserver son siège systématiquement en première.

Menus à 58 €, 72 € et 130 €.
Fermé lundi, samedi midi et dimanche soir.

3, Grande Rue, 78160 Marly-le-Roi
Tél : 01 39 16 28 14 / restaurant-levillage.fr

- Transilien — Ligne L : Marly-le-Roi

NANTERRE

110 BIB & GUSS

#CHEFÉTOILÉ #ALAINDUCASSE #ENTOUTEDÉCONTRACTION

La galaxie gustative du chef multi-étoilé Alain Ducasse s'invite parfois là où on ne l'attend pas, comme au rez-de-chaussée de la Paris La Défense Arena®, stade ultra design de l'équipe de rugby du Racing 92® (voir page 45). À la carte, uniquement des produits frais toujours parfaitement mis en scène dans un décor qui fait se rencontrer le bois et le béton brut.

Plats entre 10 € et 34 €.
Ouvert du lundi au vendredi et certains week-ends.

155, jardin de l'Arche, 92000 Nanterre
Tél : 01 81 92 43 50 / bib-guss.com

- M — Ligne 1 : La Défense
- RER — A : La Défense
- Transilien — Lignes L, U : La Défense
- Tram — T2 : La Défense - Grande Arche
- Bus — 163 : Les Terrasses
- Vélib' — Place Nelson Mandela, Nanterre

SAINT-GERMAIN-EN-LAYE

111 LE NICOLETTA PER CALA LUNA

#NAPOLITAIN #MINISALLE #GRANDESPORTIONS

Ambiance tamisée, salle toute petite, cuisine ouverte, fresque *street art* au mur... Le Nicoletta, c'est la garantie d'un moment de pur cocooning. La carte, aux tonalités napolitaines, change chaque mois et mêle assiettes de charcuterie finement tranchée, légumes marinés et fondants, plats de pâtes chatoyants, viande archi goûteuse, poisson ultra-frais livré chaque jour sauf le dimanche. Quant aux portions, elles sont du genre XXL. Heureusement, au Nicoletta, on ne manquera pas de vous proposer un *doggy bag*. Réservation plus que conseillée !

Plats à la carte entre 9 et 39 €, brunch buffet à volonté le dimanche à 27 €.
Ouvert tous les jours, midi et soir.

17, rue André Bonnenfant, 78100 Saint-Germain-en-Laye
Tél : 09 51 15 65 16 / lenicoletta.fr

- RER — A : Saint-Germain-en-Laye
- Bus — 259 : Saint-Germain-en-Laye

en famille

PARIS

112 JARDIN D'ACCLIMATATION

#PARCDATTRACTION #FERMEPÉDAGOGIQUE #BOISDEBOULOGNE

Il a bénéficié en 2018 d'un sérieux lifting. Le Jardin d'Acclimatation, au coeur du bois de Boulogne, abrite désormais 40 manèges dont les « Speed Rockets », conçues par le leader mondial de la construction de montagnes russes. Inauguré en 1860 par Napoléon III et l'impératrice Eugénie, le jardin préserve toutefois sa vocation originelle : permettre l'observation des animaux dans un cadre naturel. Entre la ferme normande et la grande volière, plus de 500 pensionnaires vivent ici. De quoi planifier une journée bien remplie en famille avec en prime, pour se ravitailler, le choix entre douze restaurants.

Ouvert tous les jours.

Rue du Bois de Boulogne, 75116 Paris
Tél : 01 40 67 90 85 / jardindacclimatation.fr

- M — Ligne 1 : Les Sablons
- Bus — 244 : Jardin d'Acclimatation
- Vélib' — Avenue du Mahatma Gandhi

PUTEAUX

113 TOIT DE LA GRANDE ARCHE

#TOITTERRASSE #LEGRANDPARISÀ360DEGRÉS #RESTAURANT

Classée « Patrimoine du XXe siècle », l'Arche de La Défense fait partie des belvédères qui comptent dans le Grand Paris. Depuis son toit-terrasse juché à 110 mètres de haut, le panorama se contemple à 360° et offre un point de vue privilégié sur la forêt des tours du plus grand quartier d'affaires d'Europe. Une fois admiré la vue, vous pouvez prendre place à La City, restaurant ouvert le midi du lundi au vendredi, ou bien profiter des expositions photo proposées dans un espace de plus de 1 000 m².

Tarifs : 15 € (plein tarif).
Ouvert tous les jours de 10h à 19h.

1, parvis de La Défense, 92800 Puteaux
Tél : 01 40 90 52 20 / lagrandearche.fr

- M — Ligne 1 : La Défense
- RER — A : La Défense
- Tram — T2 : La Défense
- Bus — 173 : La Défense - Métro - RER - Tram

Tailleur de haies | *Cours Albert Ier, Paris.*

150 nuances de gris | *La Défense, Paris.*

L'OCÉAN VERT
L'OCÉAN VERT
L'OCÉAN VERT
L'OCÉAN
VERT
L'OCÉAN VERT

Des arbres à perte de vue, le charme des vieilles pierres et le calme apaisant d'un coin de campagne parmi les plus beaux de l'Hexagone. Pousser le portail de ce jardin extraordinaire qu'est la Haute Vallée de Chevreuse, c'est aller de surprises en surprises. Parc naturel au même titre que les Landes ou le Luberon, elle s'étend sur 630 km^2, soit six fois Paris mais avec seulement 110 000 habitants. Autant dire que la promiscuité n'est ici pas un sujet. À la lisière de ce paradis terrestre, une ville que tout le monde pense connaître... Choisie pour être le siège du pouvoir par Louis XIV, l'un des plus illustres banlieusards, Versailles est souvent injustement réduite à son château, qu'elle a de fort beau il est vrai. La cité royale abrite pourtant de multiples trésors qui s'offrent à ceux qui savent l'explorer.

L'Océan Vert

AUFFARGIS | CERNAY-LA-VILLE | CHEVREUSE | DAMPIERRE-EN-YVELINES | ÉLANCOURT | JOUY-EN-JOSAS | LA QUEUE-LEZ-YVELINES | MONTFORT-L'AMAURY | MONTIGNY-LE-BRETONNEUX | VERSAILLES | RAMBOUILLET | ROCQUENCOURT | SAINT-CYR-L'ÉCOLE | SONCHAMP | VILLE-D'AVRAY

Carte L'Océan Vert

CULTURE

114 ABBAYE DES VAUX-DE-CERNAY
115 DOMAINE DE DAMPIERRE
116 MUSÉE DE LA TOILE DE JOUY
117 MAISON-MUSÉE MAURICE RAVEL
118 ACADÉMIE ÉQUESTRE DE VERSAILLES
119 CHÂTEAU DE VERSAILLES
120 SALLE DU JEU DE PAUME

ART DE VIVRE

121 LA FERME AUX 4 ÉTOILES
122 L'ALCHIMISTE
123 LES FERMES DE GALLY
124 LES BADAUDS
125 DAMIEN BÉAL
126 THE STRAY BEAN

PLEIN AIR

127 RANDONNÉE DANS LE PARC NATUREL DE LA HAUTE VALLÉE DE CHEVREUSE
128 FORÊT DE RAMBOUILLET ET ÉTANGS DE HOLLANDE
129 LOCA CYCLES
130 ARBORETUM DE VERSAILLES-CHÈVRELOUP
131 ESPACE RAMBOUILLET
132 FORÊT DE FAUSSES-REPOSES
133 PARC DU CHÂTEAU DE VERSAILLES
134 POTAGER DU ROI

MANGER

135 LE CLOS DE CHEVREUSE
136 CAFÉ LA PÊCHE
137 LA TABLE DU 11
138 VIA VENETO

EN FAMILLE

139 FRANCE MINIATURE
140 FERME DE VILTAIN
141 LA SERRE AUX PAPILLONS
142 VÉLODROME NATIONAL
143 BERGERIE NATIONALE
144 MUSÉE RAMBOLITRAIN

DORMIR

145 CAMPING HUTTOPIA®
146 ÉTANGS DE COROT

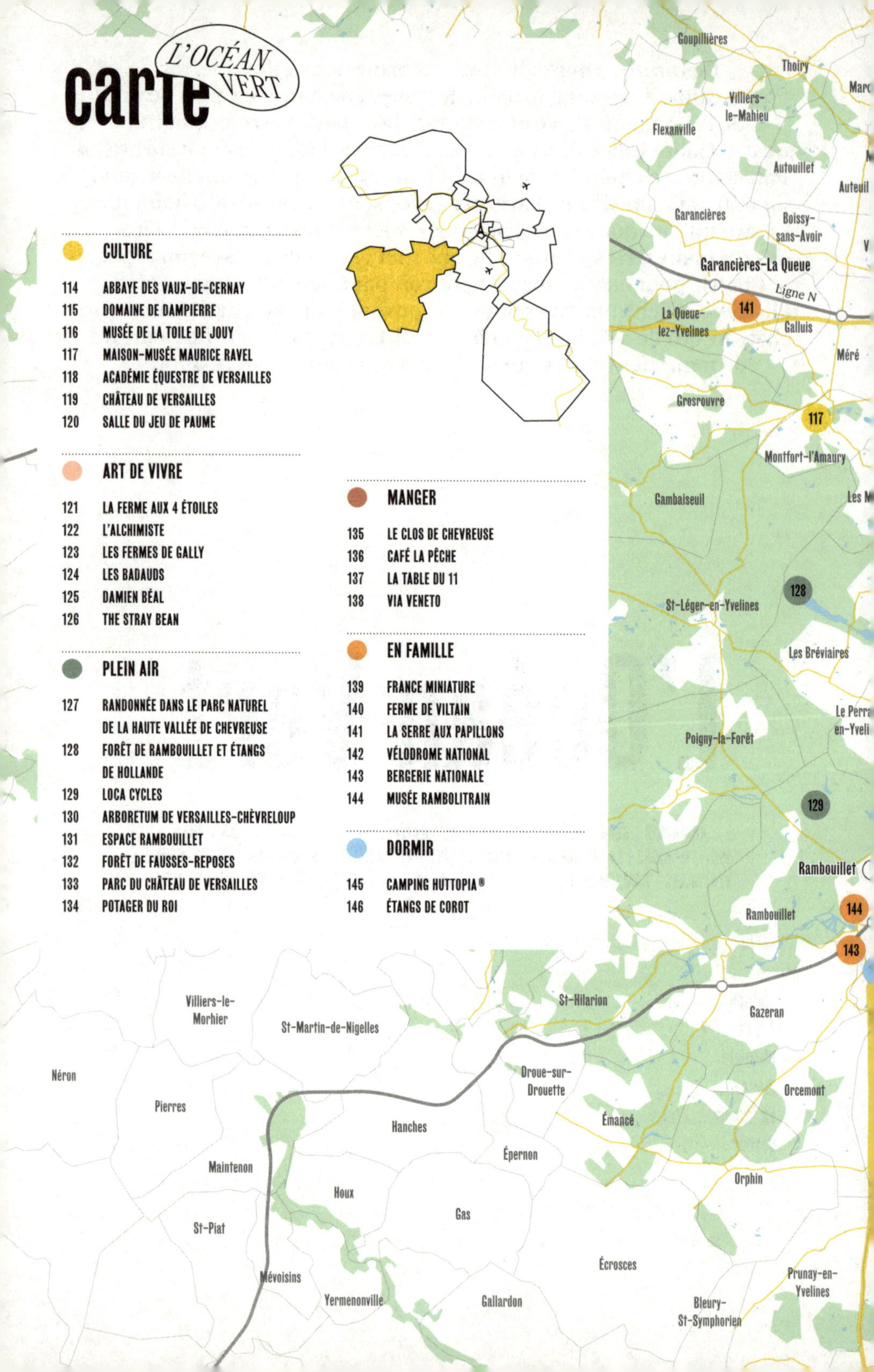

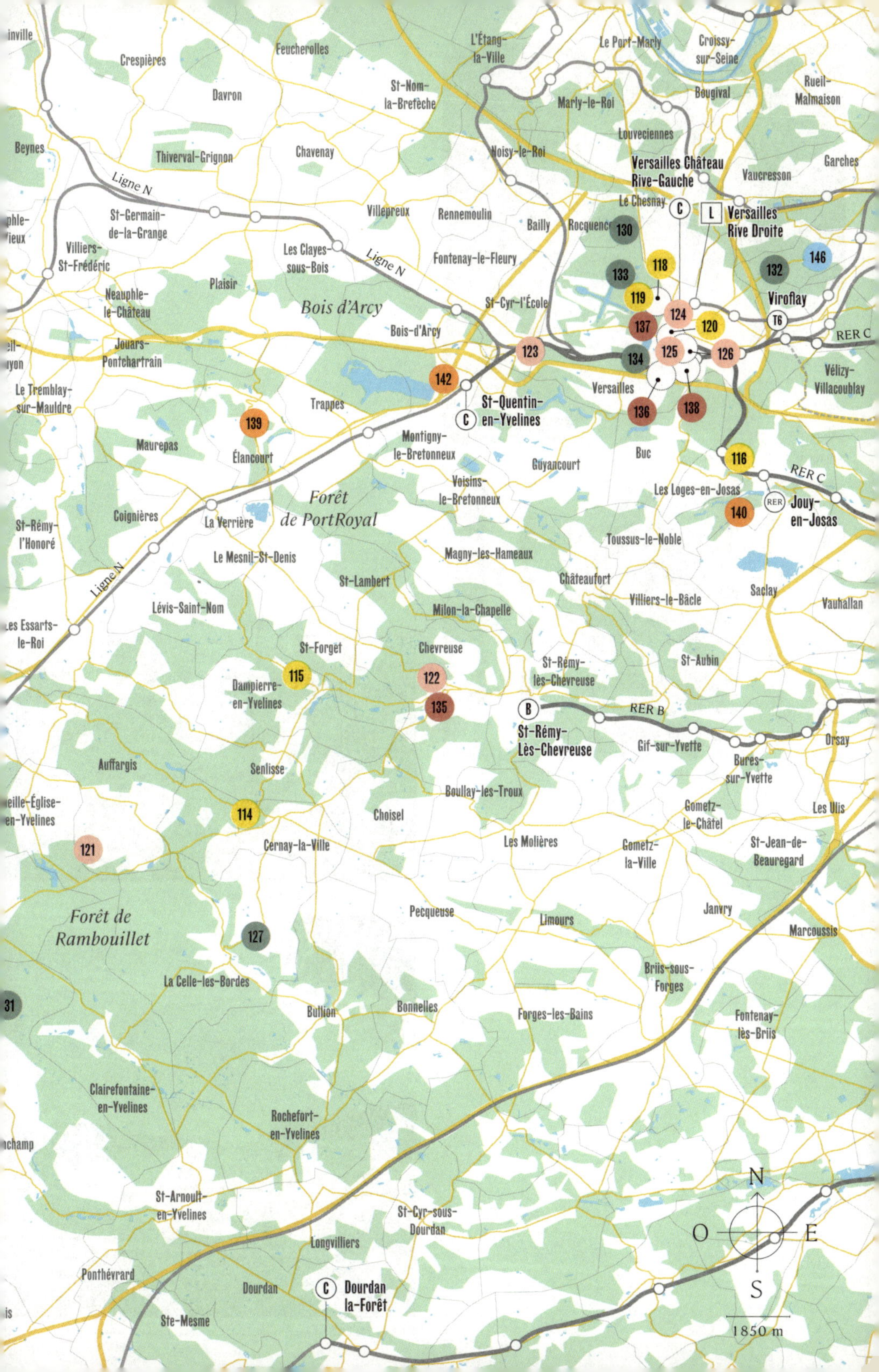

Crespières
Feucherolles
L'Étang-la-Ville
Le Port-Marly
Croissy-sur-Seine
Davron
St-Nom-la-Bretèche
Marly-le-Roi
Bougival
Rueil-Malmaison
Beynes
Thiverval-Grignon
Chavenay
Noisy-le-Roi
Louveciennes
Versailles Château Rive-Gauche
Garches
Vaucresson
Ligne N
St-Germain-de-la-Grange
Villepreux
Rennemoulin
Bailly
Le Chesnay
Rocquencourt
Versailles Rive Droite
Villiers-St-Frédéric
Les Clayes-sous-Bois
Fontenay-le-Fleury
Plaisir
Neauphle-le-Château
Bois d'Arcy
St-Cyr-l'École
Viroflay
Bois-d'Arcy
RER C
Jouars-Pontchartrain
Vélizy-Villacoublay
Le Tremblay-sur-Mauldre
Trappes
St-Quentin-en-Yvelines
Versailles
Maurepas
Élancourt
Montigny-le-Bretonneux
Guyancourt
Buc
Les Loges-en-Josas
Jouy-en-Josas
RER
Forêt de PortRoyal
Voisins-le-Bretonneux
Coignières
La Verrière
St-Rémy-l'Honoré
Toussus-le-Noble
Le Mesnil-St-Denis
Magny-les-Hameaux
Châteaufort
St-Lambert
Saclay
Villiers-le-Bâcle
Vauhallan
Lévis-Saint-Nom
Milon-la-Chapelle
Les Essarts-le-Roi
St-Forget
Chevreuse
St-Rémy-lès-Chevreuse
St-Aubin
Dampierre-en-Yvelines
RER B
St-Rémy-Lès-Chevreuse
Gif-sur-Yvette
Orsay
Bures-sur-Yvette
Auffargis
Senlisse
Boullay-les-Troux
Gometz-le-Châtel
Les Ulis
Choisel
Cernay-la-Ville
Les Molières
Gometz-la-Ville
St-Jean-de-Beauregard
Pecqueuse
Limours
Janvry
Marcoussis
Forêt de Rambouillet
La Celle-les-Bordes
Briis-sous-Forges
Bullion
Bonnelles
Forges-les-Bains
Fontenay-lès-Briis
Clairefontaine-en-Yvelines
Rochefort-en-Yvelines
St-Arnoult-en-Yvelines
St-Cyr-sous-Dourdan
Longvilliers
Ponthévrard
Dourdan
Dourdan la-Forêt
Ste-Mesme
N
O
E
S
1850 m
114
115
116
118
119
120
121
122
123
124
125
126
127
130
132
133
134
135
136
137
138
139
140
142
146

Into the wild | *Route de l'Abbaye, Cernay-la-Ville.*

À la porte | *Place Saint-Louis, Versailles.*

Vert verger | *Potager du Roi, Versailles.*

« Y'a quelqu'un ? » | *Jardins du Château de Versailles, Versailles.*

Chevalier primeur | *Marché Notre-Dame, Versailles.*

Bonne poire | *Potager du Roi, Versailles.*

Calvitie | *Arboretum de Versailles-Chèvreloup, Rocquencourt.*

Ça discute | *Pièce d'eau des Suisses, Versailles.*

culture

CERNAY-LA-VILLE

114 ABBAYE DES VAUX-DE-CERNAY

#PERLEARCHITECTURALE #ÉTANG
#GRATUIT

Contrairement à l'abbaye voisine de Port-Royal des Champs, presque intégralement détruite, l'abbaye des Vaux-de-Cernay conserve de beaux restes et se niche dans un décor idyllique, au pied d'un étang entouré par la forêt. Cette abbaye cistercienne fut l'une des plus grandes du Moyen Âge avant d'être confisquée sous la Révolution puis revendue pour servir de carrière de pierres. Des pierres, il en reste tout de même quelques-unes, et toujours aussi remarquablement empilées.

Tarifs : 8 € (plein tarif), 4 € (de 5 à 12 ans) / Gratuit pour les moins de 5 ans.
Visites de l'Abbaye les week-ends et les jours fériés.

Route d'Auffargis, 78720 Cernay-la-Ville
Tél : 01 34 85 23 00 / abbayedecernay.com

CHEVREUSE

115 DOMAINE DE DAMPIERRE

#CHÂTEAU #PARCSAUVAGE #PIQUENIQUE

Construit au XVIIe par celui qui fut également l'architecte de Versailles, Jules Hardouin-Mansart, le château de Dampierre est l'un des joyaux du parc naturel de la Haute Vallée de Chevreuse. Racheté en 2018 par Franky Mulliez, fondateur de Kiloutou® et classé parmi les 500 plus grandes fortunes de France, le château prévoit d'abriter un musée et accueille les visiteurs dans ses jardins en attendant. Vous pouvez ainsi au choix profiter du parc à l'anglaise, de ses aires de jeux naturels et de ses tables de pique-nique, rouler en forêt en gyropode, découvrir un jardin disparu dans le bosquet des Chimères, vous attabler au salon de thé ou bien effectuer une balade en calèche dans le parc sauvage de 300 ha lors de « safaris photos » pour épier daims et sangliers.

Tarifs : 10€ (plein tarif), 7€ (7-17 ans) / Gratuit pour les moins de 6 ans.
Ouvert de mars à novembre tous les jours sauf le lundi.

2, Grande Rue, 78720 Dampierre-en-Yvelines
Tél : 01 30 52 52 83 / domaine-dampierre.com

JOUY-EN-JOSAS

116 MUSÉE DE LA TOILE DE JOUY

#MODE #SUCCESSSTORY
#INDUSTRIE

Niché dans un château du XIXe siècle, le musée de la Toile de Jouy nous dit tout sur l'histoire et l'activité de la manufacture éponyme. Le parcours rend hommage à Christophe-Philippe Oberkampf, immigré allemand devenu l'un des plus grands entrepreneurs de son temps, et retrace cette remarquable aventure industrielle aujourd'hui oubliée. De 1760 à 1843, plus de 30 000 motifs ont ainsi été créés à Jouy-en-Josas pour la mode et l'ameublement, inondant l'Europe. En sortant, un salon de thé ainsi qu'une boutique vous attendent.

Tarifs : 6 € (4 € tarif réduit pour les moins de 16 ans et les étudiants) hors exposition temporaire et 8 € (6 € tarif réduit) en période d'exposition temporaire / Gratuit pour les enfants jusqu'à 7 ans inclus.
Fermé le lundi.

54, rue Charles de Gaulle, 78350 Jouy-en-Josas
Tél : 01 39 56 48 64

- RER — C : Petit Jouy - Les Loges
- Bus — Z : Musée de Jouy / L : Trois Canards

MONTFORT-L'AMAURY

117 MAISON-MUSÉE MAURICE RAVEL

#MAISONDEPOUPÉE #JARDIN
#DANSLINTIMITÉDEMAURICE

Va-t-il faire soudainement irruption ? En pénétrant dans le Belvédère, dernière demeure de Maurice Ravel, on se demande si l'on ne va pas y surprendre le compositeur tellement l'endroit est resté à l'identique depuis sa mort en 1937. C'est ici, à l'écart de Paris, que le virtuose vécut à partir de 1921 et donna naissance à quelques-unes de ses œuvres majeures, à commencer par *Le Boléro* et le *Concerto pour la main gauche*. La maison, qui foisonne d'objets divers (jouets mécaniques, horloges, etc.) collectionnés par Ravel, offre une belle vue sur la campagne alentour et sur un jardin japonais en contrebas.

Tarifs : 9,50 € (plein tarif), 5 € (12-18 ans) / Gratuit pour les moins de 12 ans.

Visite avec réservation obligatoire auprès de l'office de tourisme de Montfort-l'Amaury au 01 34 86 87 96 *ou via* tourisme.ville-montfort-l-amaury@wanadoo.fr.

5, rue Maurice Ravel, 78490 Montfort-l'Amaury
fondationmauriceravel.com

VERSAILLES

118 ACADÉMIE ÉQUESTRE DE VERSAILLES

#DANSEAVECLESCHEVAUX #PATRIMOINE #UNIQUEAUMONDE

Habituellement, les petits rats sont les seules bêtes à quatre pattes autorisées dans les corps de ballet. Pas à Versailles, où les chevaux eux aussi savent faire preuve de grâce. Fondée en 2003 par le célèbre écuyer et metteur en scène Bartabas, l'Académie équestre nationale se présente comme un lieu unique au monde où le dressage est enseigné aux côtés d'autres disciplines comme l'escrime, la danse et le chant. L'endroit sert également de lieu de représentation. Les week-ends, on y joue *La Voie de l'écuyer*, un spectacle qui fait se demander si le danseur étoile Rudolf Noureev ne s'est pas réincarné en cheval. Ce n'est pas tout puisqu'on peut également assister aux séances de travail des écuyers et de leurs montures les samedis et dimanches matins.

Spectacle « La Voie de l'écuyer » les samedis et dimanches (durée 1h10) suivie d'une visite libre des écuries.
Tarifs : 16 € à 25 €.
Séance de travail « La Matinale des écuyers » les samedis et dimanches matins à 11h15. Tarifs : 20 € (séance + visite).

Avenue Rockefeller, 78000 Versailles
Tél : 01 39 02 62 70 /
bartabas.fr/academie-equestre-de-versailles

- RER — C : Versailles Rive Gauche
- Bus — 171 : Château de Versailles

119 CHÂTEAU DE VERSAILLES

#COULISSES #VERSAILLESCONFIDENTIAL #VISITEGUIDÉE

Le château de Versailles recèle plus de 2 000 pièces différentes. Il est pourtant fort probable que vous ne connaissiez que la galerie des Glaces et les grands appartements du Roi. Faites donc un pas de côté et pénétrez avec un guide dans les appartements privés de Louis XV et Louis XVI. Car contrairement à Louis XIV, les deux monarques aspiraient à une vie plus retirée, à l'écart du protocole qui les faisait par exemple se coucher ou se laver en public. Parmi les secrets les plus intimes des Louis, vous découvrirez le cabinet d'aisance de Louis XV, une petite pièce avec une chaise percée en velours rouge. Vous entrerez également dans le cabinet des jeux ainsi que dans le cabinet des dépêches, où les deux souverains prenaient connaissance des nouvelles du monde. Tout ça, vous le ferez à l'écart de la foule que de temps à autre vous aurez tout le loisir de toiser dans l'embrasure d'une porte.

Visite guidée des appartements privés des rois. Durée : 1h30.
Tarifs : 10 €+ l'entrée au château à 18 €.
Réservation sur chateauversailles.fr.

Place d'armes, 78000 Versailles

- RER — C : Versailles Rive Gauche
- Transilien — Lignes N, U : Versailles-Chantiers
- Bus — 171 : Château de Versailles

120 SALLE DU JEU DE PAUME

#HISTOIRE #SERMENTDUJEUDEPAUME #PEINTUREMONUMENTALE

Un certain 20 juin 1789, 578 députés des États généraux prêtaient serment entre ces murs et juraient de ne pas se séparer avant d'avoir donné une constitution à la France. Depuis, il s'en est écrit une quinzaine. Pénétrer dans la salle du Jeu de Paume s'apparente donc à un pèlerinage pour le citoyen français d'aujourd'hui. Reconvertie en musée depuis 1880, elle ne brille guère par ses collections car de toutes façons la vedette, c'est elle. D'ailleurs, une fantastique mise en abyme vous attend dès que votre regard se sera plongé dans la peinture monumentale signée Luc-Olivier Merson (1846-1920) et inspirée du célèbre dessin de Jacques-Louis David (1748-1825) immortalisant cette aube démocratique.

Entrée libre.
Fermé le lundi.

Rue du Jeu de Paume, 78000 Versailles
Tél : 01 39 24 88 88 / versailles.fr

- RER — C : Versailles Rive Gauche
- Bus — 171 : Château de Versailles

art de vivre

AUFFARGIS

121 LA FERME AUX 4 ÉTOILES ET SA BOUTIQUE-BAR DES FERMIERS GOURMANDS

#PRODUITSLOCAUX #MOZZARELLAMAISON #BRUNCH

Une fois que vous aurez découvert la boutique-bar de la Ferme aux 4 Étoiles, il vous sera difficile de faire vos courses ailleurs. Ici, vous remplissez votre panier de produits du terroir grand-parisien et en profitez pour vous installer en terrasse pour déguster une assiette de charcuterie-fromage ou un plat fait maison arrosé d'un bon vin. Ainsi va la vie à la Ferme aux 4 Étoiles. Et ça fait du bien.

Boutique-bar ouverte du mercredi au dimanche / restauration les samedis et dimanches (réservation conseillée).

La Petite Hogue, 78610 Auffargis
Tél : 06 20 04 37 54 / les4etoiles.free.fr

CHEVREUSE

122 L'ALCHIMISTE, ARTISAN CRÉATEUR SIROPIER

#LEPARADISDUFRUIT #GARANTISANSCOLORANT #PASVUAILLEURS

Clémentine de Corse aux parfums de Mayotte, Reine-claude à la fève Tonka, Pomme Curry... Pour continuer le voyage, poussez la porte de la boutique de Marc Chenue, l'un des rares artisans siropiers de France. Là, vous trouverez avec certitude le nectar qui vous convient le mieux garanti sans arôme artificiel, sans colorant et sans conservateur. Et si vous hésitez, installez-vous en terrasse pour goûter. L'endroit fait également office de bar à sirops. Vous pouvez aussi vous inscrire à un atelier pour fabriquer votre propre élixir avec le maître des lieux.

Fermé lundi et mardi.

9, rue Joseph Jérôme Lalande, 78460 Chevreuse
Tél : 01 30 45 18 87 / lalchimiste-artisan-siropier.com

SAINT-CYR-L'ÉCOLE

123 LES FERMES DE GALLY

#CUEILLETTE #CAFÉRESTO #FERMEMULTIFONCTION

Lorsqu'on ne sait pas quoi faire, une solution est d'aller aux Fermes de Gally. Outre la cueillette en libre-service d'avril à novembre dans 60 hectares de champ, on peut y faire ses courses dans une épicerie achalandée de produits du terroir, s'attabler dans un café-resto cosy et s'offrir ensuite une promenade digestive dans les allées de la jardinerie. L'endroit est aussi prisé des enfants qui apprécient d'aller à la rencontre des animaux de la ferme et qui ont aussi la possibilité de participer à des ateliers pour apprendre entre autres les secrets de la fabrication du pain.

Ouvert tous les jours.

Route de Bailly, 78210 Saint-Cyr-l'École
Tél : 01 30 14 60 60 / lesfermesdegally.com

VERSAILLES

124 LES BADAUDS

#VUEIMPRENABLE #BARÀVIN #LOCAVORE

Avec sa formidable terrasse et sa vue sur le château, ce bar est un incontournable des soirées versaillaises. Quand on a la chance d'y trouver une table, il est alors difficile d'en partir. À la carte, de belles assiettes de charcuterie et de fromages mais aussi un préfou vendéen qui vaut le détour. (Pour les non-initiés, le préfou est un pain garni d'ail frais finement haché et de beurre.) Côté boissons, on fait son choix parmi une sélection de bières issues des microbrasseries locales et de vins de vignerons indépendants majoritairement bio.

Bières pression à partir de 4,50 €.
Fermé le lundi.

1, avenue de Saint-Cloud, 78000 Versailles
Tél : 01 72 78 72 96 / lesbadauds.fr

- RER — C : Versailles-Château-Rive-Gauche
- Bus — 171 : Château de Versailles

Sur le plancher | *Chemin des Regains, Chevreuse.*

Beau gosse | *Château de Versailles, Versailles.*

125 DAMIEN BÉAL

#ARTISAN #CUIRETBOIS #MADEINFRANCE

La boutique-atelier de Damien Béal sent bon le bois de bouleau finlandais et le cuir français pleine fleur, deux matériaux que le jeune artisan fusionne pour créer une ligne de maroquinerie originale entièrement fabriquée entre Versailles et la Vallée de Chevreuse, alias dans l'Océan vert. Des sacs au design intemporel façonnés à la main, en petites séries ou pièces uniques, à travers lesquels ce créateur promeut des valeurs qui lui sont chères : savoir-faire artisanal, conscience éco-responsable et confection française de qualité. L'un des plus beaux souvenirs que vous pourrez rapporter de Versailles.

Petite maroquinerie à partir 20 € / Sacs à partir de 125 €.
Fermé lundi, mardi, mercredi et dimanche.

40, rue d'Anjou, 78000 Versailles
Tél : 09 72 14 25 31 / damienbeal.fr
- RER — C : Versailles-Château-Rive-Gauche
- Bus — 171 : Hôtel de Ville

126 THE STRAY BEAN

#COFFEESHOP #AMBIANCELOFT #CARROTCAKE

Ouvert par un Australien installé à Versailles, cet authentique coffee-shop s'est vite imposé comme un lieu de vie pour les habitants du quartier Saint-Louis, avec son ambiance *loft*, ses murs bruts et ses meubles *vintage*. Tout au long de la journée, la maison sert des cafés délicats, des jus frais et des sodas bio, des en-cas salés (soupes, tartines...) ainsi que des pâtisseries anglo-saxonnes parmi lesquelles un *layer carrot cake* qui a son fan club.

Café à partir de 2,20 €. Ouvert tous les jours.

6, rue Royale, 78000 Versailles
Tél : 01 39 51 91 61 / thestraybean.com
- RER — C : Versailles-Château-Rive-Gauche
- Bus — 171 : Hôtel de Ville

plein air

127 PARC NATUREL DE LA HAUTE VALLÉE DE CHEVREUSE

#ÀPIED #ÀCHEVAL #ÀVÉLO

Sentiers de grande randonnée, itinéraires cyclables, parcours à cheval, la Haute Vallée de Chevreuse regorge de possibilités. Rien d'étonnant lorsqu'on occupe une surface de 630 km², soit six fois Paris. Au choix, vous empruntez l'un des parcours recensés sur parc-naturel-chevreuse.fr et rando.pnr-idf.fr, vous roulez sur la Véloscénie (veloscenie.com), vous prenez le volant d'une 2CV avec 4 roues sous un parapluie (4roues-sous-1parapluie.com) ou vous profitez des nombreuses boucles équestres (à retrouver sur yvelines.fr). Si vous souhaitez vous équiper sur place, L'Aiguillage (laiguillage-tourisme-mobilite.fr), situé face à la gare du RER B de Saint-Rémy-lès-Chevreuse, propose des locations de vélos (électriques ou non) et de voitures électriques Twizy à la demi-journée ou à la journée.

RAMBOUILLET

128 FORÊT DE RAMBOUILLET ET ÉTANGS DE HOLLANDE

#PLUSGRANDQUEPARIS #RANDO #BAIGNADE

Tout comme l'être humain, le Grand Paris dispose de deux poumons, la forêt de Fontainebleau (voir page 139) et celle de Rambouillet, plus petite que la première mais qui dépasse tout de même Paris en superficie. Avec ses 14 000 hectares, soit 4 000 hectares de plus que la capitale, elle est aussi bien prisée des promeneurs que des cyclistes grâce à son réseau de pistes cyclables (voir page 72). Elle est aussi appréciée des cavaliers, qui en ont fait leur jardin, et même des plagistes, nombreux à prendre le chemin de la base de loisirs des étangs de Hollande lorsque le soleil darde ses rayons un peu trop fort.

Tarif : 5 € (tarif plein), 3,5 € (tarif réduit).
La base de loisirs est ouverte de mai à septembre.

Tél : 01 34 86 30 50 / onf.fr/enforet/rambouillet
- Transilien — Ligne N : Rambouillet

129 LOCA CYCLES

#PISTESCYCLABLES #LOCATIONVÉLOS #EASYBIKER

Avec 70 kilomètres de pistes cyclables goudronnées, la forêt de Rambouillet offre un cadre rêvé pour des balades à vélo. Si vous n'en possédez pas, qu'importe. Vous en trouverez sur place chez Loca Cycles. Maintenant imaginez-vous mollets aux vents, heureux de vous frayer un chemin dans cette jungle verte. Et si vous avez été traumatisé dans votre enfance par l'histoire du Petit Poucet, n'ayez pas peur : vous pouvez vous enfoncer tranquillement dans la forêt sans craindre de vous perdre. Tout est fléché.

Location de vélos à partir de 4 €/h.

Maison Forestière de la Porte de Saint Léger,
78120 Rambouillet.
Tél : 06 07 64 15 87 / rambouillet-location-velos.fr
Possible d'embarquer gratuitement son vélo à bord des trains Transilien.

- Transilien — Ligne N : Rambouillet

ROCQUENCOURT

130 ARBORETUM DE VERSAILLES-CHÈVRELOUP

#JARDINBOTANIQUE #2500ESPÈCESDARBRES #ÀLÉCARTDELAFOULE

L'arboretum de Chèvreloup jouxte le parc du château de Versailles. Même s'il est moins étendu que son prestigieux voisin – 200 hectares contre 815 – il vous faudra tout de même planifier au minimum une demi-journée pour profiter pleinement de ce jardin botanique paysager et de ses différents univers parmi lesquels le bosquet du Japon, le cercle des géants, la clairière des conifères, le rond des cèdres ou encore le bosquet de Patagonie. En tout, 2 500 espèces d'arbres peuplent les lieux que vous découvrez à l'abri de la foule qui se presse au château.

Tarifs : 7 € (plein tarif), 5 € (3 à 25 ans).
Ouvert de 10h à 18h du 1er avril au 15 novembre.

30, route de Versailles, 78150 Rocquencourt
Tél : 01 39 55 53 80 /
arboretumdeversailleschevreloup.fr

SONCHAMP

131 ESPACE RAMBOUILLET

#PARCANIMALIER #BRAMEDUCERF #SENTIERDANSLESARBRES

Mieux qu'un zoo, un parc forestier et animalier. À l'Espace Rambouillet, vous pénétrez dans 180 hectares de bois avec l'espoir de faire de belles rencontres. Biches, cerfs, sangliers y vivent en liberté mais il vous faudra faire preuve de discrétion pour les apercevoir. Tout aussi étonnant, le spectacle de la forêt des aigles où les rapaces volent en rase-motte au-dessus de votre tête. Enfin, de mi-septembre à mi-octobre, des visites sont organisées le soir et au petit matin pour écouter les cerfs bramer à pleins poumons.

Tarifs : 15 € (plein tarif) et 12 € (3 à 12 ans) d'avril à octobre, 10 € (plein tarif) et 7 € (3 à 12 ans) en février, mars et novembre.
Ouvert de début février à fin novembre.
Horaires variables selon les saisons.

Route du Coin du Bois, 78120 Sonchamp
Tél : 01 34 83 05 00 / espacerambouillet.fr

VERSAILLES

132 FORÊT DE FAUSSES-REPOSES

#FORÊTENVILLE #ZEN #ÉTANGS

Cette mer verte est l'une des forêts les plus proches de Paris intra-muros. À seulement 6 km de la porte de Saint-Cloud (16e), Fausses-Reposes offre 69 km d'allées aux piétons, soit le double de la longueur du périphérique. Elle réserve en outre deux pépites aux promeneurs : le haras de Jardy, temple du cheval plus que centenaire, et les fameux étangs de Ville-d'Avray, immortalisés par le peintre impressionniste Jean-Baptiste Camille Corot et au bord desquels on trouve un hôtel hautement recommandable.

146, avenue des États-Unis, 78000 Versailles
onf.fr/enforet/fausses-reposes

- Transilien — Ligne L : Montreuil
- Bus — 471 : Gauthier de Clagny

Bienvenue au XIIᵉ siècle | *Abbaye des Vaux de Cernay, Cernay-la-Ville.*

Les reines de la compote | *Potager du Roi, Versailles.*

« Coucouuuuuuu... » | *Académie Équestre de Versailles, Versailles.*

13h34 | *Grande Rue, Dampierre-en-Yvelines.*

Nature is back | *Abbaye des Vaux de Cernay, Cernay-la-Ville.*

133 PARC DU CHÂTEAU DE VERSAILLES

#37FOISLEJARDINDULUXEMBOURG #GRATUIT #GRANDESPELOUSES

On pourrait y mettre plus de deux fois Central Park. Le parc du château de Versailles constitue une terre d'exploration inépuisable. Ses 815 hectares dissimulent moult merveilles que vous découvrirez au gré de vos expéditions. Evidemment, il vous sera difficile de faire l'impasse sur les joyaux de la couronne que sont les jardins créés par Le Nôtre (accès payant certains jours pendant les Grandes eaux musicales) et le hameau de la Reine et le Trianon (accès payant toute l'année). Mais à force, l'envie vous viendra sûrement de vous écarter de la foule. De vous aventurer jusqu'au bout du grand canal et de ses presque 2 km. Si vous êtes d'humeur champêtre, vous trouverez refuge dans la clairière située au niveau de la grille des matelots. À l'abri du tumulte des courtisans d'un jour, vous prendrez le temps d'une sieste sous un arbre. Tout aussi immanquable est la pièce d'eau des Suisses, autour de laquelle il est agréable de tourner en rond. Pour le reste, prévoyez de revenir. Encore. Et encore.

Entrée libre.
Ouvert tous les jours.

Grille de la Reine, boulevard de la Reine,
78000 Versailles
bienvenue.chateauversailles.fr/fr/parc

- Transilien — Ligne L : Versailles Rive Droite
- Bus — 171 : Château de Versailles

134 POTAGER DU ROI

#HÉRITAGE #INNOVATION #AGROÉCOLOGIE

Le Potager du Roi est un héritage du passé tourné vers l'avenir. Créé sous Louis XIV pour fournir la table du roi en fruits et légumes, c'est aujourd'hui le site d'une école de paysage et un laboratoire des nouvelles techniques de culture où les jardiniers font appel aux insectes et aux méthodes de biocontrôle pour mieux produire. Cela fait du Potager du Roi une pièce unique à contempler au gré des saisons.

Tarif plein 5 € / Tarif réduit 3 € /
Gratuit pour les moins de 26 ans.
Ouvert toute l'année (horaires variables en fonction des saisons).

10, rue du Maréchal-Joffre, 78000 Versailles
ecole-paysage.fr

- RER — C : Versailles-Château-Rive-Gauche
- Transilien — Ligne N : Versailles Chantiers
- Transilien — Ligne L : Versailles Rive Droite

manger

CHEVREUSE

135 LE CLOS DE CHEVREUSE

#LOCAVORE #BISTRONOMIE #PROVINCEPARISIENNE

Le Clos de Chevreuse a trouvé la bonne formule pour se définir : « restaurant convivial en Province parisienne ». Cette adresse bistronomique est tenue de main de maître par le chef Laurent Gasnier, passé entre autres par le Bristol à Paris et chez Troisgros à Roanne. Avec sa femme, Stéphanie Desnoyers, il joue le plus possible la carte du locavore. Surtout, ne passez pas à côté de leur plat signature, les escargots de la ferme voisine de Fanon, en cromesquis, étuvée de champignons de Paris, suc de persil, écume d'ail doux. La sobriété de la déco est réhaussée par un très joli carrelage à l'ancienne. Et si dehors il fait froid, une cheminée fera le nécessaire pour vous rendre l'instant encore plus chaleureux.

Menu le midi à 25 € (entrée-plat ou plat-dessert),
30 € (entrée-plat-dessert) / Menu-carte à 51 €.
Fermé le dimanche soir, le lundi et le mardi.

33, rue de Rambouillet, 78460 Chevreuse
Tél : 01 30 52 17 41 / leclosdechevreuse.net

VERSAILLES

136 CAFÉ LA PÊCHE

#COCKTAILS #TAPAS #TERRASSE

Ancien rendez-vous des pêcheurs de la pièce d'eau des Suisses, le café La Pêche est aujourd'hui l'un des bars les plus branchés de Versailles. Déco industrielle, pierres apparentes, belle terrasse face à la cathédrale Saint-Louis, on y boit de délicieux mojitos tout en dégustant des tapas maison. La carte propose aussi des vins et des bières, des planches de fromages ou de charcuterie ibérique artisanale. Ambiance garantie, avec même la présence régulière d'un DJ.

Cocktails autour de 6 €.
Ouvert tous les jours.

6, rue du Général Leclerc, 78000 Versailles
Tél : 09 51 77 46 93 / Facebook @cafelapecheversailles

- RER — C : Versailles-Château-Rive-Gauche
- Bus — 171 : Hôtel de Ville

137 LA TABLE DU 11

#ÉTOILÉ #TABLEDEXCEPTION
#JEUNECHEF

N'attendez pas d'avoir lu jusqu'au bout pour réserver. Car il vous faudra patienter au moins deux mois avant de dîner à la Table du 11, l'une des adresses du Grand Paris gourmet à découvrir d'urgence. Aux manettes, on trouve un jeune chef de moins de 30 ans, Jean-Baptiste Lavergne-Morazzani, qui a fait ses classes chez Gordon Ramsay, le cuisinier star du Trianon, le palace local. Si l'élève n'a pas encore dépassé le maître au nombre d'étoiles Michelin®, il en a toutefois décroché une en 2016. Dans les assiettes de la Table du 11, on trouve des produits de saison, de préférence locaux et dressés avec une infinie délicatesse pour un résultat en bouche véritablement bluffant.

Menus du midi à 45€ ou 60€/ Menus du soir à 90€ ou 110€.
Fermé dimanche et lundi.

La Cour des Senteurs, 8, rue de la Chancellerie,
78000 Versailles
Tél: 09 83 34 76 00 / latabledu11.com
- RER—C: Versailles Rive Gauche
- Transilien—Lignes N, U: Versailles Rive Gauche
- Bus—171: Château de Versailles

138 VIA VENETO

#VIVAITALIA #HISTOIREDEFAMILLE
#ENTREAMIS

Depuis plus de trente ans, Via Veneto régale les Versaillais amateurs de cuisine italienne. La famille Paulmier y propose une cuisine entièrement faite maison. Aux fourneaux officie Franck, talentueux chef formé auprès de grands noms comme Christian Constant ou Philippe Conticini. En salle, son frère Stéphane déploie des trésors d'hospitalité tandis que le menu vous aguiche avec ses pizzas bien sûr, mais aussi ses pâtes fraîches, ses salades et de fabuleux desserts. Les habitués étant nombreux à fréquenter cette adresse culte, pensez à réserver.

Pizzas à partir de 11,50€, pâtes fraîches à partir de 17€.
Fermé dimanche et lundi.

20, rue de Satory, 78000 Versailles
Tél: 01 39 51 03 89 / viavenetoversailles.com
- RER—C: Versailles-Château-Rive-Gauche
- Bus—171: Château de Versailles

en famille

ÉLANCOURT

139 FRANCE MINIATURE

#CHÉRIJAIRÉTRÉCILAFRANCE
#2000MAQUETTES #COURSDEGÉOGRAPHIE

Si personne n'a encore réussi à mettre Paris en bouteille, certains sont tout de même parvenus à faire tenir l'Hexagone dans un parc d'attraction en forme de carte de France. Chez France Miniature, 2 000 maquettes permettent en quelques minutes de passer de la tour Eiffel® aux arènes de Nîmes en s'accordant un crochet par le Mont Saint-Michel. Une bonne manière de planifier ses futures escapades en dehors du Grand Paris et de réviser sa géographie. Avec en prime des animations pour les enfants dès 4 ans à l'image de la *Ronde des Zotos* où les enfants traversent la France représentée sous forme de BD à bord d'une voiture électrique.

Tarifs: à partir de 15€.
Ouvert d'avril à novembre. Les horaires et les jours d'ouverture varient selon la saison.

Boulevard André Malraux, 78990 Élancourt
Tél: 08 26 30 20 40 (0,15 €/min) / franceminiature.fr
- Transilien—Lignes N, U: La Verrière
  puis bus 420, 422, 459: France Miniature

JOUY-EN-JOSAS

140 FERME DE VILTAIN

#BONSPRODUITS #CUEILLETTE #AUXCHAMPS

Pousser votre caddy dans les allées d'un supermarché vous déprime? Alors rendez vous à la ferme de Viltain où, depuis 1980, on fait ses courses en plein champ sur 50 hectares, d'avril à novembre. Evidemment, il vous faut résister à l'envie par exemple de dévorer les fraises avant votre passage en caisse, tentation qui se vérifie moins avec les courgettes ou les roses. Car outre les fruits et légumes, vous pouvez aussi vous cueillir un bouquet de fleurs. Si vous préférez toutefois le confort d'un magasin pour vous ravitailler, la boutique du *Marché de la ferme* est ouverte quant à elle tout au long de l'année. Et puisque vous êtes là, profitez-en pour partir à la rencontre des vaches qui peuplent le royaume de Viltain. La salle de traite ainsi que l'étable sont ouvertes à la visite.

Caverne d'Ali Baba | *Rue des États Généraux, Versailles.*

Boutique le « Marché de la ferme » ouverte du lundi au samedi de 9h à 19h et le dimanche de 10h à 19h. Cueillette ouverte d'avril à novembre tous les jours de 9h à 19h.

Chemin de Viltain, 78350 Jouy-en-Josas
Tél : 01 69 41 22 23 (cueillette) et 01 39 56 38 14 (boutique) / cueillettedeviltain.fr et viltain.fr

LA QUEUE-LEZ-YVELINES

141 LA SERRE AUX PAPILLONS

#FÉERIE #MINIJUNGLE
#PARCOURSPÉDAGOGIQUE

Des centaines de papillons qui volent autour de vous et se posent parfois sur votre tête ou vos épaules, n'est-ce pas fascinant ? Dans la plus grande volière à papillons de France, ils sont 700 à danser avec leurs ailes de toutes les couleurs au milieu d'une mini-jungle équatoriale où la température vous poussera à tomber le surplus d'épaisseur. Les spécimens sont originaires de Malaisie, d'Amazonie, de Madagascar... Pour aller plus loin, le lieu propose un parcours pédagogique sur l'univers de ces insectes multicolores et les différents stades de leur courte vie.

Tarifs : 7,5 € (plein tarif), 5,5 € (enfants de 3 à 14 ans). Ouvert tous les jours de février à novembre.

1, avenue des Platanes, 78940 La Queue-lez-Yvelines
Tél : 01 34 86 67 55 / serreauxpapillons.com
- Transilien — Ligne N : Garancières - La Queue

MONTIGNY-LE-BRETONNEUX

142 VÉLODROME NATIONAL

#BAPTÊMES #CYCLISMESURPISTE #BMX

Il servira d'écrin pour les Jeux olympiques de 2024 à Paris. Pour autant, le Vélodrome National de Saint-Quentin-en-Yvelines ne se destine pas qu'aux professionnels du guidon. Des baptêmes sont organisés les lundis, mercredis et samedis pour permettre à chacun de se mesurer à cet anneau de vitesse et à ses virages à l'inclinaison vertigineuse. Si vous êtes plutôt BMX, l'une des seules pistes couvertes d'Europe se trouve aux portes du Vélodrome. Des baptêmes y sont proposés les mercredis et samedis. Vous en repartirez certainement avec la bosse du vélo.

Baptême de cyclisme sur piste les lundis, mercredis et samedis : 39 € pour une heure (prêt du matériel inclus) / Baptême de BMX les mercredis et samedis : 30 € l'heure (prêt du matériel inclus). Réservations en ligne.

1, rue Laurent Fignon, 78180 Montigny-le-Bretonneux
Tél : 01 76 21 93 20 / velodrome-national.com
- RER — C : Saint-Quentin-en-Yvelines / Montigny-le-Bretonneux
- Transilien — Lignes N, U : Saint-Quentin-en-Yvelines / Montigny-le-Bretonneux

RAMBOUILLET

143 BERGERIE NATIONALE

#LOUISXVI #PARCOURSPÉDAGOGIQUE
#PRODUITSLOCAUX

Créée par Louis XVI en 1783 pour en faire une ferme modèle, la Bergerie nationale de Rambouillet est un incontournable des sorties en famille. L'exploitation, qui comprend 300 moutons et 50 vaches laitières, propose un parcours de visite pour aller à la rencontre des animaux. Vous pouvez également en profiter pour faire vos courses puisque la bergerie commercialise ses produits en circuit-court dans sa boutique.

Tarifs : 7 € (adultes), 5 € (enfants de 3 à 12 ans) / Gratuit pour les moins de trois ans. Ouverture les mercredis, samedis, dimanches, jours fériés et durant les vacances scolaires de la zone C de 14h à 17h en hiver, de 14h à 17h30 l'été.

Parc du Château, 78120 Rambouillet
Tél : 01 61 08 68 70 / bergerie-nationale.educagri.fr
- Transilien — Ligne N : Rambouillet

144 MUSÉE RAMBOLITRAIN

#TRAINSMINIATURES #MAQUETTEGÉANTE
#ÉMERVEILLEMENT

Le musée Rambolitrain rassemble l'œuvre d'une vie : près de quatre mille trains miniatures, datant du XIXe au XXe siècle, dégotés par un collectionneur passionné, Jacques Visbecq. Outre les vitrines déroulant l'histoire du train-jouet, le clou du spectacle vous attend au dernier étage de cette maison en pierre meulière avec une maquette aux détails surprenants occupant toute la surface des pièces et où circulent, sous vos yeux ébahis, les trains de la Compagnie internationale des Wagons-Lits.

Tarifs : 4,50 € (plein tarif), 3,50 € pour les moins de 18 ans / Gratuit pour les moins de 3 ans. Fermé lundi et mardi.

4, place Jeanne d'Arc, 78120 Rambouillet
Tél : 01 75 03 44 60 / rambolitrain.com
- Transilien — Ligne N : Rambouillet

dormir

RAMBOUILLET

145 CAMPING HUTTOPIA®

#CAMPINGPARADIS #PISCINENATURELLE #AUMILIEUDESBOIS

Sortez de la Nationale 10, passez devant l'usine L'Oréal®, faites encore un kilomètre dans les bois : vous voici étonnamment parvenu au paradis, au camping Huttopia®. Aménagé en pleine forêt de Rambouillet (voir page 73), il est l'endroit parfait où se réfugier en cas d'*overdose* urbaine. Sa piscine naturelle sans chlore vous donne l'illusion de piquer une tête dans le bassin d'une rivière corse tandis que ses cabanes vous expédient au Canada. Comme une fois sur place vous n'aurez plus envie de sortir, si ce n'est pour randonner en forêt, une épicerie ainsi qu'un restaurant, doté d'une terrasse avec vue sur un étang, vous permettront de vivre d'amour, d'eau fraîche et de bons petits plats.

Tarifs : À partir de 24,30 €/nuit pour un emplacement / Jusqu'à 165 €/nuit pour un chalet.
Ouverture d'avril à novembre.

Route du Château d'Eau, 78120 Rambouillet
Tél : 01 30 41 07 34 /
europe.huttopia.com/site/camping-rambouillet

VILLE-D'AVRAY

146 ÉTANGS DE COROT

#NATURE #VOYAGEIMMOBILE #SPA

À touche-touche avec Versailles, Ville-d'Avray coche toutes les cases de la destination paisible. Lovée dans la forêt domaniale de Fausses-Reposes (voir page 76), ses étangs inspirèrent le peintre impressionniste Jean-Baptiste Camille Corot. Et c'est depuis 2008 que se cultivent l'art du « voyage immobile », transposé depuis en anglais par d'autres avec le concept de *staycation*. Il est vrai qu'entre les murs des Étangs de Corot, on n'a plus guère envie de bouger. Jugez vous-même. Cette hacienda ouverte sur la nature dispose de trois restaurants, dont un étoilé, d'un agréable patio, d'un bar où s'enfoncer confortablement dans des fauteuils Chesterfield®, d'une salle de gym, d'un jacuzzi et d'un spa où vous atteindrez le nirvana grâce aux préceptes de la Vinothérapie. Sans oublier bien sûr les chambres, décorées avec du mobilier chiné et dans lesquelles vous priez en vain pour que le temps s'arrête.

Chambres à partir de 189 €.
L'hôtel dispose également d'un parking souterrain privatif.

55, rue de Versailles, 92410 Ville-d'Avray
Tél : 01 41 15 37 00 / etangs-corot.com

- Transilien — Lignes L, U : Sèvres-Ville-d'Avray puis 1,6 km de marche
- Bus — 471 : Les Étangs

Diligence | *Château de Versailles, Versailles.*

Les parapluies de Chevreuse | *Rue Lalande, Chevreuse.*

Plein le dos | *Académie Équestre de Versailles, Versailles.*

Ça rame | *Château de Rambouillet, Rambouillet.*

Roi Soleil | *Potager du Roi, Versailles.*

Au gré des vents | *Potager du Roi, Versailles.*

Chez les Robinson | *Camping Huttopia®, Rambouillet.*

LE ROOF TOP
LE ROOF TOP
LE ROOF TOP
LE ROOF TOP
LE ROOF TOP

L'Auvergne a la chaîne des Puys, l'Isère les monts du Vercors et le Grand Paris les buttes du Parisis. Et elles aussi valent le détour. Avec leurs vues époustouflantes sur Paris intra et extra-muros, la butte d'Orgemont et la butte des Châtaigniers permettent de passer d'un battement de cils de La Défense à Montmartre. Sur leurs hauts plateaux recouverts d'herbe s'improvisent aussi bien pique-niques que parties de foot. À condition que le vent qui souffle parfois au sommet ne vienne pas s'en mêler.

Le RoofTop

ARGENTEUIL | CORMEILLES-EN-PARISIS

carte

LE ROOFTOP

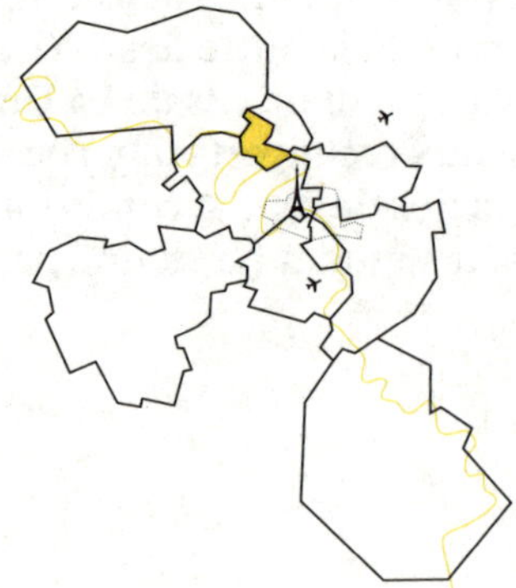

CULTURE

147 FORT DE CORMEILLE-EN-PARISIS

PLEIN AIR

148 BUTTE D'ORGEMONT
149 BUTTE DES CHÂTAIGNIERS
150 FORÊT RÉGIONALE DES BUTTES DU PARISIS

MANGER

151 L'AUBRAC, BOUCHERIE DÉGUSTATION
152 LA MONTAGNE

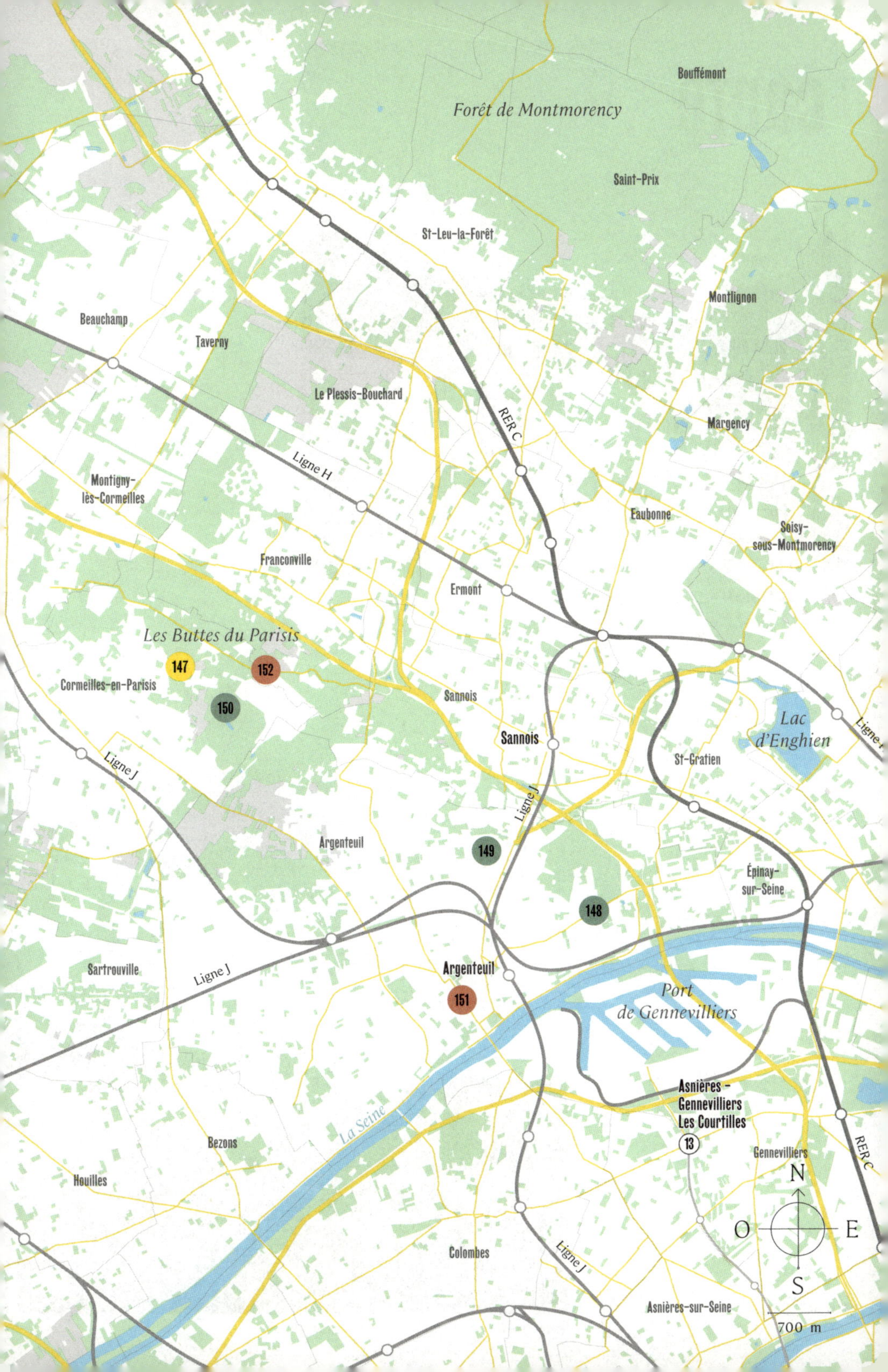
Forêt de Montmorency
Bouffémont
Saint-Prix
St-Leu-la-Forêt
Montlignon
Beauchamp
Taverny
Le Plessis-Bouchard
RER C
Margency
Ligne H
Montigny-
lès-Cormeilles
Eaubonne
Soisy-
sous-Montmorency
Franconville
Ermont
Les Buttes du Parisis
147
152
Cormeilles-en-Parisis
150
Sannois
Sannois
Lac
d'Enghien
Ligne J
St-Gratien
Ligne J
Argenteuil
149
Épinay-
sur-Seine
148
Sartrouville
Ligne J
Argenteuil
151
Port
de Gennevilliers
Asnières -
Gennevilliers
Les Courtilles
13
La Seine
Bezons
Gennevilliers
RER C
Houilles
N
O
E
S
Colombes
Ligne J
Asnières-sur-Seine
700 m

Bienvenue au Kazakhstan | *Butte des Châtaigniers, Argenteuil.*

Dans la toundra | *Butte des Châtaigniers, Argenteuil.*

Sur un petit nuage | *Butte des Châtaigniers, Argenteuil.*

culture

CORMEILLES-EN-PARISIS

147 FORT DE CORMEILLES-EN-PARISIS

#BASTIONMILITAIRE #DÉFENSEDEPARIS #IMPRESSIONNANT

Héritage du plan de fortification établi dans la deuxième moitié du XIXe par le général Raymond Adolphe Séré de Rivières, le fort de Cormeilles-en-Parisis est un impressionnant bastion militaire bâti au milieu de la forêt et qui reste magnifiquement conservé, même si la nature a repris quelque peu ses droits. Il se visite chaque premier dimanche du mois accompagné d'un guide. Si vous ne pouvez pas attendre, il est possible d'en faire le tour à pied, ce qui déjà offre un bel aperçu. Une bonne façon de se replonger dans l'histoire de la défense de Paris.

Tarif: participation libre.
Visites guidées tous les premiers dimanches du mois.

Route Stratégique, 95240 Cormeilles-en-Parisis
fortdecormeilles.fr

- Transilien — Ligne J : Cormeilles-en-Parisis

plein air

ARGENTEUIL

148 BUTTE D'ORGEMONT

#PANORAMA #GRANDESPELOUSES #EFFETWAOUH

Pour profiter de l'une des plus belles vues du Grand Paris, il vous faut grimper les 250 marches de la butte d'Orgemont ou bien emprunter le sentier qui serpente jusqu'au sommet. Du haut de ses 124 mètres, ce ballon coiffé d'un moulin est le belvédère ultime et affiche un panorama aussi exceptionnel qu'ignoré sur Montmartre, la tour Eiffel®, La Défense et le port de Gennevilliers. À son sommet, une gigantesque pelouse sert de balcon vert, idéal pour pique-niquer, bronzer, taper dans un ballon ou faire du cerf-volant. Seul bémol, la proximité avec l'autoroute A15. La butte, transformée en parc depuis 2017, est accessible 7 jours/7 et 24 heures/24. Bientôt LE pèlerinage pour tout bon Grand Parisien.

176, avenue de Stalingrad, 95100 Argenteuil
aev-iledefrance.fr

- Transilien — Ligne J : Argenteuil
- Bus — 361 : Gaston Monmousseau
- Vélib' — Gare d'Argenteuil

149 BUTTE DES CHÂTAIGNIERS

#PANORAMA #GRANDESPELOUSES #EFFETWAOUHBIS

Du haut de la butte des Châtaigniers, plus de 20 siècles vous contemplent. C'est moitié moins qu'au sommet des pyramides d'Égypte mais qu'importe. À l'instar de sa voisine la butte d'Orgemont, la butte des Châtaigniers vous gratifie 24 heures/24 d'une vue panoramique sur Paris, le grand et le petit. Mont Valérien, skyline de La Défense, tours Eiffel® et Montparnasse, le casting qui s'étale sous vos yeux est prestigieux. Pour s'en délecter, le nombre de marches à gravir est encore plus important qu'à la butte d'Orgemont : 360 contre 250. Là encore, il est possible de les contourner en optant pour un sentier qui se faufile jusque sur le toit-terrasse de cette grosse bosse. Au niveau intermédiaire, une grande pelouse sert aussi bien d'aire de pique-nique que d'aire de jeux. Et si vous aimez souffrir, le « Trail des châtaignes » vous fera voir la butte autrement tout en avalant 1600 mètres de dénivelé positif.

15, boulevard Youri Gagarine, 95100 Argenteuil
aev-iledefrance.fr
- Transilien — Ligne J : Argenteuil
- Vélib' — Gare d'Argenteuil

150 FORÊT RÉGIONALE DES BUTTES DU PARISIS

#TREK #ACCROBRANCHE #FORTMILITAIRE

Pour qui sait l'explorer, cette forêt cache des trésors insoupçonnés à l'instar du fort militaire de Cormeilles, incroyablement conservé (voir page 90). Dans un autre genre nettement plus contemporain, un parc d'accrobranche situé sur la ville de Sannois propose 10 parcours dont un accessible dès 2 ans (ecopark-adventures.com). Enfin, la palme de l'inattendu revient au Chemin des crêtes qui serpente à 170 mètres de haut avec à la clé quelques beaux panoramas depuis la butte d'Orgemont et la butte des Châtaigniers (voir page 90).

aev-iledefrance.fr
- Transilien — Ligne J : La Frette Montigny

manger

ARGENTEUIL

151 L'AUBRAC, BOUCHERIE DÉGUSTATION

#SURPLACEOUÀEMPORTER #VIANDEFRANÇAISE #FOURÀBRAISE

« Du billot à l'assiette », c'est le slogan tranchant que s'est choisi L'Aubrac à Argenteuil. Dans cette boucherie dégustation, inutile d'attendre d'être rentré chez soi pour déguster son entrecôte ou sa bavette d'aloyau. Les bouchers s'occupent de tout. Tout d'abord de sélectionner la viande, forcément d'origine française. Puis de vous la préparer sur un four à braise pour ensuite vous la servir sur une planche à découper accompagnée au choix de frites maison, de haricots ou d'un écrasé de pommes de terre, et bien sûr d'un couteau qui coupe. Le résultat est fondant en bouche, tout comme le sont les desserts, eux aussi cuisinés maison à l'instar du tiramisu au Nutella®. Quel beau métier que celui de boucher-pâtissier.

Prix au poids + un supplément pour l'accompagnement / dessert : 4,90 €.
Fermé le lundi.

41, avenue Gabriel Péri, 95100 Argenteuil
Tél : 09 84 56 71 50 / Facebook @boucherieargenteuil
- Transilien — Ligne J : Argenteuil
- Vélib' — Gare d'Argenteuil

CORMEILLES-EN-PARISIS

152 LA MONTAGNE

#PASSIONVIANDEETPOISSON #GRANDETERRASSE #ENLISIÈREDEFORÊT

À la lisière de la forêt des Buttes du Parisis (ci-contre), La Montagne possède l'une des terrasses les mieux planquées du Grand Paris. Ce n'est pas qu'elle soit petite, loin de là. Abritée par les arbres et de larges parasols, elle séduit les habitués et ceux que la chance a conduit jusque-là. À la tête de ce refuge bienveillant, Laureen et Thierry font partager leur goût pour la viande et les produits de la mer. Si vous tombez bien, vous pourrez déguster un homard bleu de Bretagne dont Laureen est friande. Sinon, vous profiterez d'un faux-filet ou d'une côte de bœuf sélectionnés par Philippe, boucher à Drancy (Seine-Saint-Denis) et qui ravitaille les lieux deux fois par semaine. Après cela, il vous faudra choisir entre garder le secret ou le briser…

Formule 2 plats 23€ / 3 plats à 26,50€.
Ouvert tous les jours le midi, le soir vendredi et samedi.

21, route Stratégique, 95240 Cormeilles-en-Parisis
Tél : 01 34 50 74 04 / restaurantlamontagne.com
- Transilien — Ligne J : Cormeilles-en-Parisis

LE DELTA
LE DELTA

« Dans trois ans, j'irai me baigner dans la Seine devant témoins ». Nous sommes en 1990, le maire de Paris Jacques Chirac est l'invité de la *Marche du siècle* sur FR3. Promesse restée non tenue mais plus que jamais d'actualité puisqu'en 2024, le départ de l'épreuve de natation du triathlon olympique se fera au pied de la tour Eiffel®. Déjà, depuis juillet 2017, la baignade est possible dans le canal à Paris, au niveau du bassin de la Villette. Sur les bords de la Marne aussi on milite pour que la rivière soit à nouveau autorisée aux amateurs de nage en eau vive. En attendant, partout dans le Delta, les piétons se chargent de se réapproprier les berges tandis que des péniches s'occupent de les divertir. Quel contraste avec ces dernières décennies qui ont vu les cours d'eau grand-parisiens réduits à des fonctions utilitaires. Heureusement, de l'eau est passée sous les ponts.

Le Delta

CHAMPS-SUR-MARNE | CRÉTEIL | ÉVRY | JOINVILLE-LE-PONT | MAISONS-ALFORT | MARNE-LA-VALLÉE | NOGENT-SUR-MARNE | NOISIEL | ORLY | PARIS | PÉRIGNY-SUR-YERRES | SAINT-MAUR-DES-FOSSÉS | SUCY-EN-BRIE | TORCY | VAIRES-SUR-MARNE | VINCENNES | YERRES

LE DELTA

carte LE DELTA

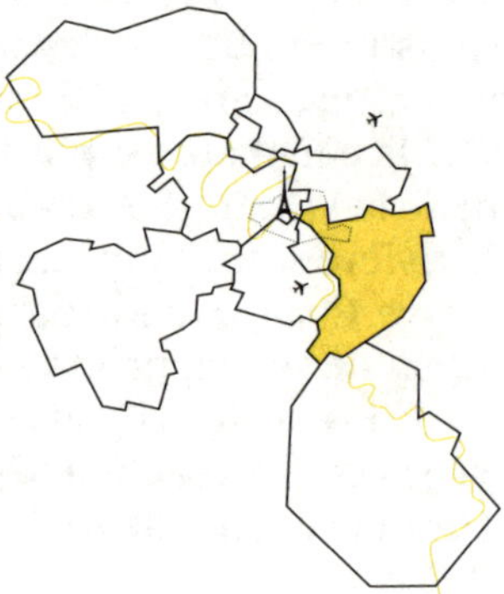

CULTURE

153 CHÂTEAU DE CHAMPS-SUR-MARNE
154 CATHÉDRALE NOTRE-DAME DE CRÉTEIL
155 CENTRE CHORÉGRAPHIQUE NATIONAL DE CRÉTEIL
156 CATHÉDRALE DE LA RÉSURRECTION D'ÉVRY
157 PAGODE KHÁNH-ANH
158 MUSÉE FRAGONARD
159 LA FERME DU BUISSON
160 CARTOUCHERIE DE VINCENNES
161 MUSÉE PICASSO
162 PAVILLON DE L'ARSENAL
163 FONDATION DUBUFFET - CLOSERIE FALBALA
164 LE PLAN
165 PROPRIÉTÉ CAILLEBOTTE

ART DE VIVRE

166 AÉROPORT PARIS-ORLY
167 OSE
168 PETIT BAIN
169 BRASSERIE MAPPINESS
170 LA BRÛLERIE D'ADAMVILLE
171 LA GRIFFE NOIRE
172 LIBRAIRIE MILLEPAGES

PLEIN AIR

173 LAC DE CRÉTEIL - ÎLE DE LOISIRS
174 STAND UP PADDLE SUR LA MARNE
175 LOCATION DE BATEAUX ÉLECTRIQUES
176 BASSIN ET PORT DE L'ARSENAL
177 BATOBUS
178 BOIS DE VINCENNES
179 JARDIN D'AGRONOMIE TROPICALE RENÉ DUMONT
180 PARC DES RIVES DE SEINE
181 QUAIS DE SEINE ENTRE LE PONT CHARLES-DE-GAULLE ET LE PONT DE TOLBIAC
182 BEACH PADDLE
183 BOUCLE DE LA MARNE
184 CROISIÈRES SUR LA MARNE
185 FORÊT DE NOTRE-DAME
186 ÎLE DE LOISIRS DE VAIRES-TORCY

MANGER

187 LE PETIT PONT
188 MAMA JACKSON SOUL FOOD
189 MISS LUNCH
190 L'ATELIER 28
191 PHO QUYNH
192 L'OURS

EN FAMILLE

193 DISNEYLAND PARIS®
194 MUSÉE NATIONAL DE L'HISTOIRE DE L'IMMIGRATION
195 CHÂTEAU DE VINCENNES

DORMIR

196 OFF PARIS SEINE

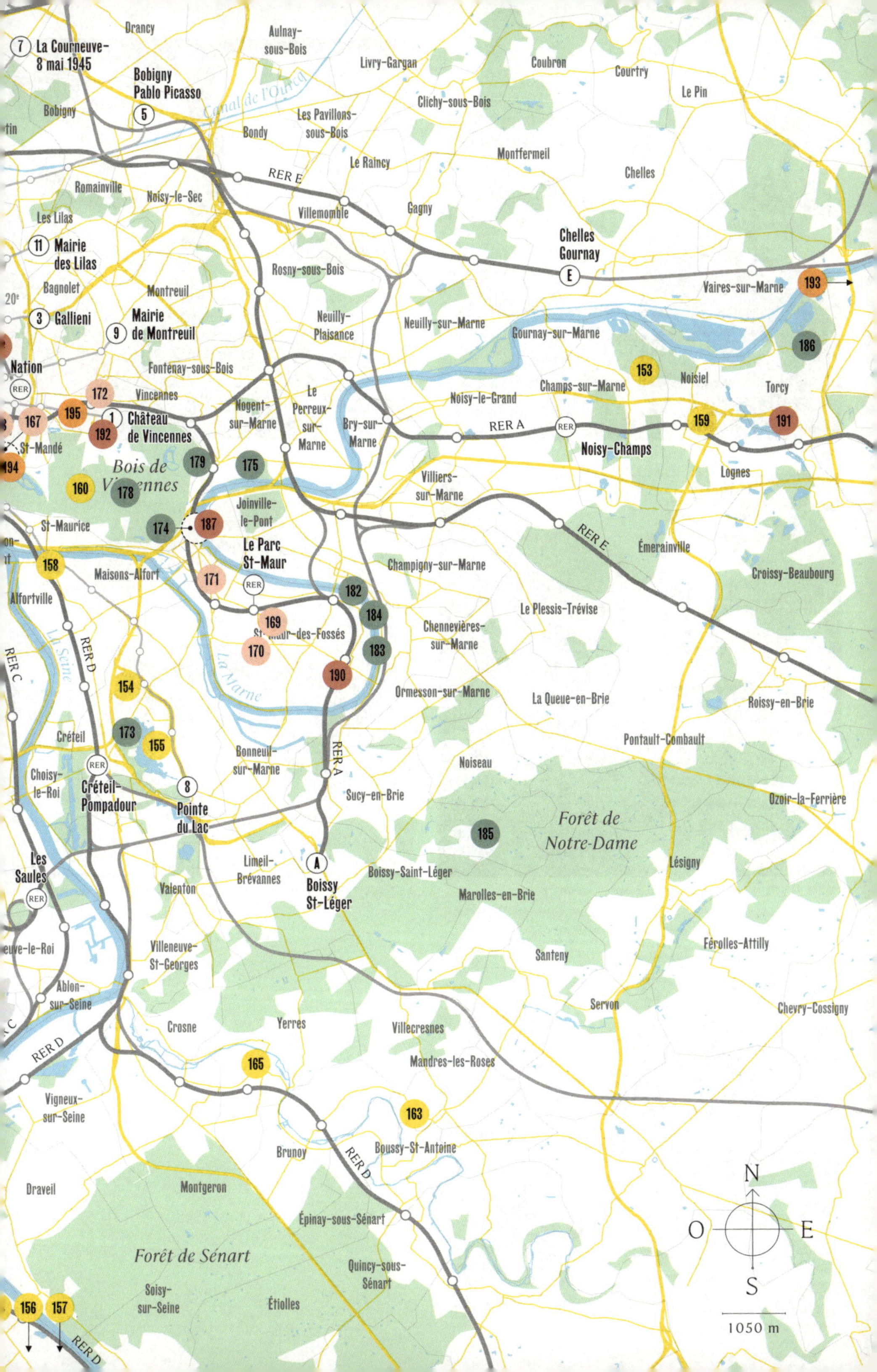

Drancy
Aulnay-sous-Bois
7 La Courneuve-8 mai 1945
Bobigny Pablo Picasso
5
Canal de l'Ourcq
Livry-Gargan
Coubron
Courtry
Le Pin
Clichy-sous-Bois
Bobigny
Bondy
Les Pavillons-sous-Bois
Le Raincy
Montfermeil
Chelles
Romainville
Noisy-le-Sec
RER E
Villemomble
Gagny
Les Lilas
11 Mairie des Lilas
Chelles Gournay
E
Rosny-sous-Bois
Bagnolet
Montreuil
Vaires-sur-Marne
193
20e
3 Gallieni
9 Mairie de Montreuil
Neuilly-Plaisance
Neuilly-sur-Marne
Gournay-sur-Marne
186
Nation
Fontenay-sous-Bois
153
Noisiel
RER
172
Vincennes
Le Perreux-sur-Marne
Champs-sur-Marne
Torcy
195
167
1 Château de Vincennes
Nogent-sur-Marne
Bry-sur-Marne
Noisy-le-Grand
RER A
RER
159
191
192
St-Mandé
Noisy-Champs
194
179
175
Bois de Vincennes
Villiers-sur-Marne
Lognes
160
178
Joinville-le-Pont
St-Maurice
174
187
RER E
Émerainville
Le Parc St-Maur
158
Maisons-Alfort
Champigny-sur-Marne
Croissy-Beaubourg
171
RER
182
Alfortville
184
Le Plessis-Trévise
169
St-Maur-des-Fossés
Chennevières-sur-Marne
RER C
RER D
170
183
La Seine
La Marne
190
154
Ormesson-sur-Marne
La Queue-en-Brie
Roissy-en-Brie
173
Créteil
155
RER A
Pontault-Combault
Bonneuil-sur-Marne
Noiseau
RER
Choisy-le-Roi
Créteil-Pompadour
8 Pointe du Lac
Sucy-en-Brie
Ozoir-la-Ferrière
185
Forêt de Notre-Dame
Les Saules
Limeil-Brévannes
A
Boissy St-Léger
Boissy-Saint-Léger
Lésigny
RER
Valenton
Marolles-en-Brie
Villeneuve-le-Roi
Villeneuve-St-Georges
Santeny
Férolles-Attilly
Ablon-sur-Seine
Crosne
Yerres
Villecresnes
Servon
Chevry-Cossigny
RER C
RER D
165
Mandres-les-Roses
Vigneux-sur-Seine
163
Brunoy
Boussy-St-Antoine
RER D
N
Draveil
Montgeron
Épinay-sous-Sénart
O
E
Forêt de Sénart
Quincy-sous-Sénart
S
Soisy-sur-Seine
Étiolles
156
157
RER D
1050 m

« La cité, quoi ! » | *Quai de la Tournelle, Paris.*

Ying et Yang | *Quai de la Pie, Saint-Maur-des-Fossés.*

Piscine ouverte 7j/7 | *Quai de la Marne, Nogent-sur-Marne.*

L'ami du pêcheur | *Quai de la Pie, Saint-Maur-des-Fossés.*

« Un jour, on habitera là » | *Quai de la Tournelle, Paris.*

« RrrrrrrZzzzzzzzz... » | *Quai de la Pie, Saint-Maur-des-Fossés.*

« Je vois que vous allez adorer ce guide... » | *Palais de la Porte Dorée, Paris.*

Juste le bruit de l'eau | *Quai du Mesnil, Saint-Maur-des-Fossés.*

Colors of love | *Quai du Mesnil, Saint-Maur-des-Fossés.*

Pavillon à louer | *Avenue Victor Hugo, Nogent-sur-Marne.*

culture

CHAMPS-SUR-MARNE

153 CHÂTEAU DE CHAMPS-SUR-MARNE

#ONDIRAITLELYSÉE #JARDINREMARQUABLE #COPPOLA

Vous aurez sans doute une impression de déjà-vu. Car le château de Champs-sur-Marne ressemble à s'y méprendre au palais de l'Élysée. Ancienne demeure de famille habitée entre autres par la marquise de Pompadour, on y découvre pas moins de 900 meubles de collection signés par les grands ébénistes du XVIIIe siècle. Un château où vous êtes un peu chez vous puisqu'en 1935, le propriétaire Charles Cahen d'Anvers en fit cadeau à l'État moyennant la préservation des emplois des jardiniers, des domestiques, des gardes-chasse et d'une cinquantaine d'autres employés. Depuis, de nombreux réalisateurs en ont fait leur décor à l'instar de Stephen Frears dans *Les Liaisons dangereuses* (1987), Patrice Leconte dans *Ridicule* (1995) et Sofia Coppola dans *Marie-Antoinette* (2005). Champs-sur-Marne, c'est aussi un parc de 85 hectares labellisé « Jardin remarquable® » où cohabitent jardins à l'anglaise et à la française.

8 € (plein tarif) / Gratuit pour les moins de 26 ans.
Fermé le mardi.

31, rue de Paris, 77420 Champs-sur-Marne
Tél : 01 64 62 74 42 / chateau-champs-sur-marne.fr
- RER — A : Noisiel
- Bus — 220, 312, 421 : Mairie de Champs

CRÉTEIL

154 CATHÉDRALE NOTRE-DAME DE CRÉTEIL

#ARCHITECTUREMODERNE #BLUFFANT #NOUVELLEJÉRUSALEM

Et si Créteil était la nouvelle Jérusalem ? Après avoir vu s'édifier sur son sol en 2008 la grande mosquée Sahaba, la ville peut se piquer d'accueillir depuis 2015 la première cathédrale construite au XXIe siècle. L'édifice, aux formes peu orthodoxes, ressemble à une baleine. Le but : être vu. Tout le contraire de la modeste église qu'il a remplacée, symbole des années post Vatican II et du mouvement dit de « l'enfouissement ». Alors comme Jonas, pénétrez dans le ventre de ce monumental cétacé et découvrez son squelette tout en bois. Poursuivez votre balade architecturale boulevard Picasso en allant admirer, ou détester, les Choux, dix tours rondes de quinze étages avec leurs balcons en forme de chou-fleur. Puis dirigez-vous vers la rue pasteur Vallery Radot afin de vous retrouver face au tribunal de Créteil, tout droit sorti d'un film de science-fiction.

Entrée libre.
Ouvert tous les jours.

2, rue Pasteur Vallery Radot, 94000 Créteil
Tél : 01 45 17 24 00
- M — Ligne 8 : Créteil-Université
- Bus — 181, 281 : Montaigut
- Vélib' — Avenue de la Liberté

155 CENTRE CHORÉGRAPHIQUE NATIONAL DE CRÉTEIL

#HIPHOP #MERZOUKI #FESTIVALKALYPSO

Après avoir grandi dans la rue, le hip-hop s'est ouvert les portes de certaines institutions à l'image du Centre chorégraphique national de Créteil (CCN). À sa tête, on trouve un chantre de la discipline, le chorégraphe Mourad Merzouki, qui conçoit une programmation mettant en lumière les danses urbaines. Temps fort de la saison du CCN, le festival Kalypso est devenu une vitrine du hip-hop qui s'exporte à chaque nouvelle édition dans une vingtaine de lieux franciliens.

1, place Salvador Allende, 94000 Créteil
Tél : 01 56 71 13 20 / ccncreteil.com
- M — Ligne 8 : Créteil-Préfecture
- Bus — 117 et 317 : Hôtel de Ville

ÉVRY

156 CATHÉDRALE DE LA RÉSURRECTION D'ÉVRY

#PASCOMMELESAUTRES #BRIQUESROUGES #AVANTDERNIÈRECATHÉDRALEFRANÇAISE

Ce n'est pas l'image que l'on se fait habituellement des cathédrales. Loin du classicisme de ses glorieuses aînées comme Notre-Dame ou la Cathédrale Basilique de Saint-Denis (voir page 20), la cathédrale de la Résurrection d'Evry arbore une forme cylindrique imaginée par l'architecte suisse Mario Botta, qui a notamment conçu le

musée d'Art moderne de San Francisco. Toute en briques rouges – 840 000 au total - et coiffée de 24 tilleuls argentés, elle est l'avant-dernière cathédrale construite en France, inaugurée en 1995 soit avant Notre-Dame de Créteil en 2015 et après Notre-Dame-de-la-Treille à Lille en 1856.

Entrée libre.
Ouvert tous les jours.

121, cours Victor-Romero, Clos de la Cathédrale, 91000 Évry-Courcouronnes
Tél : 01 64 97 93 55 / evry.catholique.fr/Evry
- RER — D : Évry – Courcouronnes

157 PAGODE KHÁNH-ANH

#PLUSGRANDEPAGODEDEUROPE #ŒUVRECOLLECTIVE #BOUDDHISME

Évry abrite à la fois l'avant-dernière cathédrale construite en France (voir page 98) et la plus grande pagode d'Europe, la pagode Khánh-Anh. Dressée sur les bords de la mythique Nationale 7, sa construction aura fait appel à de nombreux bénévoles et à la générosité des bouddhistes du monde entier avant de prendre fin en 2017 après plus de 30 ans de travaux. Le dimanche, les visites sont ouvertes entre 14h30 et 16h30 et la prière est accessible à tous de 11h30 à 12h30.

Visite gratuite le dimanche de 14h30 à 16h30.

Parc aux Lièvres, 8, rue François Mauriac, 91000 Évry-Courcouronnes
Tél : 01 64 93 55 56 / Facebook @PagodeKhanhAnhEvry
- RER — D : Le Bras-de-Fer

MAISONS-ALFORT

158 MUSÉE FRAGONARD

#CURIOSITÉSANATOMIQUES #VEAUÀHUITPATTES #MOMIES

Vous avez intérêt à avoir l'estomac bien accroché. Car les bizarreries anatomiques qui vous attendent au musée Fragonard ne laissent pas indifférent : veau à huit pattes ou à deux têtes, fœtus de mule, infections en tous genres mais aussi squelettes d'animaux – dont un magnifique spécimen de python rose – et, clou du spectacle, les écorchés de l'anatomiste Honoré Fragonard (1732-1799), momies que l'on dirait tout droit sorties d'un film de zombies. Étonnant, tout comme le sont les lieux qui servent de décor à ce cabinet de curiosités, en l'occurrence l'École nationale vétérinaire, créée en 1766 et qui s'étend sur 12 hectares dont 70% d'espaces verts.

Tarif : 8 €/ Gratuit pour les moins de 26 ans.
Fermé lundi et mardi ainsi qu'en août.

7, avenue du Général de Gaulle, 94700 Maisons-Alfort
Tél : 01 43 96 71 72 / musee.vet-alfort.fr
- M — Ligne 8 : École Vétérinaire de Maisons-Alfort
- Bus — 104, 181 : Bouley-École Vétérinaire
- Vélib' — Rue de la Marne

NOISIEL

159 LA FERME DU BUISSON

#SCÈNENATIONALE #MULTIPLEXECULTUREL #CULTUREBUISSONIÈRE

C'est l'histoire d'une ferme qui a parfaitement réussi sa reconversion. En une trentaine d'années, la Ferme du Buisson est devenue une place forte de la culture en banlieue. Pour preuve, 120 000 personnes s'y pressent chaque année pour profiter de sa programmation mais aussi de son magnifique décor. Car une fois franchi le large portail, le charme des lieux opère aussitôt. Au milieu de la cour se dresse une immense bâtisse en briques devenue scène de spectacle. Tout autour, l'abreuvoir, les écuries et le grenier ont conservé leur nom mais ont eux aussi changé de vocation faisant de la Ferme du Buisson un multiplexe culturel avec théâtre, centre d'art, cinéma et espace musical. Pour couronner le tout, plusieurs temps forts sont organisés comme le festival Pulp, une immersion totale dans le monde de la BD.

Ouvert toute l'année.

Allée de la Ferme, 77186 Noisiel
Tél : 01 64 62 77 00 / lafermedubuisson.com
- RER — A : Noisiel
- Bus — 211 : Ferme du Buisson

PARIS

160 CARTOUCHERIE DE VINCENNES

#ANCIENNEUSINE #THÉÂTREDUSOLEIL #AUMILIEUDESBOIS

Faites l'amour, pas la guerre. À la Cartoucherie de Vincennes, on touche du doigt le fameux adage. Ancienne usine d'armes et de poudre à canon, la Cartoucherie a changé son fusil d'épaule au début des années 1970 sous l'impulsion de la metteuse en scène Ariane Mnouchkine et de sa troupe, le Théâtre du Soleil, rejointe par le Théâtre de la Tempête, le Théâtre de l'Epée de bois et le Théâtre de l'Aquarium. Installés dans les anciens baraquements désaffectés, ces théâtres constituent un ensemble détonnant au cœur du bois de Vincennes et vous plongent dans un décor inattendu. Quant à la programmation, elle fait place aussi bien aux grands classiques qu'aux créations plus contemporaines.

4, route du Champ de Manœuvre, 75012 Paris
cartoucherie.fr

- M — Ligne 1 : Château de Vincennes (les soirs de spectacle, des navettes relient la station de métro à la Cartoucherie avant et après les spectacles)
- Bus — 112 : Cartoucherie
- Vélib' — Route de la Pyramide

161 MUSÉE PICASSO

#HÔTELPARTICULIER #PRENDRESONTEMPS #DECOCTEAUÀBRASSAÏ

À l'arrivée au comptoir de la billetterie, le monsieur des audioguides vous prévient d'emblée et explique le programme avec un faux-air de steward de classe prestige : faire l'expérience du musée Picasso demande du temps. Le sarcophage formé par les marbres et les boiseries de l'hôtel particulier de Salé s'ouvre sur un dédale de salles thématiques où défilent les vies artistiques de Pablo. Le public glisse devant les œuvres dans un silence pénétré. On dégaine les smartphones avec parcimonie pour fixer l'émotion de se retrouver face à une pièce maîtresse, une photo de Brassaï ou une carte postale signée Cocteau. C'est d'ailleurs l'intérêt de ce musée d'avoir su mêler les œuvres et les époques avec des photos, des souvenirs, des tranches de vies. Il n'y a pas de bonne formule pour visiter Picasso. En mode *go fast*, on finit à demi sonné au milieu de la boutique. L'option contemplative renvoie à la mise en garde du monsieur des audioguides : il faut une solide disponibilité pour s'embarquer dans cette aventure.

Tarif : 14 € / Gratuit pour les moins de 26 ans.
Fermé le lundi.

5, rue de Thorigny, 75003 Paris
Tél : 01 85 56 00 36 / museepicassoparis.fr

- M — Ligne 8 : Saint-Sébastien - Froissart / Ligne 1 : Saint-Paul
- Bus — 29 : Rue Vieille du Temple
- Vélib' — 22, rue Vieille du Temple

162 PAVILLON DE L'ARSENAL

#ARCHITECTURE #SILEGRANDPARISMÉTAITCONTÉ #GRATUIT

L'histoire de Paris, du grand comme du petit, se raconte au Pavillon de l'Arsenal. Ce très bel espace surmonté d'une verrière est un passage obligé pour tous ceux que l'architecture et l'urbanisme questionnent. Parmi les expositions ayant fait date ces dernières années, on se souvient entre autres de celles qui furent consacrées à Haussmann, au périph' ainsi qu'à l'agriculture francilienne. À chaque fois, experts comme néophytes trouvent de quoi muscler leur culture générale sur la Ville lumière. Les enfants sont aussi les bienvenus et sont invités à participer à des animations spécialement conçues pour eux. Outre les expositions temporaires, un espace de 800 m² est dédié à la métropole et à ses projets avec pour pièce maîtresse une carte numérique en 3D.

Entrée libre.
Fermé le lundi.

21, boulevard Morland, 75004 Paris
pavillon-arsenal.com

- M — 7 : Sully-Morland
- Bus — 72 : Sully-Morland
- Vélib' — 2, quai des Célestins

PÉRIGNY-SUR-YERRES

163 FONDATION DUBUFFET – CLOSERIE FALBALA

#ŒUVREMONUMENTALE #OVNIARTISTIQUE #DUBUFFETÀVOLONTÉ

Jean Dubuffet (1901-1985) avait la folie des grandeurs. Ce ne sont pas les habitants de Périgny-sur-Yerres, petite commune du fin fond du Val-de-Marne, qui diront le contraire. L'artiste les a gratifiés d'une œuvre architecturale, sorte d'ovni artistique. Imaginez pour commencer de hauts murs, tout en courbe, peints en blanc et revêtus de tracés noirs sur plus de 1 600 m². Tel est l'univers de La Closerie Falbala. Pénétrez ensuite dans ses entrailles pour découvrir la Villa Falbala, pièce mystérieuse recouverte d'une écriture étrange. Vous n'aurez plus alors qu'à vous laisser emporter par la magie du lieu. Attention, cette œuvre monumentale ne se visite que sur rendez-vous.

Tarifs : 8 € (plein tarif), 4,5 € (tarif réduit) / Gratuit pour les moins de 10 ans.
Visite uniquement sur rendez-vous. Les demandes s'effectuent par téléphone. Ouvert toute l'année sauf les lundis, mercredis et jours fériés.

Rue du Moulin Neuf, Sente des Vaux,
Ruelle aux Chevaux, 94520 Périgny-sur-Yerres
Tél : 01 47 34 12 63 / dubuffetfondation.com

Merci d'être à l'heure | *Quai de la Marne, Joinville-le-Pont.*

Berline familiale | *Quai de la Marne, Nogent-sur-Marne.*

RIS-ORANGIS

164 LE PLAN

#SALLEDECONCERT
#QUANDLAMUSIQUEESTBONNE #BONPLAN

Deux salles flambant neuves, une programmation défricheuse, des tarifs défiant toute concurrence, le Plan est un temple de la musique dans le Grand Paris. Depuis 1984, cette scène 100% rock a su évoluer pour faire place à d'autres sons. Marianne Faithfull, Tiken Jah Fakoly, Maceo Parker, IAM, Lou Doillon, Bertrand Belin ou encore Christophe sont quelques-unes des têtes d'affiches l'ayant déjà foulée.

1, avenue Louis Aragon, 91130 Ris-Orangis
Tél : 01 69 02 09 19 / leplan.com

- RER — D : Orangis-Bois-de-L'épine
- Bus — 404, 405, 406, 418w : Ris-Orangis – Bois de l'Épine

YERRES

165 PROPRIÉTÉ CAILLEBOTTE

#SURLESTRACESDESIMPRESSIONNISTES
#JARDIN #MUSÉE

Pénétrer dans la Propriété Caillebotte de Yerres, c'est faire un voyage dans le temps dans le quotidien d'une famille fortunée de la fin du XIXe siècle. Récemment restaurée, la demeure, ancien corps de ferme du XVIe siècle, fut habitée par le peintre Gustave Caillebotte (1848-1894) et les siens. Entre mobilier d'origine et pièces léguées par le mobilier national, la visite est bluffante. Du salon des femmes avec sa belle travailleuse (meuble pour la couture) à la salle de billard clinquante en passant par la chambre à coucher avec multiples vues sur le parc, couleurs et ornements nous replongent dans l'ambiance de cette maison bourgeoise. Tout autour, un splendide jardin s'étend sur 11 ha et comprend six « fabriques », petits temples typiques des jardins à l'anglaise, un potager entretenu par des habitants bénévoles, et même un restaurant, la Table du Parc.

Tarif : 10 € / Gratuit pour les moins de 16 ans.
Visite de la maison du mardi au dimanche de 14h à 18h30.
Ouverture du parc tous les jours. Entrée libre.

8, rue de Concy, 91330 Yerres
proprietecaillebotte.com

- RER — D : Yerres

art de vivre

ORLY

166 AÉROPORT PARIS-ORLY

#JOUELACOMMEGILBERT #COULISSES
#SIMULATEURDEVOL

L'aéroport d'Orly n'est pas qu'un lieu de transit. C'est aussi une destination. En 1961, Gilbert Bécaud en avait même fait une chanson, *Dimanche à Orly*. Soixante ans plus tard, on peut, comme lui, profiter de la terrasse panoramique située au 4e étage du terminal Sud pour regarder le ballet des aéroplanes. Ce n'est pas tout puisqu'il est désormais possible d'en visiter les coulisses avec Explore Paris (exploreparis.com) et même de se mettre aux commandes d'un Airbus A320 dans le simulateur AviaSim Paris Orly Belle Epine (aviasim.com).

94390 Orly
parisaeroport.fr

- RER — B : Antony + Orlyval
- Tram — T7 : Aéroport d'Orly

PARIS

167 OSE (ORGANE DE SAUVETAGE ÉCOLOGIQUE)

#SEINE #COLLECTESDEDÉCHETS
#ENGAGEZVOUS

Les déchets sauvages sont l'affaire de tous. Depuis 1990, Édouard Fenstein, fondateur de l'association Organe de sauvetage écologique, organise inlassablement des collectes sur les bords de Seine. Armés de sacs poubelle de 50 litres, lui et les bénévoles qui l'accompagnent peuvent ramasser jusqu'à 10 tonnes de déchets par session de nettoyage. Des déchets qui toutefois ne tiennent pas tous dans les sacs poubelle comme lorsqu'il s'agit de voitures ou de machines à laver. Une tâche qui ressemble à celle de Sisyphe mais qui a pour but également la sensibilisation à l'environnement et à la gestion responsable de l'eau.

Calendrier des collectes sur oseonline.fr
et sur Facebook @OrganedeSauvetageEcologique.
Opérations bénévoles de collecte des déchets sur les bords de Seine.

Tél : 06 13 83 94 71

168 PETIT BAIN

#CABANEPOSÉESURLEAU #CONCERTS #TOITTERRASSE

Voisine de la piscine flottante Joséphine Baker, la barge Petit Bain est un des symboles du renouveau des quais. Facilement reconnaissable avec son look de cabane *design* posée sur l'eau, elle possède l'une des salles de concert les plus intimistes de Paris. Autre atout charme du Petit Bain, son toit-terrasse où l'on peut trinquer et se la couler douce en regardant la Seine passer.

Ouvert tous les jours.

7, Port de la Gare, 75013 Paris
Tél: 01 43 49 68 92 / petitbain.org

- M — Ligne 14: Bibliothèque François Mitterrand
- RER — C: Bibliothèque François Mitterrand
- Bus — 89: Quai de la Gare
- Vélib' — Quai François Mauriac

SAINT-MAUR-DES-FOSSÉS

169 BRASSERIE MAPPINESS

#BIÈRELOCALE #BIO #CIRCUITCOURT

La confrérie des brasseurs artisanaux s'agrandit chaque année un peu plus dans le Grand Paris. Marguerite et Pierre se sont lancés il y a déjà trois ans dans la grande aventure du houblon. Mais attention, du houblon bio ! Les deux compères se fournissent pour cela auprès d'une coopérative alsacienne, l'une des rares à proposer ce type de produit en Europe. Une autre de leurs caractéristiques est de travailler en circuit-court pour assurer leur approvisionnement en orge et recycler leurs déchets végétaux qu'ils offrent aux éleveurs de la région. Une démarche saine pour un produit sain qu'il est possible de découvrir à la brasserie les jeudis, vendredis et samedis ou dans les points de vente à retrouver sur mappinessbeer.com.

Fermé lundi, mardi, mercredi et dimanche.

15, avenue Foch, 94100 Saint-Maur-des-Fossés
mappinessbeer.com

- RER — A: Parc de Saint-Maur
- Bus — 107, 317: Le Parc de Saint-Maur RER

170 LA BRÛLERIE D'ADAMVILLE

#TORRÉFACTEUR #BOUTIQUE #FORTDECAFÉ

Ils sont une poignée à torréfier eux-mêmes leur café en Île-de-France. À l'Ouest, on trouve Joris Pfaff à Triel-sur-Seine (Yvelines), l'une des « stars » du métier, auréolé d'un titre de champion de France en 2014. À l'Est, on recommande la brûlerie d'Adamville à Saint-Maur-des-Fossés, tout simplement le meilleur spot du coin pour acheter une livre ou deux d'un bon moka d'Éthiopie ou d'ailleurs. Depuis plus de 30 ans, ces torréfacteurs proposent un large choix de grains grillés sur place dans l'énorme four qui trône fièrement au milieu de la boutique. Des grains bien évidemment moulus à la demande.

Fermé lundi et dimanche.

2, rue d'Inkermann, 94100 Saint-Maur-des-Fossés
Tél: 01 42 83 33 45

- RER — A: Parc de Saint-Maur
- Bus — 317: Théâtre de Saint-Maur

171 LA GRIFFE NOIRE

#LIBRAIRIE #GÉRARDCOLLARD #PASSIONFICHESDELECTURE

Jamais vous ne verrez autant de fiches de lectures réunies. Jaunes, roses, vertes, oranges, bleues, elles tapissent cette librairie où officie le libraire le plus connu de l'Hexagone, Gérard Collard, au look reconnaissable entre mille avec sa houpette et ses lunettes noires. Dès la vitrine, les fameuses fiches et leurs couleurs flashy attirent l'œil et vous aimantent. Aimantes, elles ne le sont pas toujours et se montrent même assassines comme avec Michel Houellebecq : « Si cet homme est le plus grand écrivain français contemporain, moi je suis danseuse aux Folies Bergères ! ». C'est tout l'inverse pour l'auteure américaine Marcia Davenport et son livre *Les frères Holt*, « une des découvertes qui nous a rendu fier d'être libraire ». Alors si vous êtes en mal de conseils littéraires avisés, la Griffe Noire saura y remédier.

Fermé le dimanche.

2, rue de la Varenne, 94100 Saint-Maur-des-Fossés
Tél: 01 48 83 67 47 / lagriffenoire.com

- RER — A: Saint-Maur – Créteil
- Bus — 111, 112, 306: Croix Souris

VINCENNES

172 LIBRAIRIE MILLEPAGES

#INDÉPENDANTE #QGCULTUREL
#FAUTEUILSDELECTURE

La plus grande librairie indépendante d'Île-de-France est vincennoise. Ouverte depuis plus de trente ans, Millepages n'est pas le genre d'endroit où l'on rentre dans le simple but d'acheter un livre. Pour les locaux, c'est un QG culturel majeur dans lequel on se presse pour assister aux nombreuses rencontres et débats. Cette institution dispose de deux boutiques situées à une centaine de mètres d'écart, l'une spécialisée jeunesse et BD, l'autre plus généraliste. On y butine d'une étagère à l'autre et on se laisse aspirer par les fauteuils qui invitent à se plonger dans cette collection surdimensionnée.

Ouvert tous les jours.

91 et 174, rue de Fontenay, 94300 Vincennes
Tél : 01 43 28 84 30 / millepages.fr

- M — Ligne 1 : Bérault
- RER — A : Vincennes
- Bus — 115, 318 : Fraternité
- Vélib' — Avenue Aubert

plein air

CRÉTEIL

173 LAC DE CRÉTEIL

#SPOTDEVOILE #GRANDESPELOUSES
#ALLEZHOPÀCRÉTEIL

Pour hisser la grand voile, un simple pass Navigo suffit. Voici la marche à suivre : prenez place à bord de la ligne 8 du métro et voyagez jusqu'au terminus Créteil - Pointe du Lac. Là, sur les rives de cette mer intérieure qu'est le lac de Créteil, une base nautique vous permet de prendre le large grâce à une multitude d'objets flottants : catamarans, dériveurs, optimists, planches à voile et kayaks. Si nécessaire, vous vous formez à l'école de voile à condition d'avoir au moins 8 ans. Et au cas où vous soyez atteint du mal de mer, vous pouvez vous contenter des abords du lac, en particulier ceux de la « West Coast », particulièrement verdoyants avec leurs grandes pelouses. Vous serez ainsi du bon côté pour observer la skyline très seventies de Créteil qui se dresse sur la rive d'en-face.

9, rue Jean Gabin, 94000 Créteil
Tél : 01 48 98 44 56 / creteil.iledeloisirs.fr

- M — Ligne 8 : Créteil Université, Créteil Préfecture ou Pointe du Lac selon l'accès souhaité
- RER — D : Créteil Pompadour
- Bus — TVM : Base de Loisirs de Créteil
- Vélib' — Avenue de la Liberté

JOINVILLE-LE-PONT

174 STAND UP PADDLE SUR LA MARNE

#BALADESURLEAU #PARENTHÈSEMÉDITATIVE
#TOUTELANNÉE

Et si vous passiez un dimanche après-midi perché sur un paddle du côté de Joinville-le-Pont ? Pour ce faire, contactez immédiatement l'association Le Grand Huit, spécialiste des sorties sportives décalées « pour vivre la ville autrement ». Initié ou débutant, pendant 1h45 vous pagayez à votre rythme encadré par un prof qui joue aussi le guide touristique. L'occasion de découvrir les historiques guinguettes de la Marne et la sublime île Fanac, copropriété privée à l'abri des regards. Une parenthèse méditative que l'on peut ouvrir même en hiver dûment équipé d'une combinaison néoprène.

Tarifs : 29 € la session de 1h45 / À partir de 10 ans.
Les samedis et dimanches.

1, quai Gabriel Péri, 94340 Joinville-le-Pont
Tél : 06 08 25 74 91 / Réservations sur legrandhuit.eu

- RER — A : Joinville-le-Pont
- Bus — 101, 106, 108, 110 : Carrefour de la Résistance
- Vélib' — Place de Verdun

NOGENT-SUR-MARNE

175 LOCATION DE BATEAUX ÉLECTRIQUES

#BATEAUXÉLECTRIQUES #LOCATION
#LANAVIGATIONPOURTOUS

Amiral de bateau-lavoir, flibustier de carnaval ou moussaillon du diable, même avec de faibles compétences en matière maritime, une croisière

sur la Marne est à votre portée. Le port de plaisance de Nogent-sur-Marne loue pour ce faire des bateaux électriques sans permis, de mai jusqu'à fin septembre. Des embarcations de 5 ou 7 personnes (à partir de 40 € de l'heure et à des tarifs dégressifs) permettent ainsi de partir à la découverte de l'archipel des îles de la Marne. Un voyage apaisant à la découverte d'un magnifique patrimoine naturel.

Location de bateaux électriques : à partir de 40€/h.
De mai à fin septembre.

Capitainerie de Nogent, square Tino Rossi,
94130 Nogent-sur-Marne
Tél : 01 41 93 13 57 / fayolleplaisance.fr

- RER — E : Nogent-le-Perreux
- Bus — 210 : Rue du Port
- Vélib' — Grande rue Charles de Gaulle, Nogent-sur-Marne

PARIS

176 BASSIN ET PORT DE L'ARSENAL

#JARDIN #PELOUSES #CROISIÈRES

À deux pas de la place de la Bastille, ce petit port de plaisance coule des jours paisibles. Creusé suite à la destruction du fort de la Bastille au début du XIXᵉ siècle, on s'y promène à la cool et on profite de ce cadre dépaysant pour s'octroyer un moment de farniente grâce au jardin et à ses pelouses le long de la rive Est. Le port de l'Arsenal sert également d'embarcadère aux croisières des péniches Canauxrama® qui vous font voyager au fil du canal Saint-Martin jusqu'au bassin de la Villette. Une odyssée urbaine qui coche toutes les cases de la sortie zen.

Esplanade du Port de l'Arsenal, 75004 Paris
paris.fr et canauxrama.com

- M — Ligne 1 : Bastille
- Bus — 91 : Bastille
- Vélib' — 48, boulevard de la Bastille / boulevard Bourdon / 17, rue Lacuée

177 BATOBUS

#SEINE #CROISIÈRESILENCIEUSE #MONUMENTS

Si l'histoire des monuments parisiens n'a aucun secret pour vous, inutile d'embarquer sur un bateau-mouche pour suivre une visite commentée multilingue. Pour autant, votre statut d'expert ne doit pas vous priver de voguer sur la Seine. Alors prenez place dans une navette Batobus qui vous mènera en silence du Jardin des Plantes (5ᵉ) jusqu'à Beaugrenelle (15ᵉ). Un trajet au cours duquel vous croiserez toutes vos stars préférées, de la tour Eiffel® à Notre-Dame en passant par le musée d'Orsay. Au cas où un trajet ne vous suffirait pas, votre billet vous donne accès à des croisières illimitées durant 24 ou 48 heures. En cas d'addiction, préférez le pass à l'année pour 60 € et à seulement 40 € si vous êtes titulaire d'un pass Navigo annuel.

Tarifs : pass un jour 17 €, 8 € pour les enfants de 3 à 15 ans.
Ouvert toute l'année.

Station Jardin des Plantes / Cité de la Mode et du Design sur le quai Saint-Bernard, 75005 Paris.
batobus.com

- M — Lignes 5, 10 : Austerlitz
- RER — Gare d'Austerlitz RER C
- Vélib' — Place Valhubert

178 BOIS DE VINCENNES

#LEPLUSGRANDESPACEVERTPARISIEN
#BELVÉDÈRE #NATURISME

Avec ses 995 hectares, le bois de Vincennes est le plus grand espace vert parisien. Parisien car il dépend administrativement de Paris. On y trouve le Parc Floral, jardin botanique de 35 hectares (soit autant que le Jardin du Luxembourg et le parc Montsouris réunis) qui sert d'écrin à plusieurs festivals comme le Paris Jazz Festival ou le Peacok Society, l'Hippodrome de Paris-Vincennes, la Ferme de Paris, lieu pédagogique ouvert à tous, le parc zoologique de Paris et sa monumentale serre tropicale, ainsi que le lac Daumesnil, où faire de la barque. Ses 500 espèces de plantes sauvages en font l'un des spots préférés des herboristes du Chemin de la nature (lechemindelanature.com), qui y organisent des balades-cueillettes collectives. Il est aussi depuis 2017 une destination prisée des naturistes qui disposent d'un espace dédié d'avril à octobre. Enfin, bien planquée à quelques centaines de mètres de l'hippodrome, la butte aux canons est un surprenant belvédère offrant une vue imprenable sur le bois ainsi que sur Vincennes.

Accessible 24h/24h.

Avenue Daumesnil, 75012 Paris
Plus d'infos sur paris.fr

- M — Ligne 8 : Porte Dorée
- RER — A : Nogent-sur-Marne
- Tram — T3a : Porte Dorée
- Bus — 46, 201 : Porte Dorée
- Vélib' — Avenue Daumesnil

Joe le Taxi | *Quai de la Marne, Nogent-sur-Marne.*

Touristes aquatiques | *Quai de Béthune, Paris.*

Cure-dent géant | *Sur la Marne, Saint-Maur-des-Fossés.*

179 JARDIN D'AGRONOMIE TROPICALE RENÉ-DUMONT

#OASISPERDUE #VESTIGES #MICROFERME

Créé à la fin du XIXe siècle pour accroître la production agricole dans les colonies françaises, le Jardin d'agronomie tropicale est un trésor caché au fin fond du bois de Vincennes (12e), à la frontière avec Nogent-sur-Marne. Sur près de 5 hectares, il offre un lieu de promenade inattendu ponctué d'édifices hérités pour la plupart de l'exposition coloniale de 1907. Le jardin abrite également V'île Fertile, micro-ferme qui vend sa production de légumes chaque premier dimanche du mois de 15h à 17h de mai à octobre et qui recherche en permanence des bénévoles. À bon entendeur...

Entrée libre.
Ouvert tous les jours.

45, avenue de la Belle Gabrielle, 75012 Paris
Plus d'infos sur paris.fr

- RER — A : Nogent-sur-Marne
- Bus — 113, 114, 120, 210 : Nogent-sur-Marne RER
- Vélib' — Avenue Georges Clémenceau, Nogent-sur-Marne

180 PARC DES RIVES DE SEINE RIVE DROITE

#PATRIMOINEMONDIALDELUNESCO #PARADISPIÉTON #CHAMPSELYSÉESBIS

Sur la liste des sites classés au patrimoine mondial de l'Unesco, Paris n'apparaît qu'une fois. Et cet honneur revient aux berges de Seine qui, depuis 2013, sont rendues progressivement aux piétons après un règne sans partage des automobilistes. Grand Palais, Notre-Dame, île Saint-Louis, le décor est enchanteur. Maintenant que l'ancienne autoroute urbaine a gagné en verdure ce qu'elle a perdu en voitures, des aires de jeux, des aménagements sportifs ainsi que des bars et des restaurants ont vu le jour. La Seine serait-elle en train de piquer son titre de plus belle avenue du monde aux Champs-Élysées ?

Voie George-Pompidou, entre le Pont-Neuf, le Pont de Sully et le Bassin de l'Arsenal, 75004 et 75011 Paris
paris.fr

- M — Lignes 1, 11 : Hôtel de Ville
- Bus — 67, 69, 72, 75, 76, 96 : Hôtel de Ville
- Vélib' — Rue de Lobau

181 QUAIS DE SEINE ENTRE LE PONT CHARLES-DE-GAULLE ET LE PONT DE TOLBIAC

#PROMENADE #TERRASSESÉPHÉMÈRES #PÉNICHESCONCERTS

Péniches concerts, bars, restaurants et terrasses éphémères, piscine flottante Joséphine Baker, les bords de Seine situés entre la bibliothèque François Mitterrand et la gare d'Austerlitz sont généreux. Depuis déjà plusieurs années, ils ont entamé leur mue pour permettre aux Parisiens et aux Grands Parisiens de se rapprocher du fleuve. Résultat, ils sont nombreux à se presser pour profiter de ces 1,5 km de promenade qu'il est possible de rejoindre, ou de quitter, en empruntant la tortueuse et majestueuse passerelle Simone de Beauvoir.

Port de la Gare, 75013 Paris

- M — Ligne 6 : Quai de la Gare
- Bus — 61, 215 : Quai de la Gare
- Vélib' — Quai François Mauriac

SAINT-MAUR-DES-FOSSÉS

182 BEACH PADDLE

#ARCHIPEL #PADDLEPOUR10 #VISITEGUIDÉE

Beach Paddle est un petit coin de paradis où vous slalomez à la cool debout sur votre paddle entre quatre îles de la Marne. Pour les familles nombreuses, la balade peut s'effectuer à dix sur un paddle XXL. Les sorties se font en autonomie ou guidées si besoin. Et pour vous sécher, profitez d'être là pour parcourir la boucle de la Marne, à pied cette fois (page ci-contre).

Tarifs : 10 € la demi-heure, 17 € l'heure et 30 € les 2 heures. Ouvert du lundi au vendredi de 14h à 19h, samedi et dimanche de 10h à 19h.

À l'angle du quai du Mesnil et de la rue Sainte-Catherine, 94100 Saint-Maur-des-Fossés
Réservation en ligne ou au 06 10 81 49 98 / beachpaddle.fr

- RER — A : Champigny
- Bus — 111 : Gustave Goublier

183 BOUCLE DE LA MARNE

#PROMENADE #COINDENATURE #TERRASSES

De toutes les balades à faire dans le Grand Paris, celle de la boucle de la Marne à Saint-Maur est l'une des plus belles, en particulier la portion qui s'étire de la promenade des Anglais jusqu'au quai de Champignol. Ces quatre kilomètres de berges paysagées vous plongent dans un décor où se font face îles à la végétation luxuriante et luxueuses villas. Entre les deux, la Marne coule paisiblement. Vous pouvez au choix vous approcher au plus près d'elle en empruntant l'étroit sentier presque à la surface de l'eau ou bien prendre un peu de hauteur et profiter de l'impeccable et large voie cyclable au niveau de la rue. Sur votre route, vous serez sans doute tenté par l'une des nombreuses terrasses comme celle du restaurant Riad Salam sise au 101, quai Winston Churchill ou celle du snack du jardin du Beach au 27 du même quai. Et si vous avez besoin d'une boussole pour vous guider, rendez-vous sur enlargeyourparis.fr/balade-boucle-marne.

Promenade des Anglais, 94210 Saint-Maur-des-Fossés
- RER — A : La Varenne - Chennevières
- Bus — 111, 112 : La Varenne Chennevières RER

184 CROISIÈRES SUR LA MARNE

#BOUCLEDELAMARNE #QUIÉTUDE
#ÎLESDÉSERTES

Le week-end de mai à octobre, vous pouvez embarquer avec l'association « Au fil de l'eau » pour un safari fluvial à la découverte de la boucle de la Marne (voir page 108) à Saint-Maur, l'un des plus jolis coins de nature du Grand Paris à 10 km à vol d'oiseau du périph'. Des oiseaux, vous avez toutes les chances d'en voir, le bateau à bord duquel vous prenez place pour votre paisible odyssée étant faiblement motorisé afin d'éviter de troubler la quiétude des lieux. Les adeptes du paddle que vous croiserez esquisseront d'ailleurs sans doute un mouvement de panique en vous voyant fondre sur eux à pas de loup. Tout au long de votre croisière, vous longerez les îles de la Marne, dont certaines interdites à l'homme pour assurer la préservation de la faune et de la flore. Une escapade qui vous fera rêver d'une île rien qu'à vous.

Tarifs : 6 € (plein tarif), 3 € (moins de 12 ans).
Les samedis et dimanches de mai à octobre. Départs à 14h, 15h, 16h, 17h et 18h.

Quai Winston Churchill, 94100 Saint-Maur-des-Fossés
Tél : 01 48 52 22 22 / aufildeleau.eu
- RER — A : La Varenne - Chennevières
- Bus — 111, 112 : La Varenne Chennevières RER

SUCY-EN-BRIE

185 FORÊT DE NOTRE-DAME

#PLUSGRANDESPACEVERTDU94
#OASISDEVERDURE #BALADE

Si vous avez demandé à Google® de vous guider jusqu'à l'orée de la forêt de Notre-Dame et que vous vous retrouvez sur le parking d'une cité à Lésigny, ne vous inquiétez surtout pas. Il s'agit bien de l'un des points d'accès. Quadrillée de sentiers et de grandes allées, Notre-Dame est particulièrement adaptée aux balades en famille. Bien qu'il s'agisse de la plus grande forêt du Val-de-Marne, il est impossible de s'y perdre. Flore et faune y conservent leur caractère sauvage, ce qui donne aux lieux un charme véritable.

Carrefour de la Patte d'Oie, 94370 Sucy-en-Brie
onf.fr
- RER — A : Boissy-Saint-Léger

VAIRES-SUR-MARNE

186 ÎLE DE LOISIRS DE VAIRES-TORCY

#NAUTISME #JEUXOLYMPIQUES
#JOUELACOMMETONY

Elle servira d'écrin aux épreuves de canoë-kayak et d'aviron des Jeux olympiques en 2024. D'ici là, vous avez le temps de profiter tranquillement de l'île de loisirs de Vaires-Torcy et de son plan d'eau de 2 km de long pour vous adonner aux sports nautiques (aviron, paddle, catamaran, planche à voile). Pour les plus intrépides, il est même possible de s'aventurer en rafting sur la rivière d'eau vive qui a été inaugurée en 2019 en vue des JO par Tony Estanguet en personne, triple médaillé d'or aux Jeux en canoë monoplace.

Ouvert toute l'année.

Rue du parc de loisirs de Torcy, 77360 Vaires-sur-Marne
Tél : 01 60 20 02 04 / vaires-torcy.iledeloisirs.fr
- RER — E : Vaires-Torcy et Ligne P.
  Puis bus 211 : Le Canal

manger

JOINVILLE-LE-PONT

187 LE PETIT PONT

#SIMPLEETBON #TERRASSE
#BORDSDEMARNE

Les amateurs de ballon rond pourraient croire à une référence footballistique mais il n'en est rien. Ce Petit Pont là n'a d'autre but que de ravir les papilles sans s'embarrasser de gris-gris inutiles. Les plats sont simples (risotto tomate-piquillos, encornets sautés en persillade ; tartare de lieu noir, avocat, pamplemousse et coriandre), mais l'assaisonnement parfait en révèle toute la complexité. Quant au décor, il a le charme de l'ancien, avec ses jolies boiseries et son carrelage *old school*. Normal, l'adresse a ouvert il y a 90 ans. Si le soleil est de la partie, on profite de la belle terrasse qui donne sur un bras de la Marne.

Plats entre 10 € et 20 €.
Fermé dimanche et lundi.

40, avenue Jean d'Estienne d'Orves,
94340 Joinville-le-Pont
Tél : 01 55 97 47 61 / restaurantlepetitpont.com

- RER — A : Joinville-le-Pont
- Bus — 101 : Jougla
- Vélib' — Place de Verdun, Joinville-le-Pont

PARIS

188 MAMA JACKSON SOUL FOOD

#SOULFOOD #POULETFRIT #AVECLESMAINS

Elle est née dans les années 1920 à Harlem. Désormais, la soul food a fait son trou à Paris. L'emblème de cette cuisine ? La Chicken waffle, une gaufre recouverte de poulet frit, souvent arrosée de sirop d'érable. Pour y goûter, poussez la porte de Mama Jackson Soul Food. Petite salle, quelques places assises et une télé diffusant des clips *R'n'B* à bloc. Lauryn Hill et Destiny Child vous matent dévorer votre poulet avec les doigts. Oui, avec les doigts. Un tableau au comptoir met d'ailleurs en garde : « Using a knife for the fried chicken ? Really ?? ». Dans cet antre de la soul food, la friture est reine, les épices cajun s'invitent un peu partout et les portions sont du genre ultra-généreuses. Un lieu fait pour les *chicken lovers* aux estomacs bien accrochés.

Plats entre 4 € et 16 €.
Fermé le lundi.

147, rue de Charenton, 75012 Paris
Tél : 09 83 51 25 47 /
Facebook @mamajacksonsoulfood

- M — Lignes 1, 8 : Reuilly-Diderot
- Bus — 215 : Colonel Bourgoin
- Vélib' — Rue de Charenton

189 MISS LUNCH

#TABLEDHÔTE #LOCAVORE #NOBRUNCH

Miss Lunch, une drôle de dame artiste et cuisinière, recevait clandestinement ses hôtes dans son propre appartement jusqu'en 2012. Elle a depuis élu domicile rue Antoine Vollon, à deux pas de la place de la Bastille. Locavore, Miss Lunch choisit ses produits au marché d'Aligre. Créative et respectant la saisonnalité des produits, sa carte change chaque semaine tandis que sa cuisine multiculturelle ne connaît pas de frontières, de la *baklava* de sa grand-mère égyptienne au *biltong* d'Afrique du Sud de son grand-père. Réserver est vivement conseillé.

Formule déjeuner 16 €.
Ouvert au déjeuner du mercredi au samedi et au dîner le jeudi et vendredi.

3, rue Antoine Vollon, 75012 Paris
Tél : 01 53 33 03 59 / lunchintheloft.com

- M — Ligne 8 : Ledru-Rollin
- Bus — 86 : Crozatier
- Vélib' — Rue Traversière

SAINT-MAUR-DES-FOSSÉS

190 L'ATELIER 28

#JOANA&PAUL #INTIMISTE
#BRIOCHEPERDUE

Joana et Paul aiment le goût des bonnes choses. On le comprend dès la première bouchée dans ce restaurant intimiste où le nombre de tables n'excède pas huit. Avec une sélection de plats du jour qui change midi et soir, le duo donne libre court à son imagination en veillant scrupuleusement au choix de ses fournisseurs. Ici pas de congélateur. Juste de la fraîcheur. Et de la gourmandise, beaucoup, comme avec la brioche perdue, l'un des plats signatures des lieux et qui varie au gré des saisons. Avant de parvenir au dessert, vous aurez peut-être eu le plaisir de déguster des ravioles artisanales d'asperges ou un poulpe basse température en tempura. Vous vous serez aussi peut-être laissé tenter par un plat à partager, le foie gras

de canard - *chutney* de clémentines qui sait ? En tous cas, vous aurez très certainement échangé un sourire avec Joana, dont l'accueil est un bonheur en toutes saisons.

Plats entre 12 € et 25 €.
Fermé lundi et dimanche.

28, rue Saint-Hilaire, 94210 Saint-Maur-des-Fossés
Tél : 01 48 86 55 76 / latelier28.fr

- RER — A : Champigny
- Bus — 111 : Église de la Varenne

TORCY

191 PHO QUYNH

#VIETNAMIEN #SOUPEPHÔ #DOGGYBAG

En l'espace d'une décennie, le Pho Quynh, restaurant vietnamien, est devenu une institution à Torcy. La soupe *phô* est probablement l'une des meilleures que vous goûterez dans le Grand Paris. La viande est servie crue dans un bouillon légèrement acidulé où baignent nouilles de riz, coriandre et ciboulette. Quant au prix, il varie de 9,50 € à 11,50 € en fonction de la taille de votre bol. Sachez toutefois que si vous ne terminez pas votre soupe, vous aurez le plaisir de repartir avec votre *doggy bag*, histoire de ne pas nuire à votre croissance.

À la carte 20 €.
Fermé le mercredi.

22, rue Pierre Mendès France, 77200 Torcy
Tél : 01 60 17 26 32

- RER — A : Torcy
- Bus — 421 : Torcy RER

VINCENNES

192 L'OURS

#ÉTOILÉ #LOCAVORE
#LESENSDELIMPRO

On sait les ours parfois mal léchés. Ce que l'on sait moins, c'est le talent qu'ont certains pour vous donner envie de lécher votre assiette jusqu'au bout. Par chance, cette espèce rare ne se trouve pas dans une réserve mais à l'orée du bois de Vincennes. L'Ours est la tanière gastronomique étoilée ouverte par le chef Jacky Ribault. Tapis élégamment élimés, grandes baies vitrées, touches végétales, l'ursidé a le sens de la déco. Il a surtout de la suite dans les idées lorsqu'il s'agit de garnir votre assiette avec des produits qu'il s'efforce de débusquer chez les producteurs franciliens. Chaque jour, le menu est une improvisation : risotto anguille, betterave, grué de cacao ; dashi, foie gras de canard, chou de Pontoise... Ce qui ne change pas, c'est la créativité déployée pour vous faire hurler de plaisir.

Tarifs : 60 € (3 plats) 90 € (5 plats) et 120 € (6 plats).
Fermé lundi et dimanche.

10, rue de l'Église, 94300 Vincennes
Tél : 01 46 81 50 34 / loursrestaurant.com

- M — Ligne 1 : Château de Vincennes
- RER — A : Vincennes
- Bus — 118, 124 : Vincennes RER
- Vélib' — Avenue de Vorges

en famille

MARNE-LA-VALLÉE

193 DISNEYLAND PARIS®

#MICKEYDONALDETMOI
#400MILLIONSDEVISITEURS #STARWARS

Cela fait maintenant plus d'un quart de siècle que Mickey et ses amis se sont établis dans la verte Seine-et-Marne. Depuis, ils ont attiré près de 400 millions de visiteurs et ont inauguré ces dernières années « Star Tours : l'aventure continue », immersion spectaculaire dans la galaxie Star Wars. Parmi les autres incontournables, le château de la « Belle au bois dormant », inspiré notamment du Mont-Saint-Michel, a tout prévu pour que vous réussissiez à coup sûr vos photos-souvenirs. Il est orienté plein sud afin d'être immortalisé sans contre-jour à toute heure de la journée.

À partir de 51 € pour un parc.
Ouvert toute l'année.

Boulevard du parc, 77777 Marne-la-Vallée
Tél : 0 825 300 500 / disneylandparis.fr

- RER — A : Marne-la-Vallée-Chessy

PARIS

194 MUSÉE NATIONAL DE L'HISTOIRE DE L'IMMIGRATION

#PÉDAGOGIQUE #PALAISARTDÉCO #AQUARIUMTROPICAL

Pépite « Art déco », le Palais de la Porte Dorée fut édifié à l'origine pour l'exposition coloniale de 1931. Autre temps autre scénario, il accueille depuis 2007 le Musée national de l'histoire de l'immigration qui retrace deux siècles d'histoire de l'immigration en France à travers des expos singulières ainsi qu'un parcours permanent, qui mêle témoignages, archives et art contemporain de manière extrêmement pédagogique. Dans les abysses des sous-sols du Palais, ne manquez pas l'Aquarium tropical, ses poissons multicolores, ses tortues à nez de cochon, ses piranhas, mais aussi, plus effrayants, ses fameux alligators tout blancs !

Tarifs : 4 € ou 6 € en période d'exposition temporaire (plein tarif) / Gratuit pour les moins de 26 ans.
Fermé le lundi.

Palais de la Porte Dorée, 293, avenue Daumesnil, 75012 Paris
Tél : 01 53 59 58 60 / histoire-immigration.fr

- M — Ligne 8 : Porte Dorée
- Tram — T3a : Porte Dorée
- Bus — 46 : Porte Dorée
- Vélib' — Place Édouard Renard

VINCENNES

195 CHÂTEAU DE VINCENNES

#DONJON #PANORAMA #ESCAPEGAME

Château de Vincennes n'est pas qu'un nom de station de métro. C'est aussi, contre toute attente, un château. Construit entre le XIVe et le XVIIe siècle, il est l'un des plus grands châteaux forts encore en vie et se distingue par son donjon de 52 mètres de haut, tout simplement le record d'Europe et dont vous pouvez contribuer à la restauration en participant à la campagne de dons sur chateau-de-vincennes.fr. Surtout ne vous faites pas prier pour visiter la Sainte Chapelle, joyau de la forteresse et qui n'est jamais plus belle que lorsqu'elle est traversée par les rayons du soleil.

Tarifs : 9,50 € (tarif plein) / Gratuit pour les moins de 26 ans. Escape game : 15 € par enfant de 7 à 14 ans et 30 € par adulte.
Ouvert tous les jours.

Avenue de Paris, 94300 Vincennes
Tél : 01 48 08 31 20 / chateau-de-vincennes.fr

- M — Ligne 1 : Château de Vincennes
- Bus — 56, 115, 118, 124, 318, 325 : Avenue du Château
- Vélib' — Cour des Maréchaux, Vincennes

dormir

PARIS

196 OFF PARIS SEINE

#HÔTELFLOTTANT #VUEIMPRENABLE #BARRESTAURANT

Un couple de cygnes batifolant, une vedette de la police filant à toute vitesse, une péniche prenant son temps… Voilà le spectacle qui vous attend depuis la fenêtre de votre chambre au OFF Paris Seine, hôtel flottant amarré quai d'Austerlitz et d'où se dégage une sérénité insoupçonnée. Si l'ambiance rappelle celle d'un bateau, il ne s'agit pas pour autant d'une péniche que l'on aurait réhabilitée. Conçu à partir de deux coques surmontées d'une structure en bois, en zinc, en cuivre et en verre, le OFF compte 58 chambres aménagées comme des cabines et desservies par une magnifique verrière. Et pour égayer votre traversée immobile, le OFF abrite également un bar-restaurant avec terrasse sur deux niveaux, une mini piscine et même une marina d'où vous pouvez partir pour une « breakfast croisière » ou « une apéro croisière ». Le OFF, c'est vraiment *in*.

Tarifs : À partir de 118 €/nuit.

86, quai d'Austerlitz, 75013 Paris
Tél : 01 44 06 62 65 / offparisseine.com

- M — Lignes 5, 10 : Austerlitz
- RER — C : Austerlitz
- Bus — 215 : Austerlitz
- Vélib' — Place Valhubert

Pinocchio | *Aquarium du Palais de la Porte Dorée, Paris.*

Natation sur gazon | *Palais de la Porte Dorée, Paris.*

HAMPS
LES CH
LES CHAMPS
LES CHAMPS
LES CHAMPS
LES CHAMPS
LES CHAMPS
LES

Des falaises de craie au pied desquelles coule la Seine, des champs à perte de vue, des villages de caractère, des populations de chênes et de châtaigniers, les paysages du parc naturel du Vexin français rappellent ceux de la Normandie voisine. Ils font écho également aux toiles des peintres paysagistes et impressionnistes qui s'y sont immergés pour réaliser certains de leurs chefs-d'œuvre à l'instar de Monet à Vétheuil, Pissarro à Pontoise et Van Gogh à Auvers-sur-Oise, qui y passa les 70 derniers jours de sa vie à peindre plus de 70 tableaux dont les toiles célèbres des « Champs aux corbeaux » et de « L'église d'Auvers-sur-Oise ». Notre oreille à couper que vous allez aimer plonger dans ces décors.

Les Champs

AUVERS-SUR-OISE | CHÉRENCE | CONFLANS-SAINTE-HONORINE | LA ROCHE-GUYON | MAGNY-EN-VEXIN | NEUVILLE-SUR-OISE | PONTOISE | SAINT-CLAIR-SUR-EPTE | SAINT-OUEN-L'AUMÔNE | THÉMÉRICOURT

carte
LES CHAMPS

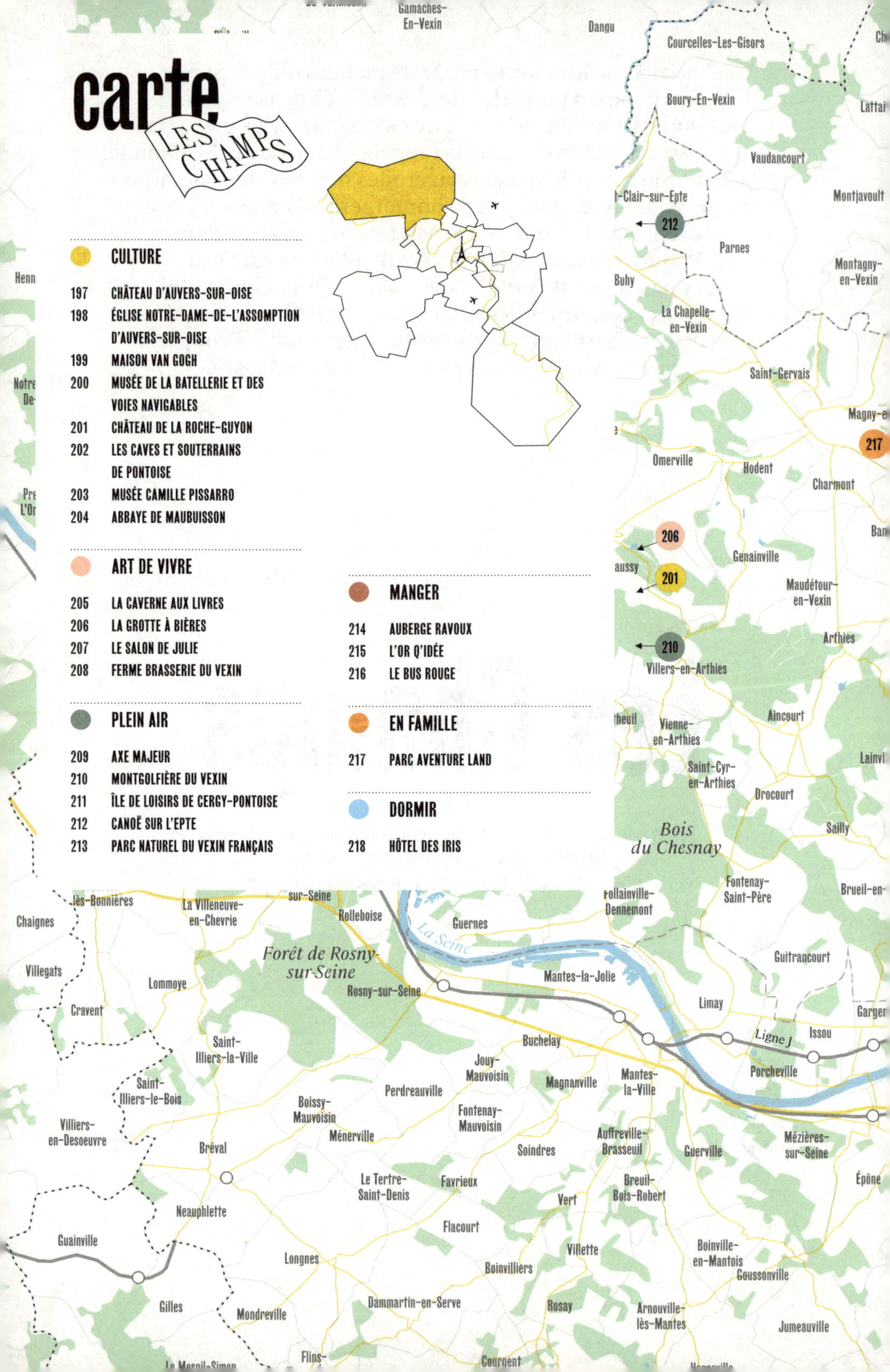

CULTURE

197 CHÂTEAU D'AUVERS-SUR-OISE
198 ÉGLISE NOTRE-DAME-DE-L'ASSOMPTION D'AUVERS-SUR-OISE
199 MAISON VAN GOGH
200 MUSÉE DE LA BATELLERIE ET DES VOIES NAVIGABLES
201 CHÂTEAU DE LA ROCHE-GUYON
202 LES CAVES ET SOUTERRAINS DE PONTOISE
203 MUSÉE CAMILLE PISSARRO
204 ABBAYE DE MAUBUISSON

ART DE VIVRE

205 LA CAVERNE AUX LIVRES
206 LA GROTTE À BIÈRES
207 LE SALON DE JULIE
208 FERME BRASSERIE DU VEXIN

PLEIN AIR

209 AXE MAJEUR
210 MONTGOLFIÈRE DU VEXIN
211 ÎLE DE LOISIRS DE CERGY-PONTOISE
212 CANOË SUR L'EPTE
213 PARC NATUREL DU VEXIN FRANÇAIS

MANGER

214 AUBERGE RAVOUX
215 L'OR Q'IDÉE
216 LE BUS ROUGE

EN FAMILLE

217 PARC AVENTURE LAND

DORMIR

218 HÔTEL DES IRIS

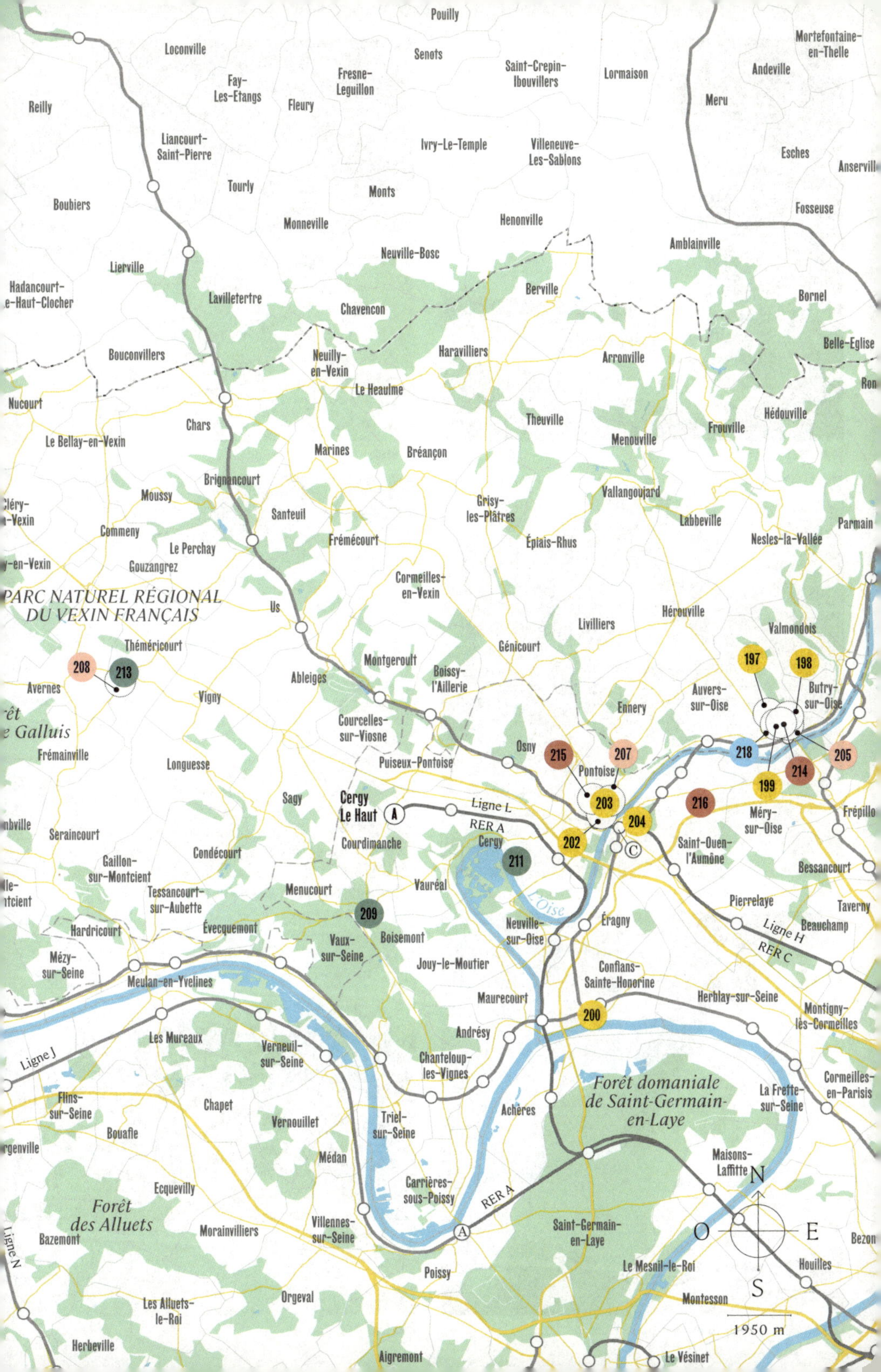

Pouilly
Loconville
Senots
Fresne-Leguillon
Fay-Les-Etangs
Saint-Crepin-Ibouvillers
Lormaison
Mortefontaine-en-Thelle
Andeville
Reilly
Fleury
Meru
Liancourt-Saint-Pierre
Ivry-Le-Temple
Villeneuve-Les-Sablons
Esches
Anservill
Tourly
Boubiers
Monts
Fosseuse
Monneville
Henonville
Amblainville
Neuville-Bosc
Lierville
Hadancourt-le-Haut-Clocher
Lavilletertre
Chavencon
Berville
Bornel
Bouconvillers
Neuilly-en-Vexin
Haravilliers
Arronville
Belle-Eglise
Le Heaulme
Ron
Nucourt
Theuville
Hédouville
Chars
Frouville
Le Bellay-en-Vexin
Marines
Menouville
Bréançon
Brignancourt
Moussy
Vallangoujard
Grisy-les-Plâtres
Labbeville
Parmain
Santeuil
Cléry-en-Vexin
Commeny
Frémécourt
Nesles-la-Vallée
Épiais-Rhus
Le Perchay
Gouzangrez
Cormeilles-en-Vexin
PARC NATUREL RÉGIONAL
DU VEXIN FRANÇAIS
Us
Livilliers
Hérouville
Valmondois
Théméricourt
Génicourt
197
198
208
213
Montgeroult
Ableiges
Boissy-l'Aillerie
Butry-sur-Oise
Avernes
Vigny
Auvers-sur-Oise
Ennery
Forêt de Galluis
Courcelles-sur-Viosne
Osny
215
207
218
205
Frémainville
Puiseux-Pontoise
Pontoise
214
Longuesse
199
Sagy
Cergy Le Haut
A
Ligne L
203
216
Méry-sur-Oise
Frépillon
RER A
204
Seraincourt
Cergy
Courdimanche
202
C
Saint-Ouen-l'Aumône
211
Condécourt
Gaillon-sur-Montcient
Bessancourt
Vauréal
Tessancourt-sur-Aubette
Menucourt
L'Oise
Pierrelaye
Taverny
209
Éragny
Beauchamp
Ligne H
Hardricourt
Évecquemont
Neuville-sur-Oise
RER C
Boisemont
Vaux-sur-Seine
Mézy-sur-Seine
Jouy-le-Moutier
Conflans-Sainte-Honorine
Meulan-en-Yvelines
Maurecourt
Herblay-sur-Seine
200
Montigny-lès-Cormeilles
Les Mureaux
Andrésy
Verneuil-sur-Seine
Ligne J
Chanteloup-les-Vignes
Cormeilles-en-Parisis
Forêt domaniale de Saint-Germain-en-Laye
La Frette-sur-Seine
Flins-sur-Seine
Chapet
Achères
Triel-sur-Seine
Vernouillet
Bouafle
Médan
Maisons-Laffitte
Ecquevilly
Carrières-sous-Poissy
RER A
Forêt des Alluets
N
O
E
S
Villennes-sur-Seine
Saint-Germain-en-Laye
Morainvilliers
Bazemont
Bezon
Ligne N
Poissy
Le Mesnil-le-Roi
Houilles
Montesson
Orgeval
Les Alluets-le-Roi
1950 m
Herbeville
Aigremont
Le Vésinet

Ça grimpe | *Rue du Château, Pontoise.*

Tondeuse | *La Bergerie, Chaussy.*

Copié-collé | *Château Conti, L'Isle-Adam.*

« Oh, une voiture ! » | *Parc Régional du Vexin, Omerville.*

Look normand | *Chemin de la Mare Guitot, Chérence.*

Gros tas | *D171, Chérence.*

Pilote et co-pilote | *L'Oise, L'Isle Adam.*

Pub pour fromage | *Parc Régional du Vexin, Omerville.*

Cuvée prestige | *Place de la Libération, Chaussy.*

Lenteeeeeeeeeeeeeeeeeeement | *Bords de Seine, La Roche-Guyon.*

Salut Vince ! | *Cimetière d'Auvers-sur-Oise.*

culture

AUVERS-SUR-OISE

197 CHÂTEAU D'AUVERS-SUR-OISE

#HISTOIREDELIMPRESSIONNISME #IMMERSIF #DÉJEUNERSURLHERBE

Avec son parcours digital immersif, le château d'Auvers-sur-Oise plonge le visiteur au cœur de l'histoire du mouvement impressionniste. Les murs se parent ainsi de projections XXL des toiles de maîtres. Un dispositif sonore relate les récits et anecdotes croustillantes des artistes de l'époque tandis qu'une belle collection d'œuvres originales vient parachever le tout. Quant au jardin de 8 hectares, il est l'endroit idéal pour rejouer le « Déjeuner sur l'herbe » de Manet, en version moins dénudée.

Tarifs: 12 € (tarif plein), 7,50 € (tarif réduit) / Gratuit pour les moins de 7 ans.
Fermé le lundi.

Chemin des Berthelées, 95430 Auvers-sur-Oise
Tél : 01 34 48 48 45 / chateau-auvers.fr
◆ Transilien — Ligne H : Auvers-sur-Oise

198 ÉGLISE NOTRE-DAME-DE-L'ASSOMPTION D'AUVERS-SUR-OISE

#VANGOGH #STARMONDIALE #STYLEROMANOGOTHIQUE

Un stop à l'église s'impose à quiconque passe à Auvers-sur-Oise. Le tableau qu'en a tiré Van Gogh, dont la reproduction fait face à l'édifice, est aujourd'hui l'une des pièces maîtresses de la collection du musée d'Orsay à Paris (voir page 51). On y ressent toute sa mélancolie et son mal du pays : l'église semble prête à vaciller sous le poids d'un ciel menaçant et la seule présence humaine est une femme s'éloignant, portant la coiffe hollandaise de l'époque. À moins que vous ayez un peu trop forcé sur l'absinthe, votre vision de l'édifice, construit au XIe siècle et mêlant art gothique et art roman, devrait être quelque peu différente de celle de l'artiste, enterré avec son frère dans le cimetière du village. Chaque année, entre juin et juillet, l'église abrite certains des concerts du prestigieux festival de musique classique d'Auvers-sur-Oise. C'est sûr, vous ne regarderez plus la toile de Van Gogh du même œil.

Ouvert tous les jours.

Place de l'Église, 95430 Auvers-sur-Oise
paroisses-pontoise.fr
◆ Transilien — Ligne H : Auvers-sur-Oise

199 MAISON VAN GOGH

#FANTÔMES #DERNIERSOUFFLE #ÉMOUVANT

C'est l'autre nom de l'Auberge Ravoux (voir page 126) où Van Gogh avait sa chambre, demeurée intacte. C'est ici que le peintre a agonisé pendant 2 jours, son frère Théo à son chevet. Si elle n'est plus du tout meublée, la pièce voisine, où logeait Anton Hirschig, lui aussi peintre néerlandais, donne une idée des conditions de vie des artistes. Il y a peu à voir mais tout à ressentir. Une vidéo présente des extraits des 200 lettres laissées par l'artiste ainsi que de jolies photos d'époque.

Tarifs: 6 € (tarif plein), 4 € (12 à 17 ans) / Gratuit pour les moins de 12 ans.
Ouvert du mercredi au dimanche de 10h à 18h de début mars à début novembre.

52-56, rue du Général de Gaulle, 95430 Auvers-sur-Oise
Tél : 01 30 36 60 60 / maisondevangogh.fr
◆ Transilien — Ligne H : Auvers-sur-Oise

CONFLANS-SAINTE-HONORINE

200 MUSÉE DE LA BATELLERIE ET DES VOIES NAVIGABLES

#CHÂTEAUAVECVUE #HISTOIREFLEUVE #PARC

Dominant la Seine et le port Saint-Nicolas, le château du Prieuré a de l'allure. Et depuis les années 1960, les bateaux ont le vent en poupe dans ce joyau du XIXe. Le musée de la Batellerie y déroule l'histoire de la navigation sur les fleuves, les rivières et les canaux. De salles voûtées en pièces d'apparat, vous voguez à travers les nombreuses maquettes de bateaux et d'ouvrages d'art, les photos ainsi que les gravures donnant à voir un univers méconnu. Avant de partir, attardez-vous dans le parc dont les magnifiques serres accueillent des expositions, des événements et même des tournages de films, comme celui du *Marsupilami* d'Alain Chabat en 2012.

Tarifs: 5 € (plein tarif), 3 € (tarif réduit) / Gratuit pour les moins de 4 ans. Fermé le lundi.

3, place Jules-Gévelot, 78700 Conflans-Sainte-Honorine
Tél : 01 34 90 39 50 / musee-batellerie-conflans.fr
◆ Transilien — Ligne J : Conflans-Fin-d'Oise

LA ROCHE-GUYON

201 CHÂTEAU DE LA ROCHE-GUYON

#TROGLODYTIQUE #DONJON
#POTAGERBIO

Perché au sommet de la falaise et dominant la Seine, le donjon de La Roche-Guyon en impose. Pour y accéder, il faut emprunter un escalier troglodytique taillé dans la craie. C'est l'une des curiosités qui font l'originalité du château de La Roche-Guyon avec également les chapelles et les casemates – elles aussi troglodytiques – ainsi que le potager, qui s'est converti à l'agriculture biologique depuis 2012. Étonnant.

Tarifs: 7,80 € (plein tarif), 4,80 € (enfants de 13 à 18 ans, étudiants et chômeurs), 4,30 € (enfants de 6 à 12 ans) / Gratuit pour les enfants de moins de 6 ans.
Ouvert tous les jours (fermeture annuelle de fin novembre à début février).

1, rue de l'Audience, 95780 La Roche-Guyon
Tél : 01 34 79 74 42 / chateaudelarocheguyon.fr
- Transilien — Ligne J : Mantes-la-Jolie puis bus 95-11 : Mairie de La Roche-Guyon

PONTOISE

202 CAVES ET SOUTERRAINS DE PONTOISE

#DÉDALESOUTERRAIN #VISITESGUIDÉES
#INSTANTFRAÎCHEUR

Avec quelque 1 100 souterrains creusés dans ses sous-sols calcaires, Pontoise est un gruyère que l'office du tourisme vous invite à explorer lors de visites commentées. Laissez-vous au préalable guider dans le dédale du vieux Pontoise avant de descendre plusieurs dizaines de mètres sous la place des Moineaux et le musée Pissarro. Ici, les châtelains médiévaux faisaient extraire des blocs de pierres pour y construire leurs châteaux ; là, les commerçants gardaient au frais leurs denrées. Tout au long de la visite, vous découvrirez les outils utilisés pour tailler la roche et les traces laissées au fil des siècles par les visiteurs. Une balade au frais mêlant histoire, géologie et sociologie.

Tarifs: 7 € (plein tarif), 5 € (enfants de 7 à 12 ans) / Gratuit pour les moins de 7 ans.

1, place de la Piscine, 95300 Pontoise
Tél : 01 34 41 70 60 / ville-pontoise.fr
- Transilien — Lignes J, H : Pontoise

203 MUSÉE CAMILLE PISSARRO

#PÈREDELIMPRESSIONNISME #JARDIN
#PANORAMA

Juché sur les hauteurs de Pontoise et offrant une vue panoramique sur l'Oise, le musée Camille Pissarro rend hommage à ce père de l'impressionnisme, qui séjourna dans la ville de 1866 à 1883, attirant dans ses pas Cézanne et Gauguin. Si seulement deux œuvres de Pissarro sont exposées, on trouve de belles toiles de ses apprentis, sachant que la bâtisse ainsi que son « jardin des 5 sens » fournissent à eux-seuls un prétexte suffisant pour s'offrir une visite.

Tarifs: 7 € (tarif plein) / Gratuit pour les moins de 12 ans.
Fermé lundi et mardi.

17, rue du Château, 95300 Pontoise
Tél : 01 30 38 02 40 / ville-pontoise.fr
- Transilien — Lignes H, J : Pontoise RER C

SAINT-OUEN-L'AUMÔNE

204 ABBAYE DE MAUBUISSON

#ARTCONTEMPORAIN #GRATUIT
#PIQUENIQUEAUVERT

Fondée par Blanche de Castille (la mère de Saint-Louis), l'abbaye de Maubuisson a d'abord été un lieu d'accueil pour filles de bonne famille avant de servir de résidence royale puis de nécropole. Aujourd'hui, blottie au milieu d'arbres centenaires, elle est devenue centre d'art contemporain et accueille des expositions gratuites tout au long de l'année. Régulièrement, elle propose également des ateliers artistiques à destination de tous. Et comme si tout cela n'était pas suffisant, l'abbaye est entourée d'un parc de 10 ha propice aux pique-niques à rallonge.

Entrée gratuite / Ateliers à partir de 5€/personne.
Fermé le mardi.

Avenue Richard de Tour, 95310 Saint-Ouen-l'Aumône
Tél : 01 34 33 85 00 / Facebook @Maubuisson
- RER — C : Saint-Ouen-l'Aumône
- Transilien — Ligne H : Saint-Ouen-l'Aumône
- Bus — 56, 57, 58, 34 sud : Mairie de Saint-Ouen-l'Aumône

art de vivre

AUVERS-SUR-OISE

205 LA CAVERNE AUX LIVRES

#LIBRAIRIE #WAGONS #VOYAGELITTERAIRE

Vous n'avez probablement jamais vu de librairie comme celle-ci. Ouverte par un ancien journaliste, Philippe Ferry, la Caverne aux Livres vous fait pénétrer dans d'anciens wagons postaux à côté de la gare d'Auvers-sur-Oise. À l'intérieur, des milliers de bouquins d'occasion. Une cargaison sur laquelle veille désormais précieusement le fils de Philippe, Antoine. Préparez-vous à un voyage littéraire inoubliable.

Fermé lundi, mardi et mercredi.

1, place de la Gare, 95430 Auvers-sur-Oise
Tél : 01 34 48 02 87 / Facebook @lacaverneauxlivres

- Transilien — Ligne H : Auvers-sur-Oise

LA ROCHE-GUYON

206 LA GROTTE À BIÈRES

#GROTTETROGLODYTIQUE #POURLESAMATEURS-DEHOUBLON #BIÈREÀLHIBISCUS

Déguster une bonne bière dans une grotte troglodytique se mérite. Comptez 10 bonnes minutes de montée depuis le château de La Roche-Guyon (voir page 121) avant de vous accouder dans la Grotte à Bières, qui s'enfonce dans la falaise crayeuse. Ce repère pour les amateurs de houblon fait office à la fois de cave – vous pouvez y effectuer vos emplettes parmi une large sélection de bières dont celle à l'hibiscus – et de bar. Tel un homme des cavernes, vous prenez place sur un tonneau ou une table en bois dans une ambiance rocailleuse éclairée de discrètes guirlandes. Pas de carte. Dites à Jean-Michel Kubler, le patron, ce que vous aimez, il se chargera du reste, notamment de vous préparer une copieuse planche charcuterie-fromage pour parfaire votre dégustation.

À partir de 4 € la bière de 33cl, 10 € la planche mixte charcuterie et fromages. Fermé le lundi.

Rue de la Vieille Charrière de Gasny,
95780 La Roche-Guyon
Tél : 06 09 40 83 18 / Facebook @LaGrotteABieres

- Transilien — Ligne J : Mantes-la-Jolie puis bus 95-11 : Route de Gasny

PONTOISE

207 LE SALON DE JULIE

#GOURMANDISES #FAITMAISON #COURDÉTÉCACHÉE

Effluves de café moulu, senteurs de thé et de gâteaux sortis du four... À peine franchi le seuil du Salon de Julie, situé dans le vieux Pontoise, que déjà le charme agit. Ambiance cosy, mobilier chiné, pâtisseries maison, comme les cookies au caramel beurre salé, et bons petits plats, à l'image du risotto aux Saint-Jacques crème pistache, font le reste. Surtout, osez vous aventurer au fond de la boutique. La jolie cour d'été vous attend pour un moment apaisant.

Plats entre 8 € et 20 € / desserts entre 7 € et 12 € / café 2 € et thé 3 €. Fermé dimanche et lundi.

4, rue de l'Hôtel de Ville, 95300 Pontoise
Tél : 01 30 31 21 67 / Facebook @lesalondejuliepontoise

- RER — C : Pontoise
- Transilien — Lignes J, H : Pontoise

THÉMÉRICOURT

208 FERME BRASSERIE DU VEXIN

#BIÈRESARTISANALES #DUCHAMPÀLACHOPE #COLAMAISON

À Théméricourt, la bière est une affaire de famille. Les Sargeret, agriculteurs de père en fils, perpétuent la tradition de la bière vexinoise depuis une vingtaine d'années, récoltant les récompenses à travers le monde pour la qualité de leur breuvage. Pour en avoir le cœur et le gosier nets, franchissez le seuil de leur brasserie ouverte chaque week-end. Entre les cuves de brassage et la chaîne d'embouteillage, vous pourrez goûter et acheter des bières de toutes les couleurs : blanches, blondes, ambrées et brunes. Et si le malt n'est pas votre truc, laissez-vous tenter par leur limonade ou leur cola maison.

Ouvert samedi et dimanche.

3, rue de la Croix des Ruelles, 95450 Théméricourt
Tél : 01 30 39 24 43 / biere-du-vexin.com

- RER — A : Cergy-le-Haut
- Transilien — Ligne L : Cergy-le-Haut
- Bus — 95, 23 : Pont au Bois (Théméricourt)

Play-boy | *La Plage, L'Isle Adam.*

Totalement perché | *Base de loisirs, Cergy-Pontoise.*

Couleurs transiliennes | *Entre Paris Nord et Auvers-sur-Oise.*

plein air

CERGY-PONTOISE

209 AXE MAJEUR

#CURIOSITÉ #BALADE #VUEIMPRENABLE

Une tour qui penche, une pyramide sur l'eau et une succession d'arches rouges qui rappellent le sanctuaire Fushimi Inari Taisha à Kyoto au Japon. Œuvre monumentale célébrant la ville nouvelle de Cergy, l'Axe Majeur est une curiosité paysagère et architecturale qui fera peut-être un jour le bonheur des *Instagrameurs*. Long de 3 km, il relie le haut de la ville aux étangs de Neuville en enjambant l'Oise. Une place tout en colonnades signée de l'architecte espagnol Ricardo Bofill marque le point de départ de la balade qui offre une vue imprenable sur les tours de La Défense. Parions que ce parcours original ne restera pas éternellement connu des seuls initiés et deviendra l'une des figures de proue du Grand Paris dans les années à venir. En attendant, profitez-en tant qu'il reste à l'écart des foules.

Accès libre.

Rue de l'Esplanade de Paris, 95000 Cergy-Pontoise
Tél : 01 30 32 07 13 / ot-cergypontoise.fr

- RER — A : Cergy-Saint-Christophe puis 5 minutes de marche

CHÉRENCE

210 MONTGOLFIÈRE DU VEXIN

#ENSUSPENSION #PANORAMA #FAISCOMMELOISEAU

Le soleil se lève par-delà les blanches falaises de La Roche-Guyon. La montgolfière décolle doucement au-dessus des champs de blé, rase la Seine avant de s'élever à une altitude de plus de 1 000 m. Bien installés dans la nacelle en osier, vous profitez d'un panorama à 360° sur le parc naturel du Vexin français (voir page 126) et ses 710 km² de verdure. À la manœuvre, Laurent Dagory, passionné de montgolfières depuis 30 ans vous invite à vivre en suspension pendant 1h15. Avant de boucler ce voyage aérien par un café et un croissant. Planant.

Tarifs : 250 €/personne (plein tarif), 150 €/personne (moins de 12 ans).
Les vols ont lieu toute l'année, au lever et au coucher du soleil.

5, rue de la Coursoupe, 95510 Chérence
Tél : 06 09 37 84 15 / vexinmontgolfiere.fr

- Transilien — Ligne J : Mantes-la-Jolie puis bus 95 ou 11 : Église de Chérence ou Foyer Rural

NEUVILLE-SUR-OISE

211 ÎLE DE LOISIRS DE CERGY-PONTOISE

#SURFING #RAFTING #WAKEBOARDING

Contre toute attente, la plus grande vague à surf extérieure d'Europe caresse les rives de l'île de loisirs de Cergy. Vous pouvez essayer de la dompter, debout ou couché sur votre planche, durant des sessions d'une heure. Et ce n'est pas l'unique bonne surprise de l'île de loisirs de Cergy qui recèle également une rivière artificielle pour y pratiquer le rafting ainsi qu'un téléski nautique pour s'essayer au wakeboard. Vous repartirez avec le pied marin.

Ouvert toute l'année.

Rue des Étangs, 95001 Neuville-sur-Oise
cergy-pontoise.iledeloisirs.fr

- RER — A : Cergy Préfecture
- Transilien — Ligne L : Cergy Préfecture puis bus 48 : Base de Loisirs

SAINT-CLAIR-SUR-EPTE

212 CANOË SUR L'EPTE

#NATURE #CALME #ETVOLUPTÉ

Sur la rive droite, un ragondin s'empresse de rejoindre son terrier à fleur d'eau. Rive gauche, des canes rassemblent leurs petits. Tout autour, un camaïeu de vert formé par la forêt. Et au loin, un superbe pont voûté du XIVe siècle qui enjambe l'Epte, frontière naturelle entre l'Île-de-France et la Normandie. Pour profiter de ce paysage, il vous suffit de prendre place à bord d'un canoë, ce que vous propose Fabienne Desheulles, fondatrice de CanoEpte. Trois parcours de 7, 9 et 17 km s'offrent à vous au départ du charmant village de Saint-Clair-sur-Epte, à découvrir seul ou en famille. Probable qu'ensuite vous fassiez des adEptes.

Tarifs: 44 € le canoë 2 places, 26 € le canoë une place.

Rue de l'Ermitage, 95770 Saint-Clair-sur-Epte
Tél : 06 19 57 52 53 / canoepte.com

- RER — A : Cergy-Saint-Christophe puis bus 95-04 : Église de Saint-Clair-sur-Epte

THÉMÉRICOURT

213 PARC NATUREL DU VEXIN FRANÇAIS

#70XLEBOISDEVINCENNES
#COMMEUNAIRDENORMANDIE #RANDO

Il fait partie des quatre parcs naturels du Grand Paris avec la Haute Vallée de Chevreuse (voir page 72), le Gâtinais français (voir page 140) et l'Oise - Pays-de-France. À la frontière de la Normandie, avec qui il partage des points communs comme ses falaises crayeuses, le parc naturel du Vexin français s'étend sur 710 km², soit 70 fois le bois de Vincennes. De quoi revenir encore et encore pour en découvrir les trésors en canoë (voir page 125), en montgolfière (voir page 125) et même en compagnie d'un âne histoire de prendre son temps (anesenvexin.fr). À tester également les itinéraires téléchargeables sur helloways.com, site spécialisé dans les randonnées accessibles en transports en commun et qui propose entre autres un parcours baptisé « Les balcons de la Seine ».

Maison du Parc, rue Achim d'Abos, 95450 Théméricourt
Tél : 01 34 48 66 10 /
pnr-vexin-francais.fr et helloways.com

manger

AUVERS-SUR-OISE

214 AUBERGE RAVOUX

#ÀLATABLEDEVANGOGH #CUISINEÀLANCIENNE
#MIEUXVAUTRÉSERVER

La carte et le décor ont peu bougé depuis 1876, année d'ouverture de la mythique auberge Ravoux. C'est ici que pour 3,50 francs l'artiste fut logé et nourri, comme Malraux ou Zadkine après lui. On peut s'asseoir à la table du fond qu'il occupait chaque jour et déguster les plats typiques de la fin du XIXe siècle dont le gigot de 7 heures, le coq au vin et la blanquette. Au dessert, optez pour la tarte tatin, divine et gargantuesque.

Menus de 29 € à 39 €.
Fermé lundi et mardi.

52-56, rue du Général de Gaulle, 95430 Auvers-sur-Oise
Tél : 01 30 36 60 60 / maisondevangogh.fr

- Transilien — Ligne H : Auvers-sur-Oise

PONTOISE

215 L'OR Q'IDÉE

#NAÖELLEDHAINAUT #TOPCHEFFE2013
#ÉTOILÉE2019

L'Or Q'Idée est une preuve parmi tant d'autres qu'il n'y a pas besoin d'être à Paris pour toucher du bout des papilles des plats d'exception. Vous êtes ici dans l'antre de Naöelle D'Hainaut, gagnante de Top Chef® 2013 et qui vit dans le Val-d'Oise depuis plus de 10 ans. L'Or Q'Idée, c'est comme un petit chez soi. On rentre par une porte discrète, au détour d'une rue du vieux Pontoise. Côté carte, le menu du midi à 41 €comprend entrée-plat-dessert avec en prime une petite mise en bouche comme la burrata au citron caviar. Le soir, c'est un menu carte blanche en 6 plats à 79€. Le Michelin® ne s'y est pas trompé en accordant sa première étoile à Naöelle en 2019. Rançon du succès : pour décrocher une table, mieux vaut s'y prendre plusieurs semaines à l'avance.

Menu du midi à 41 € et menu du soir à 79 €.
Fermé lundi et dimanche.

14, rue Marcel Rousier, 95300 Pontoise
Tél : 01 34 35 47 10 / lorqidee.fr

- RER — C : Pontoise
- Transilien — Lignes H, J : Pontoise

SAINT-OUEN-L'AUMÔNE

216 LE BUS ROUGE

#BUSLONDONIEN #FISH&CHIPS
#SOURIREGARANTI

On peut aimer un restaurant pour sa carte, ses prix intéressants, sa cave à vin, son patron sympa, sa déco. Et puis on peut aimer un restaurant pour absolument tout. C'est le cas du Bus Rouge à Saint-Ouen-l'Aumône. Commençons par le cadre, pas banal. La cuisine est aménagée au premier niveau de ce bus londonien à impériale tandis que

la salle prend place à l'étage. Dans l'assiette, on se régale avec du fait maison et du local. La carte change régulièrement avec toutefois quelques stars indéboulonnables tels le fish & chips et le tiramisu spéculos. Et l'équipage dans tout ça ? Des passionnés passionnants avec le cœur sur la main et le sourire aux lèvres 24 heures/24. Résultat : un transport vraiment pas commun.

Menu 2 plats 15,90 € le midi et 23 € le soir / Menu 3 plats 18,90 € le midi et 27 € le soir.
Fermé samedi et dimanche.

30, avenue Antoine de Lavoisier,
95310 Saint-Ouen-l'Aumône
Tél : 06 07 60 86 35 / Facebook @lebusrouge
- Transilien — Ligne H : Épluches

en famille

MAGNY-EN-VEXIN

217 PARC AVENTURE LAND

#ACCROBRANCHE #TYROLIENNEGÉANTE #ÉCOLO

Entouré de champs à perte de vue, Aventure Land est aux antipodes de l'ambiance de la Foire du Trône. Pas de néons qui clignotent frénétiquement dans ce parc écolo niché dans un petit bois au cœur du parc naturel du Vexin français. Les sensations fortes n'ont pas pour autant déserté les lieux. Pour en avoir le cœur net, faites un tour dans le Vir'Express, une tyrolienne géante à virages longue de 350 mètres, ou sautez de 5 mètres de haut sur un coussin d'air avec Vertig'haut. Aventure Land c'est aussi plusieurs parcours d'accrobranches, un labyrinthe dans les arbres, une piste de bobsleigh à roulettes ainsi que des bouées tamponneuses sur roues. Et pour profiter de l'endroit, il vous suffit de mesurer plus d'un mètre.

Tarifs : 24 € (plein tarif), 18 € (moins de 12 ans), 78 € le pass tribu (2 adultes et 2 enfants) / Gratuit pour les moins de 3 ans.
Ouvert de début avril à début novembre.

RD 14 – sortie n°19, 95420 Magny-en-Vexin
Tél : 01 34 67 61 94 / aventureland.fr
- RER — A : Cergy-Préfecture puis bus 9504 (sauf dimanches et jours fériés) : Dame Noire (Magny-en-Vexin)

dormir

AUVERS-SUR-OISE

218 HÔTEL DES IRIS

#ENFACEDEVANGOGH #INTIMISTE #SALONDETHÉ

Pour ceux qui souhaitent s'immerger dans l'univers de Van Gogh le temps d'un week-end, Auvers-sur-Oise a vu s'ouvrir en 2019 un hôtel confortable et intimiste. Dans une ancienne poste rénovée et pile en face de l'auberge Ravoux (voir page 126) où logeait le peintre, les 8 chambres de l'hôtel des Iris sont toutes soigneusement décorées avec une touche impressionniste. Julie Gambini et Sabrina Signori, les deux fondatrices des lieux, sont au petit soin et un savoureux petit-déjeuner est proposé aux pensionnaires. L'hôtel abrite également un salon de thé, qui propose chaque jour, de 14h à 18h, des pâtisseries bio maison, des jus de fruits artisanaux et les thés de la maison nunshen®. Aux beaux jours, fondez pour une glace Mövenpick® fabriquée dans les Alpes dans le petit patio ensoleillé.

Tarifs : à partir de 89 € la nuit.

21, rue du Général de Gaulle, 95430 Auvers-sur-Oise
Tél : 01 30 37 79 18 / hoteldesiris.com
- Transilien — Ligne H : Auvers-sur-Oise

Dans l'Axe | *Axe Majeur, Cergy-Pontoise.*

Better call Saule | *Chemin Pierre Terver, L'Isle Adam.*

Jésus | *Base de loisirs, Cergy-Pontoise.*

Passer dans le rouge | *Axe Majeur, Cergy-Pontoise.*

ENCHANTÉE
LA FORÊT
ENCHANTÉE
LA FORÊT
ENCHANTÉE
LA FORÊT
ENCHANTÉE
LA FORÊT

Elle a vu défiler les rois de France, a inspiré les peintres paysagistes de l'école de Barbizon et fait aujourd'hui le bonheur des randonneurs et des amoureux d'escalade. La forêt de Fontainebleau, avec ses paysages insoupçonnés, paraît tout simplement sortie d'un conte de fées. Pour en avoir le coeur net, lancez-vous à travers ses 500 km de sentiers balisés pour y découvrir la grande plage des Sables du Cul-du-Chien, les vues panoramiques du haut des buttes du sentier des 25 bosses ou les rochers aux formes étranges des gorges de Franchard et d'Apremont. Il y a fort à parier que vous serez enchanté.

La Forêt Enchantée

ARBONNE-LA-FORÊT | BOIS-LE-ROI | BOURRON-MARLOTTE | FONTAINEBLEAU | LARCHANT | MILLY-LA-FORÊT | MAINCY | MORET-SUR-LOING | NEMOURS | NOISY-SUR-ÉCOLE | SAMOIS-SUR-SEINE

carte

LA FORÊT ENCHANTÉE

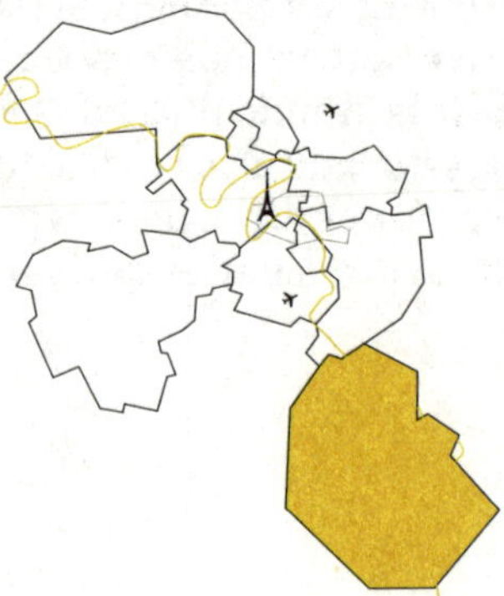

CULTURE

219 CHÂTEAU DE FONTAINEBLEAU
220 CHÂTEAU DE VAUX-LE-VICOMTE
221 LE CYCLOP

ART DE VIVRE

222 FONTAINEBLEAU TOURISME
223 INITIATION AU JEU DE PAUME
224 STADE ÉQUESTRE DU GRAND PARQUET

PLEIN AIR

225 CHIEN DE TRAÎNEAU
226 FORÊT DE FONTAINEBLEAU
227 GLOBE CLIMBER, ESCALADE EN FORÊT DE FONTAINEBLEAU
228 TRANS'BLEAUSARDE
229 PARC NATUREL DU GÂTINAIS FRANÇAIS
230 CYCLOS DU LOING
231 SABLES DU CUL-DU-CHIEN
232 SENTIER DES 25 BOSSES

MANGER

233 LE BISTROT DU BROC
234 LA DAME JOUANNE
235 LE K

EN FAMILLE

236 ÎLE DE LOISIRS DE BOIS-LE-ROI
237 NOLIMIT AVENTURE

DORMIR

238 LA DEMEURE DU PARC

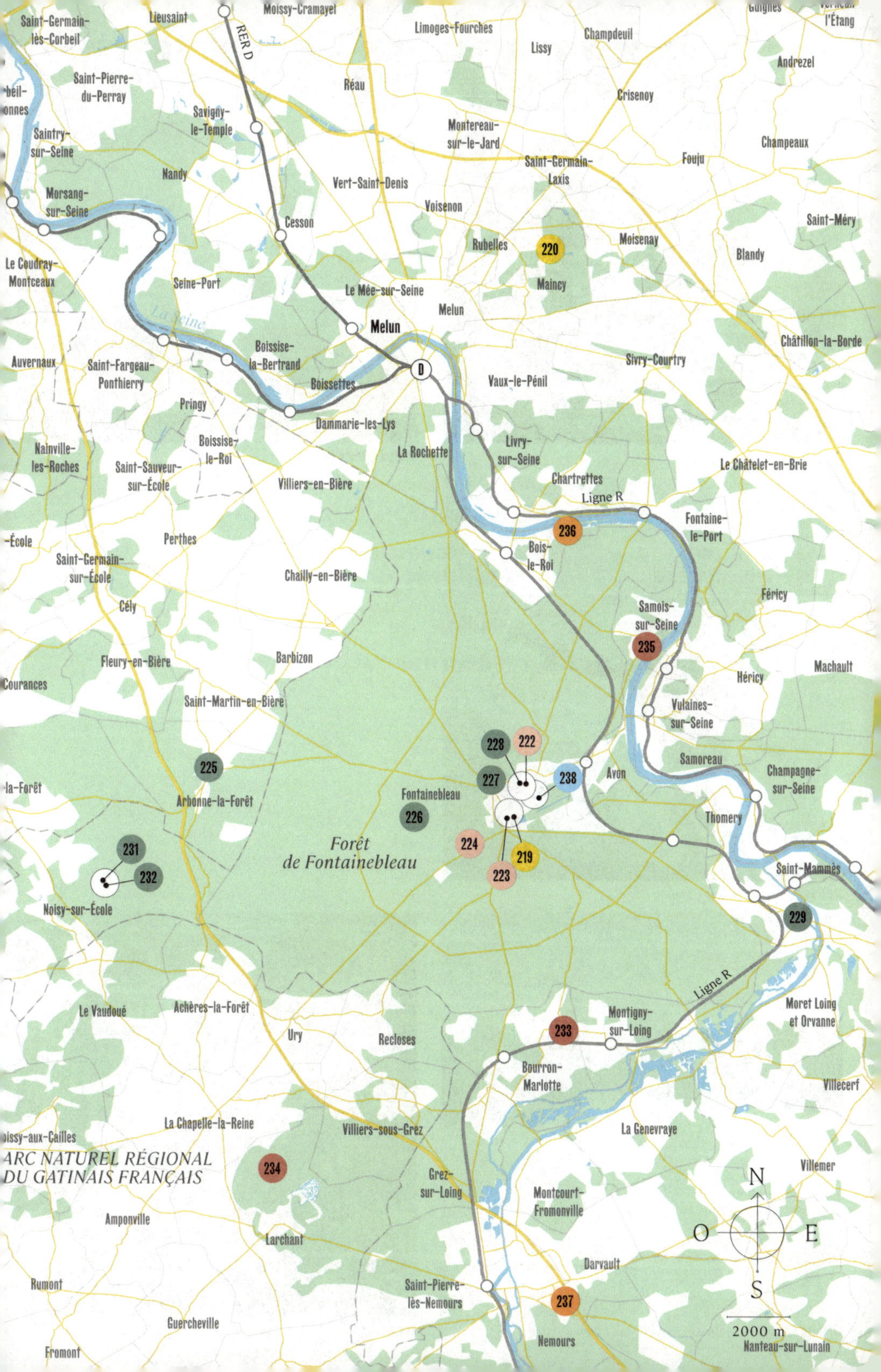

Saint-Germain-lès-Corbeil
Lieusaint
Moissy-Cramayel
RER D
Limoges-Fourches
Champdeuil
Lissy
l'Étang
Andrezel
Saint-Pierre-du-Perray
Réau
Crisenoy
Savigny-le-Temple
Montereau-sur-le-Jard
Champeaux
Saintry-sur-Seine
Saint-Germain-Laxis
Fouju
Nandy
Vert-Saint-Denis
Morsang-sur-Seine
Voisenon
Cesson
Saint-Méry
Rubelles
220
Moisenay
Blandy
Le Coudray-Montceaux
Maincy
Seine-Port
Le Mée-sur-Seine
Melun
La Seine
Melun
Châtillon-la-Borde
Boissise-la-Bertrand
Auvernaux
Saint-Fargeau-Ponthierry
D
Sivry-Courtry
Boissettes
Vaux-le-Pénil
Pringy
Dammarie-les-Lys
Nainville-les-Roches
Boissise-le-Roi
Livry-sur-Seine
La Rochette
Saint-Sauveur-sur-École
Le Châtelet-en-Brie
Villiers-en-Bière
Chartrettes
Ligne R
Fontaine-le-Port
236
Perthes
Bois-le-Roi
Saint-Germain-sur-École
Chailly-en-Bière
Féricy
Cély
Samois-sur-Seine
235
Fleury-en-Bière
Barbizon
Machault
Courances
Héricy
Saint-Martin-en-Bière
Vulaines-sur-Seine
228
222
Samoreau
225
227
238
Avon
Champagne-sur-Seine
Arbonne-la-Forêt
Fontainebleau
226
Thomery
231
224
219
Forêt de Fontainebleau
232
223
Saint-Mammès
Noisy-sur-École
229
Ligne R
Moret Loing et Orvanne
Le Vaudoué
Achères-la-Forêt
Montigny-sur-Loing
233
Ury
Recloses
Bourron-Marlotte
Villecerf
La Chapelle-la-Reine
Villiers-sous-Grez
La Genevraye
PARC NATUREL RÉGIONAL DU GATINAIS FRANÇAIS
234
Villemer
Grez-sur-Loing
Montcourt-Fromonville
N
O
E
S
Amponville
Larchant
Darvault
Rumont
Saint-Pierre-lès-Nemours
237
Guercheville
Nemours
2000 m
Nanteau-sur-Lunain
Fromont

Un wagon dans le ciel | *Le Cyclop, Milly-la-Forêt.*

Image d'~~Épinal~~ | *Milly-la-Forêt.*

Superman | *Parc du château, Fontainebleau.*

Western Spaghetti | *Sables du Cul-du-Chien, Noisy-sur-École.*

Homme des bois | *Forêt de Fontainebleau, Fontainebleau.*

Maison de campagne | *Parc du château, Fontainebleau.*

Easy | *Forêt de Fontainebleau, Fontainebleau.*

Loin des voisins | *Parc du château, Fontainebleau.*

Chat-pelle | *Chapelle Sainte-Blaise-des-Simples, Milly-la-Forêt.*

Rue poétique | *Rue Jean Cocteau, Milly-la-Forêt.*

culture

FONTAINEBLEAU

219 CHÂTEAU DE FONTAINEBLEAU

#UNESCO #NAPOLÉON
#DERNIÈRESALLEDUTRÔNE

Il fait partie des 45 sites classés au patrimoine mondial de l'Unesco en France. Il a vu défiler la plupart des souverains français, de François 1er à Napoléon III. Il est un patchwork de styles, synthèse des arts du XIIe au XIXe siècle. Napoléon 1er y a détenu en captivité un pape, Pie VII, de 1812 à 1814. Il est entouré d'un parc de 130 hectares… Si vous n'avez pas trouvé de quel monument il s'agit, il est grand temps pour vous d'aller faire connaissance avec le château de Fontainebleau. Vous y découvrirez entre autres de nombreuses reliques ayant appartenu à Napoléon 1er comme sa gabardine et son couvre-chef. Vous pénétrerez dans la salle où il signa son abdication en avril 1814. Vous serez soufflé par la perspective qu'offre la grande bibliothèque dans la galerie de Diane, traverserez des chapelles et appartements royaux et écarquillerez les yeux devant l'unique salle du trône restant en France. Tout ça pour dire qu'il vous faudra prendre votre temps.

Tarif : 12 € / Gratuit pour les moins de 26 ans.
Fermé le mardi.

Boulevard Magenta, 77130 Fontainebleau
chateaudefontainebleau.fr
◆ Transilien — Ligne R : Fontainebleau-Avon

MAINCY

220 CHÂTEAU DE VAUX-LE-VICOMTE

#FASTUEUX #SOIRÉESAUXCHANDELLES
#VAUTLEDÉTOUR

Quitte à se faire construire un château, autant faire appel aux meilleurs. En choisissant l'architecte Louis Le Vau, le jardinier André Le Nôtre et le peintre-décorateur Charles Le Brun, qui ont tous marqué de leur empreinte le château de Versailles, l'ambitieux surintendant des finances de Louis XIV, Nicolas Fouquet, avait vu grand pour Vaux-le-Vicomte. Ce fastueux héritage reste bien vivant avec tout au long de l'année de multiples événements qui permettent d'en apprécier toutes les facettes avec notamment les soirées aux chandelles de mai à octobre, la journée costumée « Grand Siècle » en juin ou encore les illuminations de Noël en novembre, décembre et janvier. Vaux-le-Vicomte, ça vaut le détour.

Tarifs : 16,90 € (plein tarif), 11 € (enfants de 6 à 17 ans) / Gratuit pour les moins de 6 ans.
Ouvert de mi-mars à début novembre tous les jours puis de fin novembre à début janvier (sauf 25 décembre et 1er janvier).

77950 Maincy
Tél : 01 64 14 41 90 / vaux-le-vicomte.com

MILLY-LA-FORÊT

221 LE CYCLOP

#LEMONSTREDANSLAFORÊT
#ARTCONTEMPORAIN #ŒUVREMONUMENTALE

Créé en 1969 dans le bois des pauvres à Milly-la-Forêt, le Cyclop du sculpteur Jean Tinguely appartient à la catégorie des œuvres les plus fascinantes du Grand Paris. Cette immense tête en acier de 22 mètres de hauteur abrite un drôle de cabinet de curiosités où les férus d'art moderne s'offrent un shoot de Dadaïsme, de Nouveau réalisme, d'Art cinétique et d'Art brut. Une quinzaine d'artistes, dont Niki de Saint Phalle, ont participé à donner naissance à celui que l'on surnomme également « Le monstre dans la forêt » et qui propose chaque année une nouvelle programmation.

Tarifs : 7,50 € (plein tarif), 5,50 € (tarif réduit).
Ouvert d'avril à octobre (du mercredi au dimanche en juillet/août de 14h à 18h30, les vendredis, samedis et dimanches le reste de l'année).

Rue Pasteur, 91490 Milly-la-Forêt
Tél : 01 64 98 95 18 / lecyclop.com

art de vivre

FONTAINEBLEAU

222 FONTAINEBLEAU TOURISME

#LOCALDELÉTAPE #VISITESEXCLUSIVES
#DÉCOUVERTESDELAFORÊT

Visites exclusives de l'École militaire d'équitation, découverte de la forêt de Fontainebleau avec un guide nature, sorties « brame du cerf », tours en Méhari, l'office de tourisme de Fontainebleau ne manque pas d'idées pour vous permettre d'explorer tous les recoins de la Forêt Enchantée. Car il faut qu'on vous avoue : nous n'avons pas réussi à tout faire tenir dans ce guide...

Ouvert tous les jours.

4 bis, place de la République, 77300 Fontainebleau
Tél : 01 60 74 99 99 / fontainebleau-tourisme.com
◆ Transilien — Ligne R : Fontainebleau-Avon

223 INITIATION AU JEU DE PAUME

#ANCÊTREDUTENNIS #SPORTDESROIS
#SALLEMYTHIQUE

Ancêtre du tennis et premier sport de raquette au monde, le jeu de paume a quasiment disparu de la surface de l'Hexagone. Pratiqué par les rois, il connut son apogée au XVIIe siècle avec près de 500 courts. Aujourd'hui, il n'en reste plus que deux, l'un à Paris et l'autre dans le château de Fontainebleau (voir page 136), construite sous Henri IV. Et le plus incroyable, c'est que l'on peut s'y exercer lors de séances de découverte d'1h15 encadrées par le Cercle du jeu de paume. Une bonne manière de mêler sport et histoire.

Tarif : séance d'1h15 à 25 € pour une ou deux personnes.

Château de Fontainebleau, boulevard Magenta,
77130 Fontainebleau
Tél : 01 64 22 47 67 / chateaudefontainebleau.fr

224 STADE ÉQUESTRE DU GRAND PARQUET

#MECQUEDUCHEVAL #SPECTACLES
#COMPÉTITIONS

Impossible de passer à côté des sports équestres à Fontainebleau. Si le cheval est en son royaume dans la forêt bellifontaine, le Grand Parquet est en quelque sorte le Saint des Saints. Ce stade dédié aux équidés voit défiler tout au long de l'année les compétitions ainsi que les exhibitions. Et rien à voir avec les courses hippiques. Ici, chevaux et cavaliers doivent faire preuve avant tout de dextérité lors d'épreuves de *jumping* relevés. Ce serait une maladresse de votre part de ne pas leur rendre visite.

RN 152, route d'Orléans, 77130 Fontainebleau
Tél : 01 64 23 42 87 / grandparquet.com

Chris from Oxford | *Salle du Jeu de Paume, Fontainebleau.*

Assortis en sortie | *Rue Jean Cocteau, Milly-la-Forêt.*

plein air

ARBONNE-LA-FORÊT

225 CHIEN DE TRAÎNEAU

#CIRCUITENFORÊT #MUSHER
#CROCBLANC

Le chien de traîneau n'est pas réservé qu'aux Lapons. Depuis 2014, le musher Christian Perlwitz a importé la discipline en forêt de Fontainebleau. Tout au long de l'année, il organise des baptêmes à bord d'un kart à roues tiré par sa meute de huskys sur un circuit de 4 km au cœur de la forêt. Une façon pour lui de rendre la pratique accessible au plus grand nombre et de l'adapter au changement climatique. Passionné, il prend le temps de vous faire partager son univers. Au cas où vous deveniez mordu, Christian propose également des initiations à la conduite en kart.

Tarifs: baptême de chien de traîneau: 48 € pour les adultes et 36 € pour les moins de 10 ans en semaine, 55 € pour les adultes et 40 € pour les moins de 10 ans le week-end (séance de 1h30 environ).
Début avril à mi-décembre.

77630 Arbonne-la-Forêt
Tél: 06 32 68 82 26 / evasioncanine.e-monsite.com

FONTAINEBLEAU

226 FORÊT DE FONTAINEBLEAU

#2,5XPLUSGRANDEQUEPARIS #ESCALADE
#RANDONNÉE

Avec une superficie 2,5 fois supérieure à celle de Paris, la forêt de Fontainebleau est une source d'explorations infinie et sans conteste l'un des plus beaux sites du Grand Paris. Muse des peintres de l'École de Barbizon au XIXe siècle, elle sert de terrain de jeu aux amateurs d'escalade du monde entier qui viennent s'exercer sur ses nombreux rochers aux formes tarabiscotées (adresse suivante). Elle est aussi particulièrement appréciée des randonneurs qui profitent de 1 600 kilomètres de routes forestières et de circuits pédestres, dont 300 kilomètres sont balisés. Il est d'ailleurs possible de se faire déposer par le train au cœur du massif. Chaque week-end, la ligne R fait escale à la halte de Fontainebleau-Forêt. Veillez à bien vous munir d'une carte IGN car une fois descendu de la rame, vous serez livré à vous-même. Attention, aucun train ne marque l'arrêt dans le sens Fontainebleau-Paris. Il vous faudra rejoindre soit la gare de Fontainebleau-Avon à 4 km soit la gare de Bois-le-Roi à 5 km.

onf.fr
- Transilien — Ligne R: Fontainebleau-Avon

227 GLOBE CLIMBER, ESCALADE EN FORÊT DE FONTAINEBLEAU

#JOUELACOMMESPIDERMAN
#ESCALADEDEBLOC #BONSCONSEILS

Si vous avez toujours voulu grimper les parois à la manière de l'homme-araignée, alors il vous faut tenter de l'imiter en commençant par la forêt de Fontainebleau, l'un des sommets du monde de la grimpe. Là, vous pouvez pratiquer ce que l'on appelle dans le jargon de l'escalade « le bloc », c'est-à-dire grimper sur des rochers sans corde ni mousqueton. Un code couleur vous informe de la difficulté de l'ascension: blanc pour les enfants, jaune pour facile, bleu pour plus facile du tout et noir pour les plus hardis. Il vous suffit ensuite de choisir parmi les nombreux spots dont certains aux noms fantaisistes comme le Diplodocus, le Cul-du-Chien ou l'Éléphant. Pour faciliter votre découverte, vous pouvez vous faire accompagner d'un moniteur de chez Globe Climber qui vous équipera (chaussons et matelas de réception) et vous prodiguera les conseils nécessaires pour vous hisser au sommet.

Tarifs: demi-journée 190 € pour 4 personnes (à partir de 7 ans).

3, rue Paul Tavernier, 77300 Fontainebleau
Tél: 01 64 70 77 69 / globeclimber.com
- Transilien — Ligne R: Fontainebleau-Avon

228 TRANS'BLEAUSARDE

#MICROAVENTURE #RANDOLONGUEDURÉE
#TOUTNOUVEAUTOUTBLEAU

Avec le sentier des 25 bosses (voir page 140), la forêt de Fontainebleau possédait déjà un itinéraire pour les randonneurs aguerris. Cela ne suffisait pas aux crapahuteurs de Helloways, spécialistes des randos accessibles en transports en commun dans le Grand Paris et qui se sont associés au webzine Les Others pour créer en 2019 un tout nouvel itinéraire de 52 km et 1 200 mètres de dénivelé positif: la Trans'Bleausarde. Selon leurs dires, il s'agirait de l'une des randonnées les plus exigeantes d'Île-de-France, qui aura nécessité tout de même trois mois de travail et de repérages et qui vous demandera 16 heures de marche, soit deux à trois jours en tout avec des nuits en gîte ou en hôtel. Une microaventure à portée de train.

Itinéraire de randonnée de la gare de Fontainebleau-Avon (Ligne R) à la gare de Maisse (RER D) à travers la forêt de Fontainebleau.
helloways.com

MILLY-LA-FORÊT

229 PARC NATUREL DU GÂTINAIS FRANÇAIS

#PAYSDESMILLECLAIRIÈRES
#BALADESAUGRANDAIR #VILLAGESDECHARME

L'Île-de-France ne fait pas de complexe de sa petite taille. Sa superficie a beau ne pas excéder 2% de la surface de l'Hexagone, elle abrite 4 des 53 parcs naturels régionaux: le parc naturel de la Haute Vallée de Chevreuse (voir page 72), le parc naturel du Vexin français (voir page 126), le parc naturel de l'Oise – Pays de France et le parc naturel du Gâtinais français. Ce dernier, surnommé « pays des mille clairières et du grès », s'étend sur 750 km², soit sept fois Paris; de quoi multiplier les balades dans le massif des Trois-Pignons, traversé par le spectaculaire sentier des 25 bosses (voir page 140), ou dans les villages de charme que sont Barbizon ou bien Milly-la-Forêt.

Maison du Parc, 20, boulevard du Maréchal Lyautey, 91490 Milly-la-Forêt
Tél: 01 64 98 73 93 / parc-gatinais-francais.fr

MORET-SUR-LOING

230 CYCLOS DU LOING

#VÉLOAUGRANDAIR #TOUTCONFORT
#CASQUEINCLUS

Si en tant que cycliste vous étouffez dans la jungle des couloirs de bus, essayez la cohabitation avec les péniches le long du canal du Loing. Pour une petite balade d'une heure, on vous suggère la portion entre Moret-sur-Loing, cité médiévale en bordure de la forêt de Fontainebleau, et Episy. Et pour louer un vélo, adressez-vous aux Cyclos du Loing à Moret-sur-Loing, qui vous fourniront en prime casques, anti-vols, bombes anti-crevaison, paniers et cartes. Mention spéciale pour les selles, particulièrement confortables.

Tarifs: 10 € les 2h ou 15 € la demi-journée pour un vélo détente, 20 € les 2h ou 25 € la demi-journée pour un vélo électrique. Ouvert de mars à novembre.
12, rue Eugène Moussoir, 77250 Moret-sur-Loing
Tél: 06 42 50 98 13 / lescyclosduloing.fr
- Transilien — Ligne R: Saint-Mammès

NOISY-SUR-ÉCOLE

231 SABLES DU CUL-DU-CHIEN

#LAPLAGESANSLAMER
#CURIOSITÉGÉOLOGIQUE #PIQUENIQUE

On pourrait se croire sur une plage à Bali, la mer en moins. Les Sables du Cul-du-Chien, dans la forêt des Trois-Pignons, sont une curiosité géologique. Il y a 30 millions d'années, un océan recouvrait les lieux, déposant au fond du quartz qui a fini par se désagréger en sable. La vision qu'offre aujourd'hui cette plage de sable blanc entourée d'arbres est saisissante. C'est l'endroit idéal pour un pique-nique que vous pourrez agrémenter d'une marche digestive en vous lançant à l'assaut du sentier des 25 bosses, le GR20 grand-parisien qui passe juste à côté (adresse suivante).

Parking de la Roche aux Sabots, Chemin de la Plaine de Jean des Vignes, 77123 Noisy-sur-École
fontainebleau-tourisme.com

232 SENTIER DES 25 BOSSES

#GR20GRANDPARISIEN
#830MÈTRESDEDÉNIVELÉ #BOUCLE

La Corse a le GR20, le Grand Paris le sentier des 25 bosses dans la forêt des Trois-Pignons, en bordure de la forêt de Fontainebleau. Long de 15 km, ce parcours, créé à la fin des années 1960 par des amoureux de marche en montagne, offre aux mollets les plus exigeants un dénivelé positif de 830 m. Dans une région, l'Île-de-France, où le plus haut sommet culmine à 216 m (les buttes de Rosnes dans le Val-d'Oise, Ndlr), il faut le voir pour le croire. Comptez 6 heures pour effectuer la boucle en entier depuis le parking de la Roche aux Sabots à Noisy-sur-École. L'itinéraire, très bien balisé, est à retrouver sur le site de l'IGN (Institut national de l'information géographique), ignrando.fr. Parmi les curiosités sur votre chemin, vous croiserez notamment les Sables du Cul-du-Chien, vaste plage de sable blanc au milieu de la forêt (adresse précédente).

Parking de la Roche aux Sabots, Chemin de la Plaine de Jean des Vignes, 77123 Noisy-sur-École
ignrando.fr

Forêt de sable fin | *Sables du Cul-du-Chien, Noisy-sur-École.*

Sous les auvents | *Rue Dénecourt, Fontainebleau*

Transat en double | *Quai de la République, Samois-sur-Seine.*

Thalassothérapie des yeux | *Quai Franklin Roosevelt, Samois-sur-Seine.*

manger

BOURRON-MARLOTTE

233 LE BISTROT DU BROC

#TRÉSORGUSTATIF #ZOLA
#VIEILLESPIERRES

Un trésor gustatif se cache au Bistrot du Broc. Ce trésor, c'est le braisé de bœuf au foie gras, la spécialité des lieux dont voici le secret de fabrication : la patience. Car avant qu'il ne vous soit servi, votre paleron de bœuf est plongé toute une nuit dans une marinade au vin rouge, au chocolat et aux épices avant d'être effiloché et d'être cuit à la casserole. Une trouvaille gastronomique à tester, d'autant que vous pourrez en profiter en même temps pour visiter le charmant village de Bourron-Marlotte, où Emile Zola écrivit *L'assommoir*. En 2019, Bourron-Marlotte fut sélectionné pour représenter l'Île-de-France au concours organisé par France 3 « Le village préféré des Français », remporté finalement par Saint-Vaast-la-Hougue en Normandie.

Plats entre 9 € et 39 €.
Fermé le lundi.

5, rue Murger, 77780 Bourron-Marlotte
Tél : 01 64 45 64 43 / lebistrotdubroc.com
- Transilien — Ligne R : Montigny-sur-Loing

LARCHANT

234 LA DAME JOUANNE

#AMBIANCEREFUGE #GRANDETERRASSE
#CHEMINÉE

Une ambiance de refuge de haute montagne à plus de 500 km des Alpes. C'est ça l'Auberge de la Dame Jouanne, dont le nom fait référence au rocher éponyme, le plus haut du massif forestier de Fontainebleau. À la tête de ce lieu chaleureux au cœur de la forêt, Laurence et Vincent Mével, qui requinquent les randonneurs de passage en leur servant une cuisine généreuse avec à la carte la terrine Jobert et ses pickles, la poire de bœuf, aubergine et condiment romesco ou encore l'île flottante comme ma grand-mère. À tester en toutes saisons, pour la grande terrasse en été et le feu de cheminée en hiver.

Menus à 24 € et 34,50 €.
Ouvert du mercredi au dimanche au printemps-été, du jeudi au dimanche en automne-hiver.

Rocher de Dame Jouanne, 77760 Larchant
Tél : 01 64 28 16 23 / ladamejouanne.fr

SAMOIS-SUR-SEINE

235 LE K

#PIZZAS #TERRASSESURLASEINE
#DJANGOREINHARDT

Dans *Le K* de Dino Buzzati, le héros passe à côté du bonheur. Ce qui ne risque pas de vous arriver sur la terrasse du K à Samois. Installée à même la Seine, elle vous plonge instantanément dans un état de bien-être que les pizzas ou la burrata di Andria inscrites à la carte ne font que prolonger. Pour faire durer le plaisir encore un peu plus, prenez le temps d'arpenter les rues de Samois et rendez visite au monstre sacré du jazz manouche, le guitariste Django Reinhardt, qui a élu domicile pour l'éternité route du cèpe.

Plats entre 6,5 € et 19 €.
Fermé le mardi.

21, quai de la République, 77920 Samois-sur-Seine
Tél : 01 64 32 24 50 / Facebook @LeKsamoissurseine

en famille

BOIS-LE-ROI

236 ÎLE DE LOISIRS DE BOIS-LE-ROI

#ENTRESEINEETFORÊT #VIVELESPORT #ROULOTTES

On ne peut pas rêver plus bel emplacement. Située entre la Seine et la forêt de Fontainebleau, l'île de loisirs de Bois-le-Roi jouit d'un cadre exceptionnel. Outre son plan d'eau de 8 ha ouvert gratuitement à la baignade dès le printemps, elle regroupe de nombreuses activités sportives avec entre autres un centre équestre, un skatepark, un espace d'accrobranche, des terrains de basket et de beach-volley, une base nautique et même un golf avec un practice sur l'eau. Pour prolonger le plaisir d'être dans la nature, il est possible de réserver une roulotte pour y passer la nuit.

Ouverte toute l'année de 9h à 21h.

Rue de Tournezy, 77590 Bois-le-Roi
Tél : 01 64 81 33 00 / bois-le-roi.iledeloisirs.fr
◆ Transilien — Ligne R : Bois-le-Roi

NEMOURS

237 NOLIMIT AVENTURE

#ACCROBRANCHE #DONKEYKONG #CHASSEAUTRÉSOR

Envie de vous écarter des sentiers battus de la traditionnelle balade en forêt ? Mettez le cap sur Nolimit Aventure et la forêt de Nemours où douze parcours d'accrobranche vous attendent pour vous promener entre la cime des arbres. Une bonne façon de profiter du décor, fort beau, tout en vous prenant pour Donkey Kong en progressant à l'aide de cordes, de filets, de rondins mobiles, de tonneaux, de lianes, de ponts himalayens et même d'un surf suspendu. Un parcours spécial, perché à 40 mètres du sol, offre un panorama fabuleux avec en prime la tyrolienne la plus longue d'Île-de-France qui vous fait survoler un vallon sur 200 mètres. Si vous en voulez encore, Nolimit Aventure propose un *escape game*, une chasse au trésor, du *paintball* ainsi que du canoë sur le Loing.

Tarif : à partir de 10 € l'accrobranche.
Ouvert tous les jours.

Avenue de Stalingrad « Les Palis », 77140 Nemours
Tél : 06 12 35 40 50 / nolimit-aventure.com
◆ Transilien — Ligne R : Nemours - Saint-Pierre

dormir

FONTAINEBLEAU

238 LA DEMEURE DU PARC

#CHICMAISPASGUINDÉE #DESIGN #JEANRACINE

Ancienne maison particulière qui vit passer entre autres l'écrivain Jean Racine, la Demeure du Parc est devenue hôtel de charme, incarnant le mariage parfait entre design contemporain et tonalités rustiques. Le résultat d'un travail de fourmi de la part des hôtes des lieux qui ont imaginé une déco épurée tout en accordant un grand soin aux détails comme avec la chambre à jouer, dans laquelle vous trouverez un mikado géant, un backgammon et bien d'autres surprises encore. Outre les 27 chambres et suites, la Demeure du Parc c'est aussi un bar surmonté d'une verrière, une immense terrasse aux dimensions plantureuses et un restaurant aux allures de relais de chasse moderne. Dans cette ambiance chic mais pas guindée, le risque est de ne plus avoir envie de sortir.

Tarifs : chambres à partir de 134 €.

36, rue Paul Séramy, 77130 Fontainebleau
Tél : 01 60 70 20 00 / lademeureduparc.fr
◆ Transilien — Ligne R : Fontainebleau-Avon

« On your left, the Château... » | *Parc du château, Fontainebleau.*

LA PETITE RIVIERA
LA PETITE RIVIERA

Palmiers, villas cossues, thalasso, bateaux flottant à l'horizon… Il règne une atmosphère de Côte d'Azur à Enghien-les-Bains. Là, sur l'esplanade qui longe le lac, à quelques pas du casino et du Grand Hôtel, modèle réduit du Majestic® de Cannes, le décor ressemble à s'y méprendre à celui de la Croisette. Ce qui fait d'Enghien la destination idéale pour une escapade balnéaire sans quitter le Grand Paris. Avec en prime le plaisir de voyager à bord du Francilien, le plus beau des trains de banlieue qui vous transporte depuis la Gare du Nord en quinze minutes.

La Petite Riviera

ENGHIEN-LES-BAINS | ERMONT | MONTMORENCY | SAINT-GRATIEN

LA PETITE RIVIERA

carte

LA PETITE RIVIERA

CULTURE

239 CENTRE DES ARTS
240 MUSÉE JEAN-JACQUES ROUSSEAU
241 CINÉMA LES TOILES

ART DE VIVRE

242 CASINO BARRIÈRE®
243 LIBRAIRIE IMPRESSIONS
244 SPA DIANE BARRIÈRE®
245 LA JARDINERIE DE CURIOSITÉ
246 HIPPODROME D'ENGHIEN-SOISY®

PLEIN AIR

247 LAC D'ENGHIEN
248 FORÊT DE MONTMORENCY

MANGER

249 FOUQUET'S
250 VIN SUR VIN

EN FAMILLE

251 BALADE EN PÉDALO
252 PETIT TRAIN TOURISTIQUE

DORMIR

253 GRAND HÔTEL BARRIÈRE®

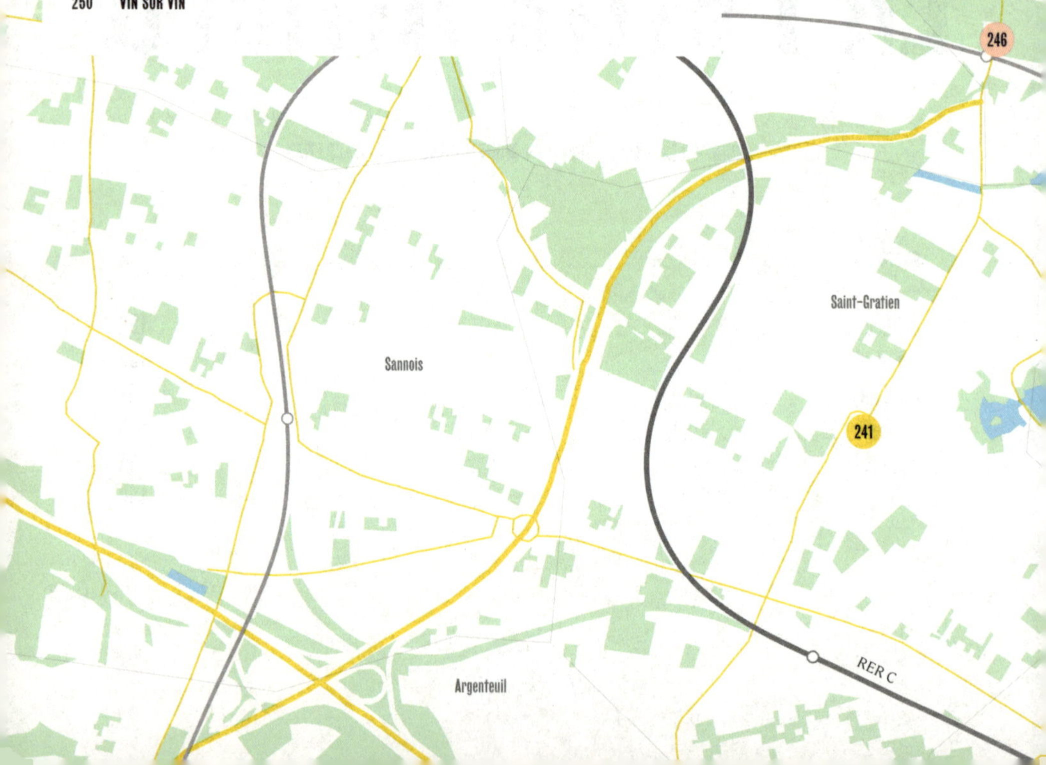

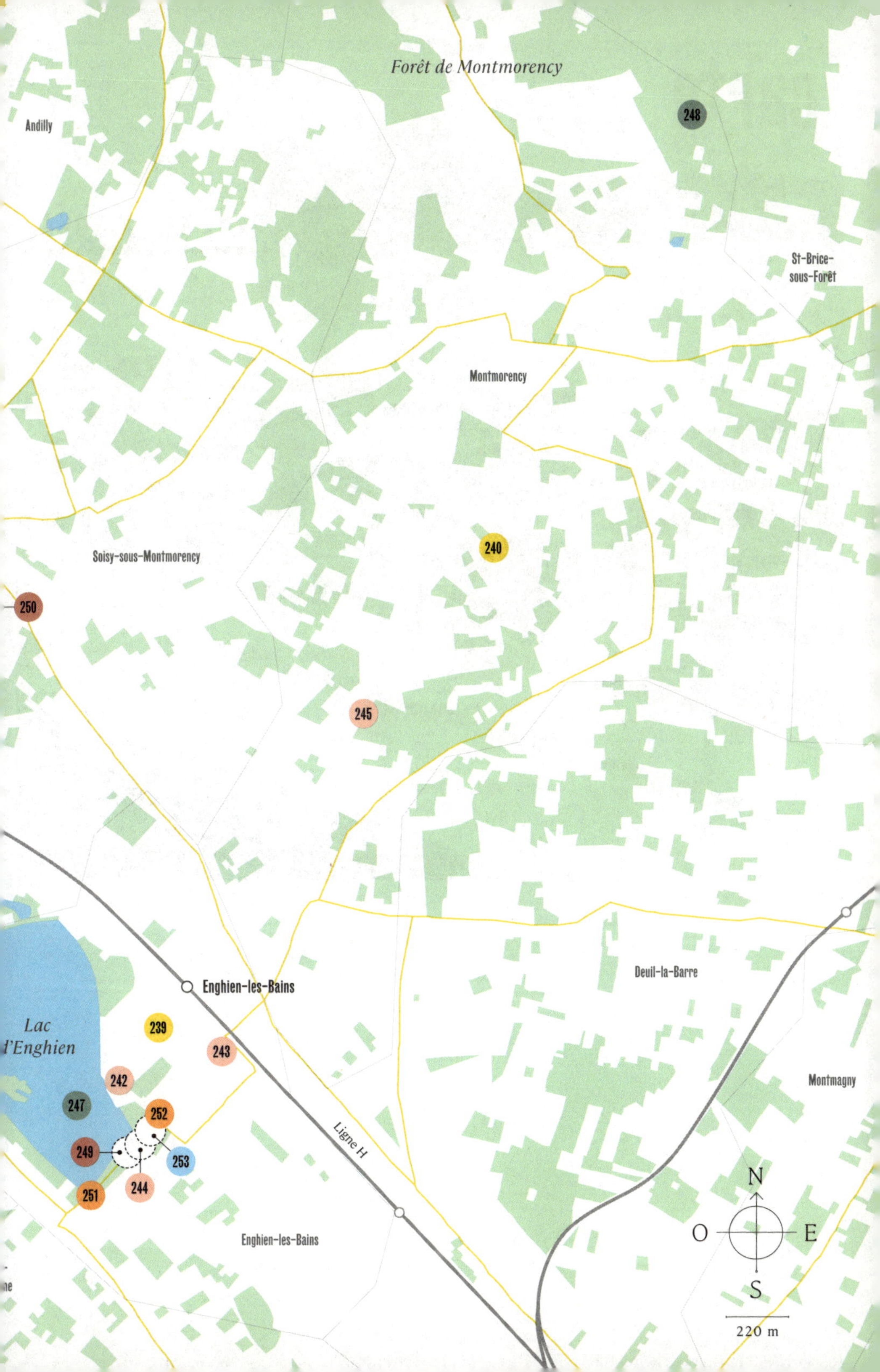

Forêt de Montmorency
Andilly
248
St-Brice-
sous-Forêt
Montmorency
Soisy-sous-Montmorency
240
250
245
Enghien-les-Bains
Deuil-la-Barre
Lac
d'Enghien
239
243
242
247
252
249
253
244
251
Ligne H
Montmagny
N
O
E
S
220 m
Enghien-les-Bains

Base navale | *Rue du Général de Gaulle, Enghien-les-Bains.*

Athos, Porthos, Aramis | *Rue du Général de Gaulle, Enghien-les-Bains.*

Dominique en marcel | *Rue du Général de Gaulle, Enghien-les-Bains.*

Programme de l'après-midi | *Rue du Général de Gaulle, Enghien-les-Bains.*

culture

ENGHIEN-LES-BAINS

239 CENTRE DES ARTS

#ARTSNUMÉRIQUES #SPECTACLES #EXPOS

Bien sûr on y voit des expos, du théâtre, de la danse, du cinéma et des concerts. Mais le Centre des arts (CDA) possède une spécificité bien à lui puisqu'il s'agit de la première scène conventionnée « Écritures numériques » par le ministère de la Culture. Un label qui ne doit rien au hasard, Enghien ayant été désignée en 2013 « Ville créative des arts numériques » par l'Unesco. La programmation du CDA est donc fortement imprégnée de culture digitale avec des spectacles mêlant disciplines traditionnelles, comme le cirque ou la danse, et technologies numériques. Chaque année, le CDA accueille également le Paris Images Digital Summit® consacré aux effets spéciaux dans le cinéma, l'audiovisuel et les jeux vidéo.

Fermé le lundi.

12-16, rue de la Libération, 95880 Enghien-les-Bains
Tél : 01 30 10 85 59 / cda95.fr

- Transilien — Ligne H : Enghien-les-Bains
- Bus — 254, 256 : Enghien-les-Bains

MONTMORENCY

240 MUSÉE JEAN-JACQUES ROUSSEAU

#MAISONMUSÉE #BIBLIOTHÈQUE #LAPHILOSELONJEANJACQUES

Il y a presque 300 ans, le philosophe Jean-Jacques Rousseau (1712-1778) fuyait Paris, « ville de fumée, de bruit et de boue », pour s'installer à Montmorency. Là, il rédigea quelques-unes de ses œuvres majeures à l'image de *Émile ou de l'Éducation*. Sa demeure abrite désormais un musée qui lui est consacré ainsi qu'une bibliothèque riche d'environ 30 000 documents (livres, correspondance, études critiques). Et comme elle est aux portes de la forêt de Montmorency (voir page 154), vous pourrez méditer cette pensée rousseauiste : « Jamais la nature ne nous trompe ; c'est toujours nous qui nous trompons. »

Tarifs : 5,10 € (plein traif), 2,60 € (19-25 ans) / Gratuit pour les moins de 19 ans.
Ouvert de 14h à 18h du mardi au samedi de novembre à mars, du mardi au dimanche d'avril à octobre.

5, rue Jean-Jacques Rousseau, 95160 Montmorency
Tél : 01 39 64 80 13 / museejjrousseau.montmorency.fr

- Transilien — Ligne H : Enghien-les-Bains puis 2 km à pied
- Bus — 254, 256 : Enghien-les-Bains puis 2 km à pied

SAINT-GRATIEN

241 CINÉMA LES TOILES

#CINÉMADAUTEUR #FILMSDUPATRIMOINE #COMPLEXEDUMULTIPLEXE

Au cas où vous souffriez du complexe du multiplexe, le cinéma Les Toiles est tout indiqué pour vous. Ses programmateurs vous font partager leur amour pour le cinéma d'auteur, servi en VO, cela va de soi, et défendent les œuvres les plus fragiles et les plus singulières. Un refuge pour les réalisateurs qui sont d'ailleurs nombreux à s'y rendre pour rencontrer le public. Le documentariste américain Frederick Wiseman et Bruno Podalydès sont des habitués des lieux. Les Toiles a un faible également pour le court-métrage et en diffuse systématiquement avant les longs. Enfin, ce cinéma de quartier n'hésite pas à farfouiller dans le patrimoine du 7e art pour que les films d'aujourd'hui côtoient ceux d'hier. Un joli scénario.

Tarifs : 9,50 € (plein tarif), 5,90 € (moins de 14 ans).
Ouvert tous les jours.

Place Francois-Truffaut, 95210 Saint-Gratien
Tél : 01 34 28 27 96 / Facebook @cinemalestoiles

- RER — C : Saint-Gratien
- Bus — 138 : Forum

art de vivre

ENGHIEN-LES-BAINS

242 CASINO BARRIÈRE®

#MACHINESÀSOUS
#CASINOLEPLUSFRÉQUENTÉDEFRANCE
#FAITESVOSJEUX

Enghien sans casino, c'est comme un poker sans as. L'établissement fait la gloire de la ville avec plus de 800 000 visiteurs par an, un record en France. On est loin des jeux de toupies ou de quilles qui avaient cours au XIXe siècle. Aujourd'hui, le casino aligne 500 machines à sous et une cinquantaine de tables de blackjack, de roulette ou encore de punto banco. Pour ceux qui préfèrent se prémunir de la fièvre du jeu, il est aussi possible de se contenter d'admirer les lieux, son immense façade en verre et ses lustres prenant la forme de méduses multicolores.

Tarifs: 14 € du lundi au jeudi, 16 € du vendredi au dimanche, les veilles de jours fériés et les jours fériés / Vestiaire obligatoire: 1,5 €.
Ouvert tous les jours de 15h à 4h en semaine et de 15h à 5h le week-end.

3, avenue de Ceinture, 95880 Enghien-les-Bains
Tél: 01 39 34 13 17 / casinosbarriere.com
- Transilien — Ligne H: Enghien-les-Bains
- Bus — 254: Casino

243 LIBRAIRIE IMPRESSIONS

#BD #22000RÉFÉRENCES #PIONNIERS

Pour peu que vous soyez familier de l'univers de Gaston Lagaffe, l'image de sa grotte de livres risque fort de vous revenir en pénétrant chez Impressions. Cette librairie spécialisée dans la BD, l'une des plus vieilles de France, regroupe quelques 22 000 références. Il ne faut donc surtout pas hésiter à demander conseil à Sylvain Insergueix et sa bande, tous passionnés de 9e art et avec qui les discussions peuvent partir très loin. Pas la peine de vous faire un dessin.

Fermé dimanche et lundi.

10, rue Jean Monnet, 95880 Enghien-les-Bains
Tél: 01 34 12 32 06 / canalbd.net/librairie-impressions
- Transilien — Ligne H: Enghien-les-Bains
- Bus — 254, 256: Enghien-les-Bains

244 SPA DIANE BARRIÈRE®

#DÉTENTE #FITNESS
#VUEPANORAMIQUE

Vous allez aimer faire du *stretching* et des abdos fessiers. Dans le centre de fitness du Spa Diane Barrière®, la vue plongeante sur le lac d'Enghien rendrait presque les efforts agréables. Surtout, une fois la séance terminée, vous pouvez aller goûter aux joies du farniente dans un décor en mosaïque inondé par la lumière extérieure. Piscine à débordement, cascades, geysers, sauna, hammam... L'eau se met dans tous ses états pour votre seul bien-être. De votre paradis, vous apercevez même la tour Eiffel®, preuve que vous êtes bien toujours sur Terre. Une fois votre relaxation terminée, libre à vous de repartir pour un cours d'aquacycling. Les sessions de sport s'enchaînent tout au long de la journée et elles sont comprises dans le prix d'entrée. Et si vous voulez vraiment vous faire du bien, offrez-vous un soin tel qu'un gommage du corps au thé du Népal ou un modelage hawaïen.

Tarif: Accès au spa 61 €.
Ouvert tous les jours.

87, rue du Général de Gaulle, 95880 Enghien-les-Bains
Tél: 01 39 34 10 50 / spadianebarriere-enghien.com
- Transilien — Ligne H: Enghien-les-Bains
- Bus — 254: Casino

MONTMORENCY

245 JARDINERIE DE CURIOSITÉ

#PERLEVERTE #ZEN #JARDINDEDEN

Il n'existe probablement pas d'autre jardinerie comme celle-ci. Ouverte par Stéphanie Taffin, paysagiste zen et passionnée, la Jardinerie de Curiosité s'est donnée pour mission de « connecter les visiteurs au règne végétal ». Dans ce jardin d'Eden où se mêlent bambous de collection, poivriers du Sichuan, magnolias aux feuilles de bananiers et arbres à mouchoirs, tout est bio et à l'air libre. On y vient pour faire ses achats de plantes ou tout simplement pour visiter, se reposer, lire à l'ombre d'un érable et voir les expositions dans la « Grotte des artistes ». Un endroit baigné de bonnes vibrations grâce à la science du Feng Shui de la maîtresse de maison.

Ouvert tous les jours.

6, rue des Chesneaux, 95160 Montmorency
Tél: 01 39 64 57 01 / jardins-taffin.fr
- Transilien — Ligne H: Enghien-les-Bains
- Bus — 254, 256: Enghien-les-Bains

SOISY-SOUS-MONTMORENCY

246 HIPPODROME D'ENGHIEN-SOISY®

#PREMIERTIERCÉDELHISTOIRE
#RESTOPANORAMIQUE #HIPPIPIPISMEHOURA

Pélerinage pour parieurs, l'hippodrome d'Enghien® a vu naître le tout premier tiercé en 1954. Moins connu qu'Auteuil, Longchamp ou Vincennes, ce vieux champ de course spécialisé dans le trot s'étend sur 40 hectares à Soisy-sous-Montmorency. On peut d'ailleurs admirer le paysage dans un restaurant panoramique en dépensant l'argent que l'on n'a pas encore perdu aux courses. Deux temps forts à souligner: le Prix de l'Atlantique, en avril, et les Estivales®, en juillet, où toute la famille peut jouer les turfistes.

Tarifs: Entrée 3 €, 1,5 € pour les 18-25 ans / Gratuit pour les moins de 18 ans.

Place André Foulon, 95230 Soisy-sous-Montmorency
Tél: 01 34 17 87 00 / hippodrome-enghien.com

- Transilien — Ligne H: hamp de Courses d'Enghien

plein air

ENGHIEN-LES-BAINS

247 LAC D'ENGHIEN

#MINICROISETTE #PANORAMA
#PROMENADE

Des palmiers, des drapeaux flottant au vent, une vue dégagée, l'esplanade Henri Patenôtre-Desnoyers en jette. Cette mini-Croisette est l'endroit idéal pour une première rencontre avec le lac d'Enghien. Si vous souhaitez ensuite mieux le cerner, il vous faudra en faire le tour par l'avenue de Ceinture. Bien qu'elle n'épouse pas parfaitement ses rives, cette promenade de 3 km que beaucoup font en courant est ponctuée de quelques beaux points de vue, notamment depuis le parc bordant l'école de pêche au numéro 81. C'est aussi l'occasion d'admirer pléthore de villas et, si le cœur vous en dit, de vous adonner à des exercices de cardio face au lac sur les appareils de fitness installés dans le square du côté du pont de la Muse.

Esplanade Henri Patenôtre-Desnoyers,
95880 Enghien-les-Bains

- Transilien — Ligne H: Enghien-les-Bains
- Bus — 254: Casino

MONTMORENCY

248 FORÊT DE MONTMORENCY

#GRANDEETBELLE #VALLONNÉE
#CHÂTEAU

Avec ses 2 000 hectares vallonnés, la forêt de Montmorency est la plus grande du Nord-Ouest grand-parisien. Au choix, vous pouvez opter pour de belles et larges routes forestières, idéales pour les premières sorties à bicyclette sans les roulettes, ou pour des sentiers plus tortueux. Si vous êtes amateurs de vieilles pierres, un détour s'impose par le château de la Chasse, entouré par la forêt et qui se dresse au bord d'un étang. Pour le trouver, une carte est téléchargeable gratuitement sur le site de l'Office national des forêts.

onf.fr

- Transilien — Ligne H: Taverny

manger

ENGHIEN-LES-BAINS

249 FOUQUET'S

#MYTHE #PIERREGAGNAIRE #VUESURLELARGE

Le nom est devenu mythique. Connu de tous, le Fouquet's a le chic pour éveiller les fantasmes. Mais si vous n'avez jamais osé franchir le seuil du 99, avenue des Champs-Élysées, peut-être serez-vous moins intimidé par sa réplique à Enghien. Déclinaison fidèle de l'adresse parisienne, le Fouquet's d'Enghien reprend les plats signatures de l'enseigne plus que centenaire comme le tartare de bœuf - thon rouge - hareng fumé ainsi que le millefeuille-crème mousseline au Kirsch-fruits rouges, avec en prime une vue ouverte sur le large et le lac d'Enghien. Pour digérer, descendez d'un étage et glissez-vous dans l'un des fauteuils du bar à cocktails L'Escadrille qui organise des concerts *Live* les vendredis soirs avec là aussi vue imprenable sur le lac.

Menu plat et dessert à 37 € midi et soir avec une ½ bouteille d'eau minérale et un café. Ouvert tous les jours.

66, rue du Général de Gaulle, 95880 Enghien-les-Bains
Tél : 01 34 12 11 22 / casinosbarriere.com

- Transilien — Ligne H : Enghien-les-Bains
- Bus — 254 : Casino

ERMONT

250 VIN SUR VIN

#UNLIEUÀPART #PASGUINDÉ #CUISINEDEXCEPTION

Le Vin sur Vin possède un truc à part. Ce n'est pas seulement un endroit où l'on mange (très) bien, c'est aussi une ambiance. Ici point de clientèle guindée ni de murmures pour ne pas déranger la table du voisin. Au contraire, on éclate de rire et on parle fort pour faire savoir *« qu'on n'a jamais mangé du poisson aussi bien cuit de toute sa vie »*. Au Vin sur Vin, même les entremets font s'exclamer de joie, comme ce velouté de céleri et petits croûtons frits. Tout ça, on le doit au talent et à l'exigence du chef Hervé Horne, dont la carte change tous les jours et qui a su faire de sa table un lieu chaleureux où l'on a envie de se réfugier pour tout oublier le temps d'un dîner.

Menu du midi (3 plats) à 39 €, menu 5 plats à 45 €. Fermé lundi et dimanche.

122, rue de Sannois, 95120 Ermont
Tél : 01 34 14 64 19 / vinsurvin-ermont.fr

- RER — C : Cernay
- Transilien — Ligne H : Cernay

en famille

ENGHIEN-LES-BAINS

251 BALADE EN PÉDALO

#PANORAMAS #MARINDEAUDOUCE #YAPASLEFEUAULAC

Même si le pédalo est sans doute l'objet flottant le plus ridicule qui ait été inventé, il serait dommage de se priver d'une traversée du lac juste pour échapper aux *qu'en-dira-t-on*. Deux points de vue valent le détour : depuis l'île des Cygnes avec un magnifique panorama sur la Villa du lac et la collégiale de Montmorency ; et depuis la jetée avec la sensation d'avoir face à soi une immense étendue d'eau. Alors, on pédale !

Tarifs : 10 € la ½ heure, 15 € l'heure.
Ouvert tous les jours d'avril à fin septembre, de 13h à 19h.

Esplanade Patenôtre-Desnoyers,
95880 Enghien-les-Bains
Tél : 06 15 90 08 33 / ot-enghienlesbains.fr

- Transilien — Ligne H : Enghien-les-Bains
- Bus — 254 : Casino

252 PETIT TRAIN TOURISTIQUE

#BALADEARCHITECTURALE #CENTREVILLE #TCHOUTCHOU

Villas normandes, isbas russes, chalets, constructions flamandes ou Art déco, la ville d'Enghien est un feu d'artifice architectural. Pour apprécier cet héritage sans risquer les ampoules aux pieds, embarquez l'été à bord du petit train touristique pour une balade commentée d'une trentaine de minutes dans le centre-ville.

Tarifs : 3 € (plein tarif), 2 € (moins de 12 ans).
Tous les week-ends et jours fériés de juillet à août.

81, rue du Général de Gaulle, 95880 Enghien-les-Bains
Tél : 01 34 12 41 15

- Transilien — Ligne H : Enghien-les-Bains
- Bus — 254 : Casino

dormir

ENGHIEN-LES-BAINS

253 GRAND HÔTEL BARRIÈRE®

#ARTDÉCO #SPA #CHAMBREAVECVUE

Sa façade Art déco lui donne un air de parenté avec le Majestic® de Cannes. Tout comme sa vue ouverte sur le large. Mais avec seulement 43 chambres, contre plus de 300 pour son homologue cannois, le Grand Hôtel d'Enghien baigne dans une ambiance plus feutrée. Une retraite paisible appréciée des joueurs de l'équipe de France de foot qui prennent possession des lieux la veille de leurs matchs au Stade de France®. Avant d'avoir à essuyer les tacles mesquins de leurs adversaires, ils peuvent ainsi s'offrir un moment de *cocooning* dans les bains du Spa Diane Barrière® (voir page 153), directement relié à l'hôtel par une passerelle. Un petit plaisir qui ne leur est pas réservé puisque l'accès au spa est compris dans le prix des chambres. Si celles-ci jouent la carte de la sobriété, elles possèdent toutes un balcon avec vue sur le lac ou sur la tour Eiffel®. Il ne vous reste plus qu'à choisir votre camp.

Tarifs : à partir de 109 €/nuit.

85, rue du Général de Gaulle, 95880 Enghien-les-Bains
Tél : 01 39 34 10 00 / hotelsbarriere.com

- Transilien — Ligne H : Enghien-les-Bains
- Bus — 254 : Casino

Place réservée | *Avenue de Ceinture, Enghien-les-Bains.*

Place à l'ombre | *Rue de l'Abreuvoir, Épinay-sur-Seine.*

LA STREET GALERIE
LA STREET GALERIE
LA STREET GALERIE
LA STREET GALERIE

C'est devenu un cliché de se plaindre de la fin de Montparnasse et de l'époque bénie des Picasso, Gauguin, Bourdelle et Modigliani. Et si on avait tout faux ? Et si « Montparnasse » avait juste changé de quartier ? Il suffit d'aller dans le XIIIe arrondissement pour voir que l'art est partout, en particulier dans la rue où les fresques *street art* sont légion comme le long de la ligne 6 du métro aérien. À Vitry aussi, depuis 2008, la ville s'est transformée en galerie à ciel ouvert jusqu'à devenir une référence dans le monde. Dans La Street Galerie, d'anciens sites industriels sont devenus des lieux d'expression pour les artistes à l'image d'Anis Gras à Arcueil, magnifique distillerie en briques rouges, ou du Centre d'art contemporain d'Ivry, autrefois manufacture d'œillets pour chaussures. Non, la vitalité artistique n'a pas déserté le Grand Paris.

La Street Galerie

ARCUEIL | GENTILLY | IVRY-SUR-SEINE | PARIS | VITRY-SUR-SEINE

LA STREET GALERIE

carte

LA STREET GALERIE

CULTURE

254 ANIS GRAS – LE LIEU DE L'AUTRE
255 LE GÉNÉRATEUR
256 MAISON DE LA PHOTOGRAPHIE ROBERT-DOISNEAU
257 CREDAC
258 THÉÂTRE DES QUARTIERS D'IVRY
259 BOULEVARD PARIS 13
260 FONDATION CARTIER POUR L'ART CONTEMPORAIN
261 GALERIE ITINERRANCE
262 GARE AU THÉÂTRE
263 MAC VAL - MUSEE D'ART CONTEMPORAIN DU VAL-DE-MARNE
264 VISITES GUIDÉES STREET ART

ART DE VIVRE

265 LE LAVO//MATIK
266 LES FRIGOS
267 LE KILOWATT
268 LE TOME 47

MANGER

269 AL DABKÉ
270 LAO LANE XANG
271 L'AMITIÉ

EN FAMILLE

272 TIME TRIPPER
273 EXPLORADÔME

DORMIR

274 JO&JOE

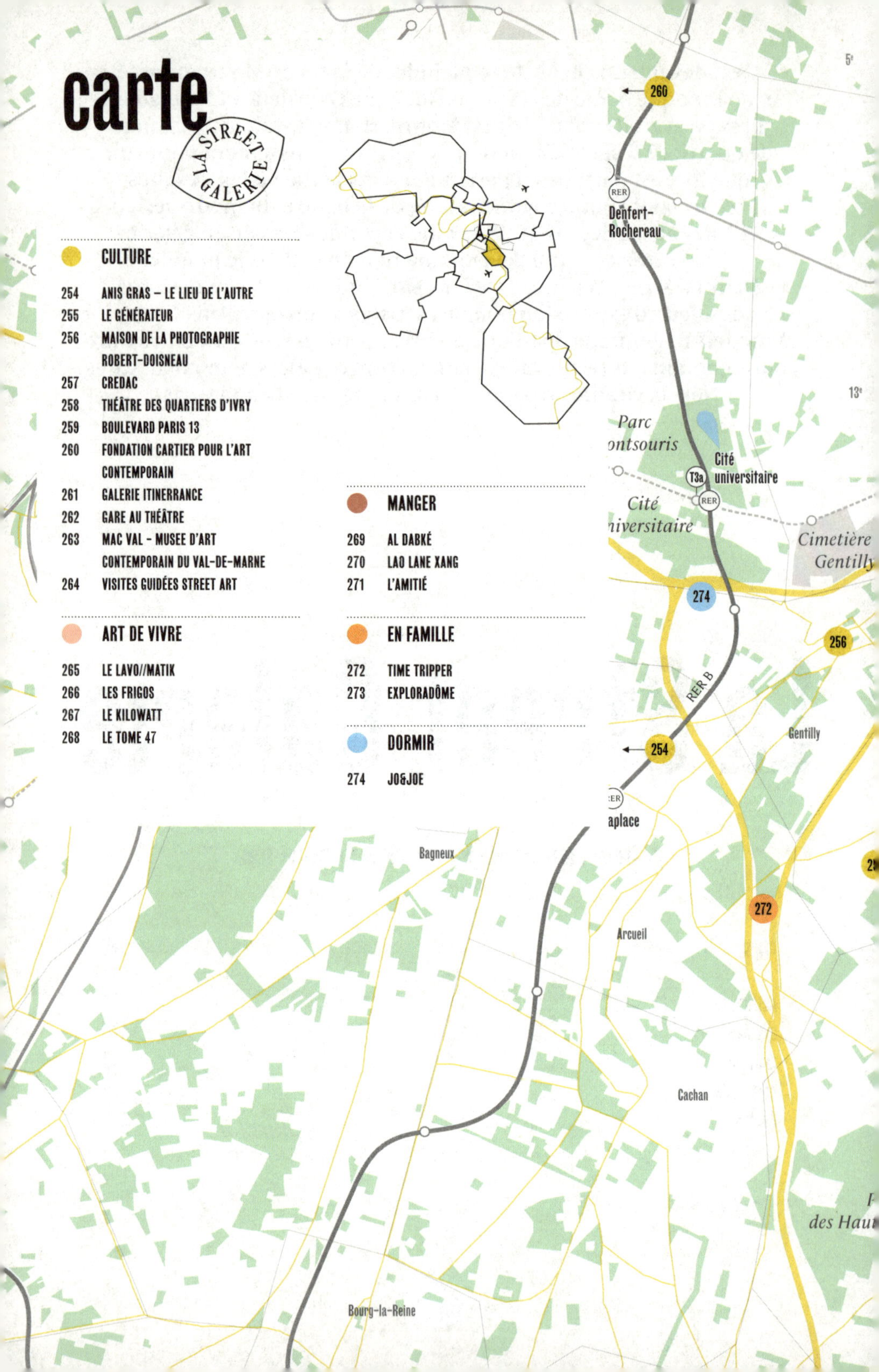

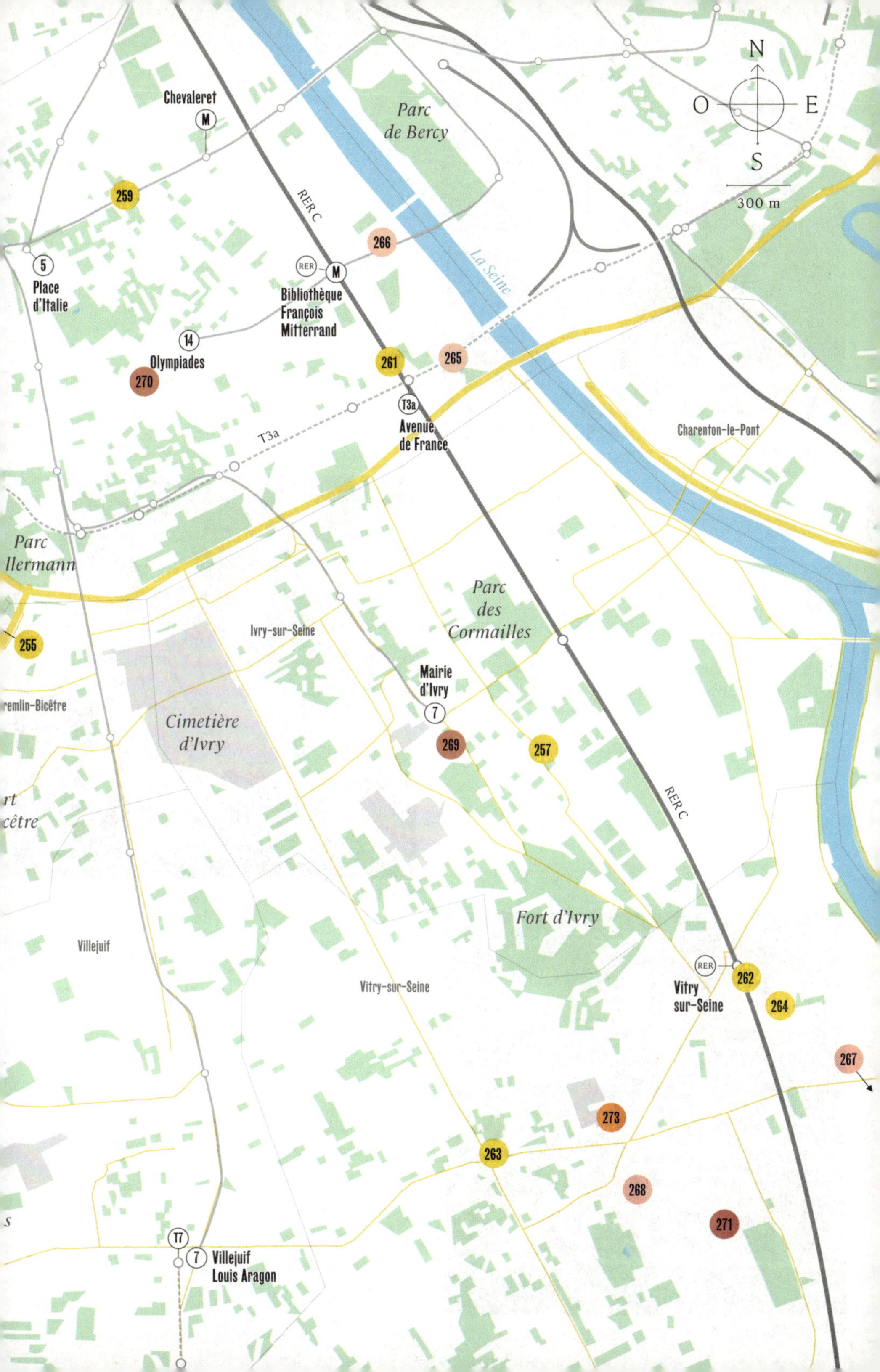
N
O
E
S
300 m
Chevaleret
Parc de Bercy
RER C
La Seine
Place d'Italie
Bibliothèque François Mitterrand
Olympiades
T3a
Avenue de France
Charenton-le-Pont
Parc llermann
Ivry-sur-Seine
Parc des Cormailles
Mairie d'Ivry
remlin-Bicêtre
Cimetière d'Ivry
rt cêtre
Fort d'Ivry
Villejuif
Vitry-sur-Seine
Vitry sur-Seine
Villejuif Louis Aragon
259
266
265
261
270
255
269
257
262
264
267
273
263
268
271

Fleuriste du Mal | *Rue de la Glacière, Vitry-sur-Seine.*

Schtroumpfette | *Rue Nationale, Paris.*

Jardin vertical | *Rue George Eastman, Paris.*

Brooklyn-sur-Seine | *Pont du Port à-l'Anglais, Vitry-sur-Seine.*

Rayonnant | *Rue Jeanne d'Arc, Paris.*

Gardien d'immeuble | *Avenue Henri Barbusse, Vitry-sur-Seine.*

Dans les étoiles | *Rue Audigeois, Vitry-sur-Seine.*

culture

ARCUEIL

254 ANIS GRAS – LE LIEU DE L'AUTRE

#RÉSIDENCEDARTISTES #SPECTACLES #ANCIENNEDISTILLERIE

Ancienne distillerie en briques rouges parfaitement restaurée, Anis Gras sert à présent de résidence d'artistes. En échange, ceux-ci s'engagent à montrer leur travail par le biais d'expositions, de représentations de théâtre, de concerts ou encore de lectures. On se souvient notamment d'une mise en scène de l'enquête littéraire de l'écrivaine-journaliste Svetlana Alexievitch, *La fin de l'homme rouge*, le jour où elle recevait le prix Nobel de littérature en 2015. Hasard total, mais signe aussi que la direction a le nez creux. Lieu d'échanges, Anis Gras accueille également certaines séances de l'Université populaire d'Arcueil, ouvertes à tous et où l'on disserte aussi bien d'économie que de politique ou de religion.

55, avenue Laplace, 94110 Arcueil
Tél : 01 49 12 03 29 / lelieudelautre.com

- RER — B : Laplace
- Bus — 323, 380 : Lénine
- Vélib' — Gare d'Arcueil - Laplace RER

GENTILLY

255 LE GÉNÉRATEUR

#ARTPERFORMANCE #SPECTACLES #IMMERSIF

Ce cinéma de quartier avait fini par devenir comme tant d'autres un vulgaire entrepôt. Mais en 2006, quelques bonnes fées se sont penchées sur son sort avec à leur tête la plasticienne serbe Marina Abramović. Ainsi naissait le Générateur, espace de 600 m² qui s'est fait une spécialité des performances et des installations immersives. Danse, musique, arts plastiques, théâtre, poésie, rien de ce qui est artistique ne lui est étranger. Temps fort de la saison, le festival Frasq, entièrement dédié à l'art-performance, se tient chaque année à l'automne.

16, rue Charles Frérot, 94250 Gentilly
Tél : 01 49 86 99 14 / legenerateur.com

- RER — B : Gentilly
- Bus — 57, 84 : Verdun - Victor Hugo
- Vélib' — Rue Charles Frérot, Gentilly

256 MAISON DE LA PHOTOGRAPHIE ROBERT DOISNEAU

#PHOTOGRAPHIEHUMANISTE #EXPOS #GRATUIT

Vous connaissez la photographie « humaniste » ? Si la question vous prend de court, inutile de trop vous creuser les méninges. Prenez la direction de la Maison de la Photographie Robert Doisneau. L'endroit, une belle bâtisse en pierres de taille, n'est pas un sanctuaire dédié à Doisneau, qui naquit et habita à Gentilly. Depuis l'ouverture en 1996, on y découvre des photographes qui disent quelque chose du monde qui nous entoure, du reportage engagé aux sujets plus intimistes mais jamais de la photographie « plasticienne » ou esthétisante. Dans tous les cas, ce sont toujours des expositions inédites en France.

Entrée libre. Fermé lundi et mardi.

1, rue de la Division du Général Leclerc, 94250 Gentilly
Tél : 01 55 01 04 86 /
maisondoisneau.agglo-valdebievre.fr

- RER — B : Gare de Gentilly
- Bus — 57 : Division Leclerc / Médiathèque
- Vélib' — Rue Charles Frérot, Gentilly

IVRY-SUR-SEINE

257 CREDAC

#ANCIENNEUSINE #ARTCONTEMPORAIN #GRATUIT

Cela fait plus de 30 ans que le CREDAC fait vivre l'art contemporain dans le Grand Paris. Mais avant même d'entrer, prenez le temps de contempler ce superbe bâtiment d'un autre temps, ancienne manufacture conçue de manière à laisser pénétrer le maximum de lumière dans les ateliers. C'est d'ailleurs ce qui fait l'attrait des grands plateaux qui accueillent les trois expositions annuelles du CREDAC, les artistes étant même invités à jouer avec les caractéristiques du lieu pour adapter leurs créations. Car le CREDAC n'est pas un musée mais bel et bien un espace dédié à l'art vivant. Les actions de médiation, notamment en direction des jeunes, y sont nombreuses. Le CREDAC est un lieu à vivre autant qu'à voir.

Entrée libre. Fermé le lundi.

25-29, rue Raspail, 94200 Ivry-sur-Seine
Tél : 01 49 60 25 06 / credac.fr

- M — Ligne 7 : Mairie d'Ivry
- RER — C : Ivry
- Bus — 182 : Saint-Just
- Vélib' — Rue Raspail

258 THÉÂTRE DES QUARTIERS D'IVRY

#ANCIENNEUSINE #ÉCOLEDUSPECTATEUR #CENTREDRAMATIQUENATIONAL

À peine le seuil franchi, on se retrouve projeté dans le hall de la manufacture des œillets, surpris par le volume et l'élégance du site dont l'ossature métallique renvoie aux belles heures de l'architecture industrielle de la fin du XIXe siècle. Centre dramatique national, le Théâtre des Quartiers d'Ivry n'oublie pas la pratique amateur et accueille un Atelier théâtre qui permet chaque saison à 100 enfants et adolescents ainsi qu'à 100 adultes de monter sur les planches sans niveau requis.

Manufacture des Œillets, 1, place Pierre Gosnat, 94200 Ivry-sur-Seine
Tél : 01 43 90 49 49 / theatre-quartiers-ivry.com

- M — Ligne 7 : Mairie d'Ivry
- RER — C : Ivry
- Bus — 182 : Saint-Just
- Vélib' — Rue Raspail

PARIS

259 BOULEVARD PARIS 13

#FRESQUESGÉANTES #ÉPOUSTOUFLANT #BOULEVARD

Transformer la ligne 6 du métro aérien en une galerie d'art à ciel ouvert, voilà maintenant quelques années que la galerie Itinerrance (voir l'adresse ci-contre) et la mairie du XIIIe arrondissement y travaillent. Démarré en 2009, le projet Boulevard Paris 13 a essaimé de nombreuses fresques murales grand format le long du boulevard Vincent Auriol, entre la Seine et la Place d'Italie, à l'image de la Marianne peinte par Shepard Fairey au niveau du métro Nationale. L'artiste américain, plus connu sous le pseudo Obey, s'est notamment illustré par le passé en signant l'affiche devenue iconique de la campagne 2008 de Barack Obama, où l'ancien président des États-Unis apparaît sur fond bleu et rouge. Parmi les autres pointures ayant rejoint le Boulevard Paris 13 on trouve entre autres le pochoiriste C215, devenu l'une des figures de proue du *street art* dans l'Hexagone, ainsi qu'*Invader*, dont les mosaïques *Space Invaders* ont conquis de nombreuses villes à travers le monde.

Boulevard Vincent Auriol entre la Place d'Italie et le métro Quai de la Gare, 75013 Paris
boulevardparis13.com

- M — Lignes 5, 6, 7 : Place d'Italie
- Bus — 27, 47, 59, 61, 83 : Place d'Italie
- Vélib' — Place d'Italie

260 FONDATION CARTIER POUR L'ART CONTEMPORAIN

#ARTCONTEMPORAIN #EXPOS #CHATEAUBRIAND

Conçue par l'architecte Jean Nouvel, la Fondation Cartier vaut en elle-même une visite. Toute en transparence, elle est agrémentée en prime d'un splendide jardin. Si la boîte est belle, le contenu n'est pas mal non plus. L'art contemporain s'y déploie dans tous ses états (peinture, sculpture, vidéo, son, design, photo). Deux à trois fois par an, la Fondation organise des expositions remarquables et remarquées souvent à l'avant-garde comme ce fut le cas en 2009 avec celle consacrée au *street art* ou bien en 2019 avec « Nous les arbres », façon de questionner les rapports entre l'Homme et la nature. En parallèle, la Fondation propose des « Soirées nomades », alternant théâtre, conférences, performances et concerts afin d'approfondir les thématiques des expos.

Fermé le lundi.

261, boulevard Raspail, 75014 Paris
Tél : 01 42 18 56 50 / fondationcartier.com

- M — Lignes 4, 6 : Raspail
- RER — B : Denfert-Rochereau
- Bus — 68 : Raspail - Édgar Quinet
- Vélib' — Rue Victor Schœlcher

261 GALERIE ITINERRANCE

#STREETART #GRANDESFRESQUES #GRATUIT

Si des pans entiers d'immeubles du XIIIe arrondissement sont recouverts de gigantesques fresques *street art* (adresse ci-contre), c'est au galeriste Mehdi Ben Cheikh, à la tête de la galerie Itinerrance, qu'on le doit. En 2004, il ouvre une première succursale à deux pas de la BNF. Très vite, il entend exposer ses artistes sur les murs du quartier. Logique, il vend du *street art*. En quête d'espaces à peindre, il se rapproche de Jérôme Coumet, maire du XIIIe. Le contact passe bien et ensemble ils démarchent les bailleurs sociaux, nombreux dans cet arrondissement populaire,

pour les convaincre de soutenir la galerie. Les premières fresques sont bientôt commandées. Et c'est ainsi que le XIIIe est devenu en quelques années la référence du *street art* à Paris. Désormais, la galerie Itinerrance dispose d'un vaste espace, à la mesure des grands formats qu'elle expose.

Entrée libre.
Ouvert durant les expositions du mardi au samedi de 12h à 19h.

24bis, boulevard du Général Jean Simon, 75013 Paris
Tél : 01 44 06 45 39 / itinerrance.fr

- M — Ligne 14 : Bibliothèque François Mitterrand
- RER — C : Bibliothèque François Mitterrand
- Tram — T3a : Avenue de France
- Bus — 89 : Porte de France
- Vélib' — Rue de Patay

VITRY-SUR-SEINE

262 GARE AU THÉÂTRE

#SPECTACLES #ANCIENNEGARE #NOUSNIRONSPASÀAVIGNON

Faire d'une ancienne gare de fret construite en 1860 un lieu culturel foisonnant, telle est l'histoire de Gare au théâtre. L'endroit a tout pour plaire : de grands espaces intérieurs et extérieurs ainsi qu'une station du RER C pour acheminer les spectateurs à bon port. Depuis 1998, la programmation se veut défricheuse et depuis 2020, le théâtre a même conçu un espace dédié aux auteurs qui peuvent venir gratuitement y faire escale pour travailler leurs projets d'écriture. Sur les rails de la création, Gare au théâtre avance à grand train.

13, rue Pierre Semard, 94400 Vitry-sur-Seine
Tél : 01 43 28 00 50 / gareautheatre.com

- RER — C : Vitry
- Bus — 180 : Vitry RER
- Vélib' — Gare de Vitry RER

263 MAC VAL - MUSEE D'ART CONTEMPORAIN DU VAL-DE-MARNE

#ARTCONTEMPORAIN #EXPOS #RESTO

Le MAC VAL est tout simplement le premier musée d'art contemporain créé en banlieue. Et son ouverture à Vitry, en 2005, ne doit rien au hasard. Elle était préparée de longue date par les élus du Val-de-Marne, en particulier ceux des communes de l'ex-ceinture rouge, où l'art contemporain a toujours été très soutenu. C'est la raison pour laquelle la collection permanente du musée trace en creux l'histoire des relations entre le Parti communiste et les artistes majeurs qui souvent furent des compagnons de route. On y trouve de nombreuses œuvres de Dubuffet, Sabine Weiss, Robert Doisneau, César, Boltanski et Tinguely. L'accrochage permanent, renouvelé tous les six mois, permet seulement d'entrapercevoir la richesse de ce fond. Par ailleurs, le musée organise quatre expositions temporaires par an qui offrent un bon panorama de la création actuelle. Le MAC VAL, c'est aussi un restaurant, « À la folie », ouvert du mardi au dimanche et qui propose une cuisine de saison, à déguster en terrasse lorsque le temps le permet.

Tarifs : 5 € (plein tarif) / Gratuit pour les moins de 26 ans.
Fermé le lundi.

Place de la Libération, 94400 Vitry-sur-Seine
Tél : 01 43 91 64 20 / macval.fr

- M — Ligne 7 : Villejuif - Louis Aragon
  puis bus 180 : Camélinat ou bus 172 : Musée Mac Val
- Vélib' — Place Saint-Just, Vitry

264 VISITES GUIDÉES STREET ART

#VITRY&CO #GALERIESÀCIELOUVERT #FRESQUESMONUMENTALES

C'est l'une des plus belles galeries street art au monde. Vitry compte sur ses murs, ses boîtes aux lettres et ses armoires EDF® des centaines d'œuvres dont certaines réalisées par des grands noms comme C215 et Pixel Pancho. Pour valoriser ce patrimoine hors du commun, des visites guidées sont organisées régulièrement, à retrouver sur la plateforme Explore Paris, mise en place par les offices du tourisme du Val-de-Marne, de Seine-Saint-Denis, des Hauts-de-Seine et de Paris. Des visites qui ne se concentrent pas uniquement sur Vitry et qui vous feront découvrir également les fresques monumentales du Boulevard Paris 13 (voir page 165) ou bien les œuvres de la Street Art Avenue dans La Fabrique.

Visites à partir de 12 €.

Tél : 01 55 09 16 20 / exploreparis.com

- RER — C : Vitry
- Bus — 180 : Vitry RER
- Vélib' — Place Saint-Just, Vitry

Circulation fluide | *Quai de Charenton, Charenton-le-Pont.*

Blade Runner | *Boulevard Vincent Auriol, Paris.*

Très barge | *Bateau Phare, Quai François Mauriac, Paris.*

« C'est par là ! » | *Rue Clément Perrot, Vitry-sur-Seine.*

No smoking | *Rue des Fusillés, Vitry-sur-Seine.*

« Help, I need somebody help... » | *Rue Audigeois, Vitry-sur-Seine.*

Laisse béton | *Rue de la Glacière, Vitry-sur-Seine.*

art de vivre

PARIS

265 LE LAVO//MATIK

#BOUTIQUE #ARTSURBAINS
#MURSSTREETART

Sa boutique est une pépite pour les amateurs d'arts urbains. Benoît, ancien pochoiriste et musicien, a ouvert le Lavo//Matik où il propose bouquins, vinyles, *streetwear* ainsi qu'un éventail d'œuvres. Peintures, résines, sérigraphies, impressions sur papier et sur *t-shirt*, il y en a pour tous les prix et pour tous les goûts. Ce joyeux bazar sert aussi de galerie. Y alternent expos solos et collectives avec des stars comme des jeunes pousses. Autour du Lavo//Matik, les murs ont été peu à peu colonisés par les *street* artistes. Pour éviter que leurs réalisations ne soient systématiquement effacées par la voirie, Benoît a contacté la mairie, qui l'a intronisé curateur de cette galerie en plein air.

Fermé lundi et dimanche.

20, boulevard du Général Jean Simon, 75013 Paris
Tél : 01 45 83 69 92 /
Facebook @Le Lavo//Matik arts urbains

- M — Ligne 14 : Bibliothèque François Mitterrand
- RER — C : Bibliothèque François Mitterrand
- Tram — T3a : Avenue de France
- Bus — 89 : Porte de France
- Vélib' — Rue de Patay

266 LES FRIGOS

#MYTHE #ATELIERSDARTISTES
#TABLESDHÔTES

Il est révolu le temps où, dans les années 1980, les Frigos attiraient le public branché et la fine fleur de l'*underground* parisien. Cet ancien entrepôt industriel sert désormais de pépinière d'artistes et d'artisans, qui payent tous un loyer à la ville pour pouvoir travailler tranquilles. Conséquence de quoi, l'endroit, bloc de béton brut aux allures de forteresse, n'est plus ouvert aux quatre vents. Mais il n'est pas devenu complètement hermétique. Il renferme notamment deux tables d'hôtes « The office », tenue par une ancienne journaliste, et « La maison des Frigos », installé dans l'atelier d'une artiste japonaise. Autre espace ouvert au public, « L'Aiguillage » est une petite salle d'exposition éclectique (design, *street art*, photo, BD) complétée par un bar et une micro-terrasse.

19, rue des Frigos, 75013 Paris / les-frigos.com
L'Aiguillage, galerie et bar
Tél : 01 45 84 52 46 / aiguillagegalerie.com
The Office, table d'hôtes
Réservation via theofficelatable.com
La Maison des Frigos, table d'hôtes
Tél : 01 44 23 76 20

- M — Ligne 14 : Bibliothèque François Mitterrand
- RER — C : Bibliothèque François Mitterrand
- Bus — 25, 64, 325 : Pont de Tolbiac
- Vélib' — Rue Primo Levi

VITRY-SUR-SEINE

267 LE KILOWATT

#CHAPITEAU #LIEUALTERNATIF #PLAGE

Posé au pied d'une immense centrale thermique EDF®, en plein cœur d'une zone industrielle en pleine mutation, le chapiteau du Kilowatt est l'un des lieux les plus surprenants où sortir dans le Grand Paris. Initié par la ville de Vitry et l'équipe du festival Sur Les Pointes, on s'y presse aussi bien pour ses fêtes alternatives, comme le « Karnasouk » au printemps, que pour sa plage l'été. Difficile de trouver mieux.

18, rue des Fusillés, 94400 Vitry-sur-Seine
lekilowatt.fr

- RER — C : Les Ardoines
- Bus — 182 : Jean-Pierre Timbaud
- Vélib' — Rue Gabriel Péri, Vitry

268 LE TOME 47

#BD #LITTÉRATUREGRAPHIQUE
#ÉVÉNEMENTS

À l'origine, c'est un rêve de libraire. Celui de Grégoire Orsingher, qui avait envie de disposer de sa propre boutique pour y défendre ses coups de cœur. Ses marottes, la BD et la littérature graphique au sens large. Lancé en 2013, le Tome 47 part d'un principe simple : à l'heure d'Amazon®, il n'est pas utile pour une librairie de chercher à tout avoir. Grégoire assume donc ses partis pris et confectionne une sélection qui s'étend des albums pour enfants aux livres d'art. À cela s'ajoute une riche programmation faite de *brunchs*-dédicaces et de rencontres avec des auteurs. Vous n'êtes pas prêts de passer au tome suivant.

Fermé le lundi.

47, avenue Guy Môquet, 94400 Vitry-sur-Seine
Tél : 09 72 41 55 39 / librairie-le-tome-47.com

- RER — C : Les Ardoines
- Bus — 132, 180 : Église de Vitry
- Vélib' — Place de l'Église, Vitry

manger

IVRY-SUR-SEINE

269 AL DABKÉ

#LIBANAIS #MEZZÉ
#SOURIRECOMPRIS

Sur la place à la sortie du métro Mairie d'Ivry, la terrasse d'Al Dabké ne désemplit pas lorsque le ciel s'habille de bleu. Dans ce restaurant familial libanais, on vous accueille avec un grand sourire et des plats faits maison mêlant falafels, houmous, chawarma, couscous et grandes assiettes de mezzés à partager. En dessert, surtout ne passez pas à côté de la crème de lait à la fleur d'oranger.

Plats entre 1,25 € et 19 €.
Ouvert du lundi au samedi midi et soir
et le dimanche de 12h à 15h.

1, rue Robespierre, 94200 Ivry-sur-Seine
Tél : 01 46 58 56 56 / Facebook @AlDabke

- M — Ligne 7 : Mairie d'Ivry
- RER — C : Ivry
- Bus — 125, 132, 323 : Mairie d'Ivry - Métro
- Vélib' — Rue Robespierre, Ivry

PARIS

270 LAO LANE XANG

#MANGÉETAPPROUVÉPARBIBENDUM
#ASIEDUSUD #TOMYAMKUNG

C'est l'une des cantines asiatiques les mieux cotées du 13ᵉ arrondissement, recommandée d'ailleurs par le bibendum Michelin®. Certes, vous n'irez pas au Lao Lane Xang pour l'originalité de sa déco. Heureusement, la fadeur du lieu n'a en rien imprégné les bols et les assiettes dans lesquelles défilent les spécialités thaïes, laotiennes et vietnamiennes, à commencer par le tom yam kung, la traditionnelle soupe à la citronnelle et aux crevettes. À goûter également le pet yang lad prik, canard laqué au curry rouge et basilic sauce au tamarin, ainsi que le lap pla macro, maquereau entier frit aux arômates lao. Attention côté places, l'adresse est très prisée. Mieux vaut donc réserver.

Plats entre 4 € et 30 €. Fermé le mercredi.

102, avenue d'Ivry, 75013 Paris
Tél : 01 58 89 00 00

- M — Ligne 7 : Tolbiac
- Bus — 62, 64 : Choisy-Tolbiac
- Vélib' — Avenue d'Ivry

VITRY-SUR-SEINE

271 L'AMITIÉ

#NÉOBRASSERIE #VRAIMENTPASCHER
#TERRASSE

À peine arrivé qu'on s'y sent déjà bien. Ouvert par trois Vitriots, L'Amitié vous plonge dans une ambiance de brasserie revisitée avec, Vitry oblige, une touche de *street art* aux murs. Dans l'assiette, on se régale à pas cher de recettes goûteuses comme avec ce rôti de magret au piment d'Espelette, purée de petits pois, cerises, sauce sangria et sablé aux noisettes. Quant aux desserts, ils jouent à fond la carte de la gourmandise régressive à l'image du pain perdu brioché, chantilly à la lavande, confiture au lait. Charme supplémentaire, L'Amitié possède une arrière-cour qui sert à la fois de terrasse et de terrain de pétanque.

Menu du midi à 16 € entrée-plat-dessert /
Plats entre 6 € et 17 €.
Fermé le dimanche et les lundis et mardis soirs.

14, rue Camille-Groult, 94400 Vitry-sur-Seine
Tél : 09 82 55 31 73 / Facebook @Restaurant L'Amitié

- RER — C : Les Ardoines
- Bus — 182 : Danielle Casanova
- Vélib' — Rue Gabriel Péri, Vitry

en famille

ARCUEIL

272 TIME TRIPPER

#ESCAPEGAME #COMMEDANSUNFILM
#ÀPARTIRDE8ANS

Vous échapper d'une cellule de la prison d'Alcatraz pour ensuite marcher en équilibre sans toucher le sol et ramper dans un conduit d'aération, voilà le genre d'épreuves dignes d'un film à grand spectacle qui vous attend chez Time Tripper. Cet *escape game* d'un genre nouveau vous fait traverser sept époques (Yucatan 850, Bunker 1944, Spaceship 3099...) dans lesquelles il vous faut à chaque fois résoudre des énigmes et relever des défis en équipe pour progresser dans l'aventure. Haletant tout autant qu'hilarant.

Tarifs: à partir de 25 €/h, 19 €/h pour les enfants de 8 à 15 ans.
Ouvert du mercredi au dimanche hors vacances scolaires, tous les jours pendant les vacances scolaires et les jours fériés.

20, rue Marcel Vigneron, 94110 Arcueil
Tél : 01 69 72 21 70 / timetripper.fr

- RER — B : Laplace
- Bus — 323 : Malleret-Joinville
- Vélib' — Avenue Paul Doumer, Arcueil

VITRY-SUR-SEINE

273 EXPLORADÔME

#MINICITÉDESSCIENCES #EXPÉRIENCES
#ATELIERS

À Vitry, la science infuse dès le plus jeune âge avec l'Exploradôme. Dans ce musée interactif, on réalise soi-même des expériences pour découvrir les phénomènes météo, l'électricité, l'optique. Tous les ans, une grande expo permet d'explorer à fond une thématique. Les mercredis, les week-ends et durant les vacances scolaires, l'Exploradôme propose des ateliers à partir de 4 ans pour s'exercer à la chimie, l'astronomie ou bien la robotique.

Tarifs: 7 € (plein tarif), 5 € (tarif réduit) / Gratuit pour les moins de 4 ans.

18, avenue Henri Barbusse, 94400 Vitry-sur-Seine
Tél : 01 43 91 16 20 / exploradome.fr

- RER — C : Vitry
- Bus — 132 : Exploradôme
- Vélib' — Place de l'Église, Vitry

dormir

GENTILLY

274 JO&JOE

#AUBERGEDEJEUNESSE #DESIGN
#TERRASSE

Sur les rives du périphérique, à deux pas de l'église du Sacré-Coeur de Gentilly où la communauté portugaise se presse chaque dimanche, JO&JOE dépoussière les auberges de jeunesse. Bien qu'elle ait opté pour un look hyper design, elle s'en tient à des tarifs très raisonnables. Un espace partagé permet de cuisiner, regarder la télé ou faire sa lessive. Il est aussi possible de s'offrir un hot-dog de chez Monsieur Saucisse et de se rafraîchir avec des bières pression en libre-service. JO&JOE propose enfin de nombreux événements qui sont autant de prétextes pour profiter de sa superbe terrasse.

Tarifs : à partir de 25 € en dortoir, 35 € pour une cabine et 70 € pour une chambre privée.

93, avenue Paul Vaillant Couturier, 94250 Gentilly
Tél : 01 84 23 37 60 / joandjoe.com

- RER — B : Gentilly
- Bus — 125 : Gentilly RER
- Vélib' — Gare de Gentilly RER

« Salut toi ! » | *Boulevard Vincent Auriol, Paris.*

LE
SQUARE
XXI
LE
SQUARE
XXI

Aux beaux jours, il n'est pas rare que le Jardin du Luxembourg fasse salle comble. Pour ne pas avoir à se contenter d'un strapontin de verdure, il suffit de s'asseoir sur les banquettes du RER B à la station Luxembourg pour un voyage de 30 minutes vers un autre Eden dix fois plus grand et d'une beauté à faire rougir tous les autres espaces verts. Cette huitième merveille du monde n'est autre que le parc de Sceaux, chef-d'œuvre paysager constituant l'une des pièces maîtresses du Square XXL. Un Square dont vous pouvez explorer les autres oasis de verdure, nombreuses dans ce coin du Grand Paris, en enfourchant votre vélo et en parcourant la Coulée verte du Sud Parisien de Paris à Massy.

Le Square XXL

BAGNEUX | BIÈVRES | CHÂTENAY-MALABRY | CHÂTILLON | FRESNES | ISSY-LES-MOULINEAUX | LE PLESSIS-ROBINSON | L'HAŸ-LES-ROSES | MALAKOFF | MASSY | MEUDON | MONTROUGE | PARIS | SCEAUX | VANVES | VERRIÈRES-LE-BUISSON

LE SQUARE XXL

carte

LE SQUARE XXL

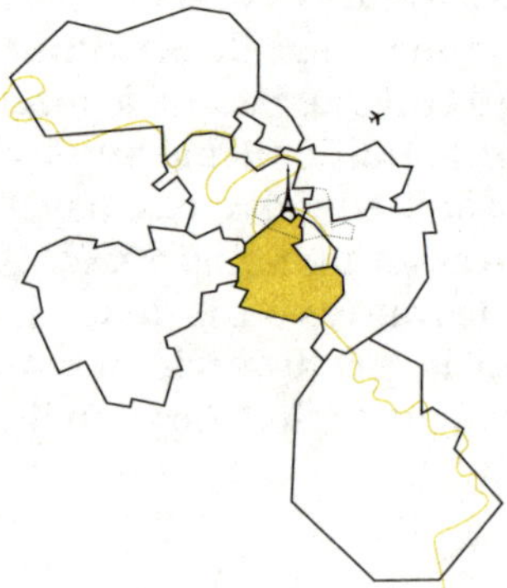

CULTURE

ART DE VIVRE

PLEIN AIR

MANGER

EN FAMILLE

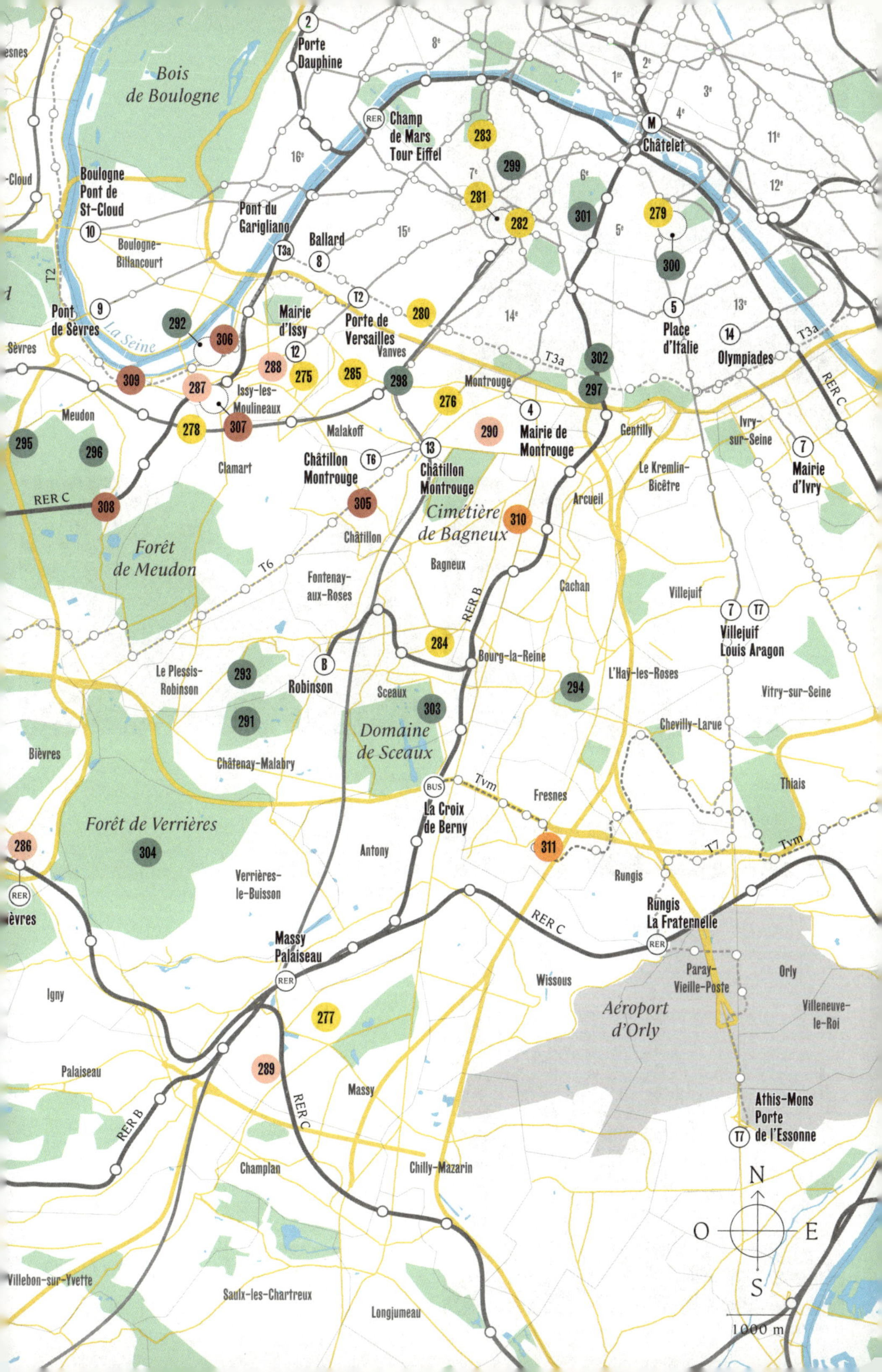
Bois de Boulogne
Porte Dauphine
Champ de Mars Tour Eiffel
Châtelet
Boulogne Pont de St-Cloud
Pont du Garigliano
Ballard
Boulogne-Billancourt
Pont de Sèvres
La Seine
Sèvres
Mairie d'Issy
Porte de Versailles
Vanves
Issy-les-Moulineaux
Meudon
Clamart
Malakoff
Montrouge
Mairie de Montrouge
Gentilly
Châtillon Montrouge
Châtillon
Cimetière de Bagneux
Place d'Italie
Olympiades
Ivry-sur-Seine
Mairie d'Ivry
Le Kremlin-Bicêtre
Arcueil
Forêt de Meudon
Fontenay-aux-Roses
Bagneux
Cachan
Villejuif
Villejuif Louis Aragon
Le Plessis-Robinson
Robinson
Bourg-la-Reine
L'Haÿ-les-Roses
Vitry-sur-Seine
Sceaux
Domaine de Sceaux
Chevilly-Larue
Bièvres
Châtenay-Malabry
Thiais
La Croix de Berny
Fresnes
Forêt de Verrières
Antony
Verrières-le-Buisson
Rungis
Rungis La Fraternelle
Massy Palaiseau
Wissous
Paray-Vieille-Poste
Orly
Aéroport d'Orly
Villeneuve-le-Roi
Igny
Palaiseau
Massy
Athis-Mons Porte de l'Essonne
Champlan
Chilly-Mazarin
Villebon-sur-Yvette
Saulx-les-Chartreux
Longjumeau
RER C
RER B
T2
T3a
T6
T7
Tvm
N
O
E
S
1000 m

RER transamazonien | *Parc Montsouris, Paris.*

Sainte Sieste | *Jardin du Luxembourg, Paris.*

« Ômmmmmmmm... » | *Parc Montsouris, Paris.*

Le coin des moussaillons | *Jardin du Luxembourg, Paris.*

Ambiance méditerranée | *Rue Daubenton, Paris.*

Tourtereaux | *Jardin des Plantes, Paris.*

Personne au balcon | *Cité Internationale Universitaire, Paris.*

Aux premières loges | *Parc Montsouris, Paris.*

« ...2456, 2457, 2458, 2459... » | *Parc Montsouris, Paris.*

culture

ISSY-LES-MOULINEAUX

275 MUSÉE FRANÇAIS DE LA CARTE À JOUER

#UNIQUEENFRANCE #POKERFACE #ESCAPEGAME

Loin de ne s'adresser qu'aux *geeks*, le musée de la Carte à jouer est unique en France. L'impressionnante collection retrace l'histoire des jeux de cartes à travers le monde. En tout, 11 000 ensembles de cartes ont été rassemblés, cristallisant les cultures et les époques qui les ont vues naître. Pour séduire un large public, le musée propose également un *escape game* dès 7 ans (équipes de 3 à 6 joueurs) où il vous faut retrouver la coupe de la Paix et éviter que ne reprenne la Grande Bataille des cartes…

Tarif: 5,20 € (plein tarif) / Gratuit pour les moins de 26 ans.
Fermé lundi et mardi et du 15 au 31 août.

16, rue Auguste Gervais, 92130 Issy-les-Moulineaux
Tél : 01 41 23 83 60 / museecarteajouer.com
- M — Ligne 12 : Mairie d'Issy
- Bus — 169, 323 : Musée
- Vélib' — Avenue Victor Cresson

MALAKOFF

276 MAISON DES ARTS DE MALAKOFF

#ARTCONTEMPORAIN
#DEMEUREDECARACTÈRE #GRATUIT

La Maison des arts de Malakoff est l'un des témoignages du lien qu'ont noué certaines villes de l'ex « banlieue rouge » avec l'art contemporain afin de le rendre accessible au plus grand nombre. Ouverte en 1997 dans une demeure de caractère, elle abrite quatre expositions gratuites chaque année et joue un rôle de passeuse en proposant des conférences. Label de qualité, la Maison des arts de Malakoff appartient au réseau Tram (tram-idf.fr) qui regroupe une trentaine de lieux dédiés à l'art contemporain de part et d'autre du périphérique. Pour la petite histoire, ce palais en modèle réduit tapa dans l'œil d'André Malraux (1901-1976), alors ministre de la Culture, un jour qu'il se rendait en Vallée de Chevreuse (voir page 72).

Entrée libre.
Fermé lundi et mardi.

105, avenue du 12 Février 1934, 92240 Malakoff
maisondesarts.malakoff.fr
- M — Ligne 13 : Malakoff - Rue Étienne Dolet
- Bus — 194, 388 : Augustin Dumont
- Vélib' — 102 avenue Pierre Brossolette, Malakoff

MASSY

277 PAUL B

#UNBIJOUDESALLEDECONCERT
#LESONDEDEMAIN #FESTIVAL

Déjà pas peu fier d'avoir un opéra, Massy peut aussi s'enorgueillir de posséder l'une des plus belles salles de concert du Grand Paris. Avec ses deux scènes, une grande et une autre plus intimiste coiffée d'une mezzanine, Paul B ne ménage pas ses efforts pour concocter une programmation mêlant têtes d'affiches et groupes émergents. Ce savoir-faire s'illustre chaque année à l'automne lors des Primeurs de Massy, festival qui vous fait sortir des sentiers battus et vous donne l'occasion de composer vos futures *playlists*.

6, allée de Québec, 91300 Massy
Tél : 01 69 75 12 80 / paul-b.fr
- RER — B, C : Massy Verrières
- Bus — 119, 319 : Hélène Boucher

MEUDON

278 MUSÉE RODIN – VILLA DES BRILLANTS

#MAISONDARTISTE #PARC #TOMBEDERODIN

Il n'y a pas que le musée Rodin de Paris. Il y a aussi celui, moins connu, de Meudon sis dans la villa des Brillants. Surplombant la Seine, cette belle demeure fut acquise à la fin du XIXe par l'auguste Rodin. On y pénètre pour découvrir l'intimité du sculpteur mais aussi son atelier où deux monuments de la littérature, Balzac et Hugo, apparaissent dans le plus simple appareil, croqués des pieds à la tête par le burin du maître des lieux. D'autres sculptures peuplent l'endroit, esquisses en plâtre de chefs-d'œuvre comme « La Porte de l'Enfer » ou « Les Bourgeois de Calais ». Sans oublier à l'extérieur un Penseur monumental, sous lequel reposent l'artiste et sa compagne Rose Beuret. Tout autour, on profite du parc peuplé de recoins propices à la méditation.

Tarif: 5 € (plein tarif) / Gratuit pour les moins de 25 ans. Ouvert les vendredis, samedis et dimanches de 13h à 18h.

19, avenue Auguste Rodin, 92190 Meudon
Tél : 01 41 14 35 00 / musee-rodin.fr

- RER — C : Meudon Val Fleury puis bus 169 : Paul Bert

PARIS

279 ARÈNES DE LUTÈCE

#MINICOLYSÉE #SQUARE
#GLADIATEURSDESTEMPSMODERNES

Bien qu'elles soient plus discrètes que le Colysée de Rome, les arènes de Lutèce sont une trace remarquable du passé gallo-romain de Paris. Incroyablement conservées, elles se cachent dans le square Capitan et vous font remonter le temps à l'époque des gladiateurs, qui ont cédé leur place sur la piste aux boulistes. Vous pouvez prendre place dans les gradins pour profiter du spectacle et y déplier votre nappe de pique-nique. Et pour voir les lieux s'animer encore davantage, notez dans votre agenda le festival « Les nuits des arènes » qui revient chaque été avec une programmation mêlant concerts, théâtre et débats.

49, rue Monge, 75005 Paris
Tél : 01 45 35 02 56 / paris.fr

- M — Ligne 7 : Jussieu
- Bus — 47 : Cardinal-Lemoine
- Vélib' — Rue Lacépède

280 LE MONFORT

#THÉÂTRE #ICONOCLASTE #SURPRENANT

Impossible d'anticiper ce qui va se passer. Il faut donc y aller les yeux fermés et jouer le jeu. Dès l'instant où vous vous approchez du théâtre Monfort et de son drôle de chapiteau métallique, le spectacle peut surgir à tout moment : dehors, alors qu'on vous avait fait croire que la représentation était annulée, ou bien par une pièce qui semble se terminer. Les directeurs Laurence de Magalhaes et Stéphane Ricordel, anciens des Arts Sauts, ont résolument pris le parti de l'iconoclasme. Théâtre, cirque, clown, cabaret, marionnettes... Au Monfort, tout ce qui est imaginable est possible.

106, rue Brancion, 75015 Paris
Tél : 01 56 08 33 88 / lemonfort.fr

- M — Ligne 13 : Porte de Vanves
- Tram — T3a : Brancion
- Bus — 95 : Brancion
- Vélib' — Rue Brancion

281 MUSÉE BOURDELLE

#ATELIERDARTISTE #JARDIN
#SCULPTURES

L'extraordinaire chez le sculpteur Antoine Bourdelle (1861-1929) commence côté jardin où l'on tombe nez à nez avec un Adam qui cache son visage mais pas son sexe. Ici, tout concourt à la flânerie dans les allées fleuries qui entourent l'atelier de l'artiste dont les pièces et les volumes sont restés intacts. On ne visite pas vraiment un musée, on part à la rencontre de Gustave Eiffel, de Beethoven, d'Anatole France, de Rodin dont on peut effleurer les bustes du bout des doigts. Antoine Bourdelle nous reçoit chez lui dans une tranquille intimité pour une balade déconnectée dans le Montparnasse des ateliers d'artistes du début du XXe siècle.

Tarifs : entrée des expositions temporaires 10 € (plein tarif), 5 € (tarif réduit) / Gratuit pour les moins de 18 ans. Accès gratuit aux collections permanentes. Fermé le lundi.

18, rue Antoine Bourdelle, 75015 Paris
Tél : 01 49 54 73 73 / bourdelle.paris.fr

- M — Ligne 4, 6, 12, 13 : Montparnasse-Bienvenüe
- Bus — 28, 29, 91, 95, 96 : Gare Montparnasse
- Vélib' — Avenue du Maine

282 MUSÉE DE LA POSTE®

#DU15^ESIÈCLEÀAUJOURDHUI
#DUCHEVALAUDRONE
#DUPREMIERTIMBREAUMAILART

Pendant six ans, il s'est refait une beauté. Le Musée de La Poste® a rouvert en 2019 et déroule l'histoire palpitante de la distribution du courrier depuis le XVe siècle en suivant trois grands axes : « La conquête du territoire », qui dresse l'inventaire des moyens de locomotion utilisés, du cheval au drone, en passant par le train, le bateau et l'avion ; « Des hommes et des métiers », où sont dévoilés les coulisses de cette grande chaîne humaine ; « La Poste, l'art et le timbre », offrant une plongée dans l'univers de la philatélie. Le Musée propose également des expositions temporaires. Des visites qui passent comme des lettres à La Poste.

Tarif : 5 € (plein tarif) / Gratuit pour les moins de 26 ans. Fermé le mardi.

34, boulevard de Vaugirard, 75015 Paris
Tél : 01 42 79 24 24 / museedelaposte.fr

- M — Lignes 4, 6, 12 et 13 : Montparnasse - Bienvenüe
- Transilien — Ligne N : Gare Montparnasse
- Bus — 39, 95 : Armorique

283 MUSÉE RODIN

#JARDIN #HÔTELPARTICULIER #CORRESPONDANCESIMAGINAIRES

Paradoxalement, ce n'est pas au contact des œuvres présentées dans le musée que se fait la véritable rencontre avec Rodin (1840-1917) mais en se baladant dans les contre-allées du grand jardin de l'hôtel de Biron. Là, à l'ombre des grands arbres, Auguste vous parle comme à un vieil ami ; de ses succès et des scandales qu'ont suscités certaines de ses œuvres ; de Balzac, de ses compagnes et de la douceur de vivre à la campagne. Suivez ce conseil : faites d'abord un détour par ce jardin magnifique dont la vue donne à la fois sur la coupole des Invalides et sur la tour Eiffel®. Lisez les correspondances imaginaires de Rodin. Elles sont judicieusement placées, tout au long du chemin, sous forme de petits billets qui offrent un éclairage sensible et indispensable pour mieux profiter par la suite de la visite du musée.

Tarifs : 10 € (tarif plein) / Gratuit pour les moins de 25 ans. Fermé le lundi.

79, rue de Varenne, 75007 Paris
Tél : 01 44 18 61 10 / musee-rodin.fr

- M — Ligne 13 : Varenne
- Bus — 69 : Esplanade des Invalides
- Vélib' — Boulevard des Invalides

SCEAUX

284 THÉÂTRE DES GÉMEAUX

#DÉFRICHEUR #THÉÂTREDANSEETMUSIQUE #SCÈNENATIONALE

L'inconvénient avec les Gémeaux est d'être obligé de choisir. Plonger le nez dans sa programmation, c'est être instantanément happé par une offre théâtrale, chorégraphique et musicale prolifique. Pour peu que l'on soit passionné des trois, il deviendrait presque difficile de ne pas y aller chaque semaine. Exigeant, mais pas snob, éclectique, mais pas fourre-tout, le théâtre des Gémeaux accueille des spectacles très attendus avant même les grandes salles parisiennes. Et pour ne rien gâcher, le bâtiment vaut lui aussi le détour avec de splendides façades tout en transparence.

49, avenue Georges Clemenceau, 92330 Sceaux
Tél : 01 46 61 36 67 / lesgemeaux.com

- RER — B : Sceaux
- Bus — 188, 390, 391 : Georges Clémenceau
- Vélib' — Avenue Jean Perrin, Sceaux

VANVES

285 THÉÂTRE DE VANVES

#DÉFRICHEUR #JEUNECRÉATION #DANSE

C'est un fait incontestable. Depuis ses débuts, le théâtre de Vanves a le chic pour débusquer un nombre incalculable de perles. Théâtre, danse, musique, cinéma, expos, la programmation joue à fond la carte de la diversité avec en supplément le rendez-vous incontournable qu'est devenu, au fil des ans, le Festival Artdanthé, tremplin pour la jeune création chorégraphique contemporaine. Avec trois lieux distincts situés à 300 mètres les uns des autres — la salle de la rue Sadi Carnot, la Panopée et l'ODE Conservatoire —, le théâtre de Vanves est le genre d'endroit où vous ne vous lasserez jamais de revenir.

Tarifs : 20 € (tarif plein) / 14 € (tarif réduit).

12, rue Sadi Carnot, 92170 Vanves
Tél : 01 41 33 93 70 / theatre-vanves.fr

- M — Ligne 13 : Malakoff – Plateau de Vanves
- Bus — 126 : Mairie de Vanves – Centre Administratif
- Vélib' — Place du Maréchal de Lattre de Tassigny, Vanves

art de vivre

BIÈVRES

286 MILLE FEUILLES

#LIBRAIRIE #RESTAURANT #PRODUITSLOCAUX

Les odeurs de plats qui mijotent ne sont d'habitude pas l'apanage des librairies. Pourtant, lorsque vous entrez au Mille Feuilles à l'heure du déjeuner, ce ne sont pas les livres sur lesquels vous avez envie de vous jeter en premier. Non pas qu'ils fassent moins envie qu'ailleurs. C'est juste qu'ici vous êtes aussi dans un restaurant et un salon de thé avec vue panoramique sur la forêt de Verrières (voir page 190). Alors que peut-on bien manger dans une librairie ? En fait, ça dépend. Véronique, l'hôte des lieux, vit au gré des saisons et de ce que lui proposent ses producteurs, ce qui se traduit dans l'assiette par une brandade de poulet bio de Bièvres ou un tajine d'agneau bio des Ardennes.

Elizabeth II | *Jardin des Plantes, Paris.*

Autre caractéristique du Mille Feuilles: il s'y passe toujours quelque chose. Outre les traditionnelles dédicaces, la librairie-resto-salon-de-thé organise expos, concerts, conférences et fait office de galerie d'art. On en oublierait presque les bouquins dans tout ça. Ils sont bien là, et pour tous les âges. D'ailleurs, précision, on en trouve même dans la salle de resto afin d'occuper les enfants...

Plats entre 5,5 € et 15,5 €.
Fermé le lundi.

28, rue de l'Église, 91570 Bièvres
Tél : 01 69 85 32 69 /
nouveaurestobievres.wordpress.com

- RER — C : Bièvres

ISSY-LES-MOULINEAUX

287 LE CUBE

#NUMÉRIQUE #EXPO #FORMATION

Chaque grande religion possède son lieu de ralliement. Les catholiques vont à Lourdes, les musulmans à la Mecque, les fans de foot au Camp Nou et depuis presque vingt ans, les dingues de numérique se retrouvent au Cube. En plus d'être un espace d'expo, le Cube s'est donné une mission : transmettre. Non pas la bonne parole, mais les bons savoir-faire. Grâce aux différents ateliers proposés, le béotien peut partir à la découverte de l'informatique tandis que le praticien chevronné est accompagné dans la création de son application mobile. Quant aux *digital natives*, ils s'initient dès trois ans dans le « Coin des tout petits ». Bien sûr ce n'est pas tout. Pour être complet, il faudrait parler des conférences, des spectacles, des parcours d'œuvres et autres après-midis numériques en famille.

Fermé lundi et dimanche.

20, cours Saint Vincent, 92130 Issy-les-Moulineaux
Tél : 01 58 88 30 00 / lecube.com

- RER — C : Issy
- Tram — T2 : Les Moulineaux
- Bus — 123 : Chemin des Vignes
- Vélib — Cours Saint-Vincent, Issy

288 VERSION ORIGINALE

#PÂTISSERIEDECHOC #AUFILDESSAISONS #SALONDETHÉ

C'est l'une des adresses incontournables d'Issy tenue par un duo de choc : Alexandre Verrier, chef chocolatier resté 18 ans auprès de Jean-Paul Hévin, et Maxime Ollivier, pâtissier formé par Christophe Michalak et passé par le Ritz®, le Plaza® et Ladurée®. Les pâtisseries, présentées sous forme de lingots et conçues selon le rythme des saisons, sont à tomber. Si d'ailleurs vous craignez de choir en les goûtant dans la rue, vous pouvez prendre le temps de vous asseoir à l'une des deux tables présentes dans la boutique tout en profitant d'une belle sélection de thés et de cafés. Un conseil : ne passez surtout pas à côté des sablés...

Ouvert tous les jours.

42, rue Danton, 92130 Issy-les-Moulineaux
Tél : 01 46 62 21 97 / Facebook @versionoriginaleissy

- M — Mairie d'Issy
- Bus — 123, 169 : Mairie d'Issy - Métro
- Vélib' — Avenue Victor Cresson

MASSY

289 ARKOSE MASSY

#SALLEDESCALADE #ENFANTS #BARRESTAURANT

L'une des plus grandes salles d'escalade de France se cache dans une zone industrielle de Massy. Sur 1 500 m², des murs plus ou moins penchés vous attendent recouverts de prises multicolores et classés en six niveaux de difficultés, de « Peu difficile » à « Abominable ». Au sol, d'épais matelas se tiennent prêts à amortir vos chutes tandis qu'un espace est spécialement réservé aux enfants avec des murs pour la grimpe mais aussi un toboggan et un pont de singe. Si après avoir grillé des calories à la force des bras vous ressentez le besoin d'un bon *burger* maison ou d'une bière locale, inutile d'aller bien loin. Un bar-restaurant avec fresques *street art*, tables en bois et fauteuils club se trouve au pied de ces falaises artificielles. Mention spéciale pour l'accueil car chez Arkose, même si on est au pays de l'escalade, on ne vous prend pas de haut.

Tarifs : 15 € la séance + 4 € la location des chaussons.
Ouvert tous les jours de 8h à minuit.

4, rue Galvani, 91300 Massy
Tél : 01 64 47 07 47 / massy.arkose.com

- RER — B, C : Massy-Palaiseau
- Bus — 319 : Galvani Sud

MONTROUGE

290 LA BOUTIQUE DU FUTUR

#CONCEPTSTORE #DESIGN
#GÉOTROUVETOU

Parce que le casse-tête du cadeau original revient régulièrement, la Boutique du Futur est une adresse indispensable. Ce concept-store inédit commercialise les inventions de son créateur, Nicolas Trüb, un ex-ingénieur dans les télécoms reconverti en Géo Trouvetou. Et depuis 20 ans, celles-ci se comptent par dizaines. Pêle-mêle on citera Zébulon, l'ingénieux range-chaussettes en forme de ressort, Umbrelhat, le parapluie que l'on n'a pas besoin de tenir, ou encore Savo-sec, un petit trépied qui s'accroche au savon et lui évite de fondre sur l'évier. Des objets dont certains s'arrachent dans le monde entier à l'instar du Babyplane, cuillère pour bébé customisée en avion. Si le succès est international, la production, elle, est 100% locale. Point de *Made in China* donc mais du *Made in France*, voire pour l'essentiel du *Made in Île-de-France*.

Fermé lundi et dimanche.

18, rue Périer, 92120 Montrouge
Tél : 01 46 56 00 86 / laboutiquedufutur.fr

- M — Ligne 4 : Mairie de Montrouge
- Bus — 128 : Madeleine Verdier
- Vélib' — Avenue Verdier

plein air

CHÂTENAY-MALABRY

291 PARC DE LA VALLÉE-AUX-LOUPS

#PERLEVERTE #CÈDREBLEUPLEUREURDELATLAS
#CHATEAUBRIAND

Labellisé « Jardin remarquable® », le parc de la Vallée-aux-Loups séduit tous les publics. À commencer par les amateurs de marche sportive tant ses sentiers se sont donnés le mot pour ne jamais être à plat. Les fondus de botanique sont eux-aussi gâtés. L'endroit renferme un arboretum comptant près de 500 espèces d'arbres dont un cèdre bleu pleureur de l'Atlas, élu Arbre de l'année en 2015. Même les amoureux de littérature y trouvent leur compte. Chateaubriand, interdit de séjour dans la capitale par Napoléon, acheta le domaine et s'y installa de 1807 à 1818. Sa demeure, où il entama l'écriture des *Mémoires d'outre-tombe*, se visite. On y découvre entre autres la tour Velleda, qui lui servit toutes ces années de cabinet de travail.

Ouvert tous les jours.

87, rue Châteaubriand, 92290 Châtenay-Malabry
maison-de-chateaubriand.hauts-de-seine.fr
et hauts-de-seine.fr

- RER — B : Robinson
- Bus — 194, 294 : Marc Sangnier
- Vélib' — Gare de Robinson

ISSY-LES-MOULINEAUX

292 PARC DE L'ÎLE SAINT-GERMAIN

#ÎLEDEBEAUTÉ #CHAMPÊTRE
#GRANDESPELOUSES

Dommage qu'« île de beauté » soit un titre déjà attribué à la Corse. Car l'île Saint-Germain aurait pu prétendre elle-aussi à cet honneur. Une fois parvenu dans ce paradis perdu facile à trouver, vous tombez instantanément sous le charme de sa mosaïque de jardins à l'allure champêtre. Ne reste plus qu'à choisir le vôtre pour en faire une salle de lecture, un coin sieste ou une salle à manger. Vous pouvez aussi opter pour la pièce commune et profitez de grandes pelouses inondées par le soleil. Sur la partie orientale de l'île pointe un drôle de totem de 24 mètres de haut, la

Tour aux figures, œuvre de l'artiste Jean Dubuffet (1901-1985). Conçue comme un labyrinthe vertical, elle a été rouverte à la visite depuis 2020 (tourauxfigures.hauts-de-seine.fr).

Ouvert tous les jours.

170, quai de Stalingrad, 92130 Issy-les-Moulineaux
hauts-de-seine.fr

- RER — C : Issy Val de Seine
- Tram — T2 : Jacques-Henri Lartigue
- Bus — 123, 260, 289, 389 : Île Saint-Germain
- Vélib' — Avenue Jean Monnet, Issy

LE PLESSIS-ROBINSON

293 PARC HENRI-SELLIER

#PARCFORESTIER #GRANDESPELOUSES
#TERRASSEAVECVUE

Au croisement de la rue de l'Étang de l'Écoute-s'il-pleut et de la rue de Malabry, vous grimpez quelques marches pour atteindre une grande terrasse. Votre ascension terminée, vos yeux se promènent à 180 degrés sur le Sud grand-parisien pour y contempler le parc de la Vallée-aux-Loups (voir page 185), le domaine de Sceaux (voir page 190), la forêt de Verrières (voir page 190) et les avions qui décollent des pistes d'Orly. Une fois imprégné du panorama, il ne vous reste plus qu'à vous promener dans ce petit parc forestier de 27 hectares, pique-niquer sur ses pelouses, prendre place dans son théâtre de verdure et essayer de trouver le séquoia géant de Californie planté au XIXe siècle.

Ouvert tous les jours.

Rue de l'Étang de l'Écoute-s'il-pleut,
92350 Le Plessis-Robinson
hauts-de-seine.fr

- RER — B : Robinson
- Bus — 179, 195, 390, 395, 595 : Charles Pasqua
- Vélib' — Gare de Robinson

L'HAŸ-LES-ROSES

294 ROSERAIE DU VAL-DE-MARNE

#MAIASEPTEMBRE #11000ROSIERS
#MIGNONNEALLONSVOIRSILAROSE

Mignonne, allons voir si la rose, qui ce matin avait déclose, à L'Haÿ-les-Roses. Voilà sans doute ce que dirait Ronsard pour vous inviter à l'accompagner à la roseraie du Val-de-Marne, sublime jardin qui rassemble l'une des plus importantes collections de roses anciennes au monde. Créée au XIXe siècle par Jules Gravereaux, qui fit fortune en participant à la création du Bon Marché® à Paris, elle compte 11 000 rosiers et près de 3 000 espèces différentes. Ouverte de mai à septembre, elle trouve sa place au cœur d'un parc de 13 hectares avec une aire de pique-nique, des jardins thématiques et des espaces de jeux pour enfants.

Tarifs : 4 € (tarif plein), 2 € (tarif réduit) / Gratuit pour les moins de 5 ans.
Ouvert de juin à septembre de 10h à 17h.

Rue Albert Watel, 94240 L'Haÿ-les-Roses
Tél : 01 47 40 04 04 / roseraie.valdemarne.fr

- RER — B : Bourg-la-Reine puis bus 172, 184, 192 : Sous-préfecture - Roseraie

MEUDON

295 FORÊT DE MEUDON

#FORÊTLAPLUSPROCHEDEPARIS
#50FOISPLUSGRANDEQUELELUCO
#ATTENTIONÇAGRIMPE

À seulement 5 km du périph', la forêt de Meudon est tout simplement la forêt la plus proche de Paris. Recouvrant plus de 1 000 hectares, soit 50 fois le Jardin du Luxembourg, ses sentiers aux pentes parfois abruptes et ses nombreux étangs, elle possède tous les atouts pour une escapade au grand air. Elle réserve en outre deux curiosités archéologiques : le menhir de la Pierre aux Moines, qui serait âgé de plus de 4 000 ans, ainsi que les dolmens du Chêne des Missions, installés à la fin du XIXe siècle par des missionnaires bretons. Enfin, on y trouve l'une des tables les mieux cachées du Grand Paris, Au Rendez-vous des pêcheurs (voir page 191), cabane blottie au bord d'un étang et tenue par la même famille depuis une vingtaine d'années.

92190 Meudon / onf.fr

- RER — C : Meudon Val Fleury
- Transilien — Ligne N : Chaville Rive Gauche
- Bus — 289, 389 : Cimetière de Trivaux

296 TERRASSE DE L'OBSERVATOIRE DE MEUDON

#BELVÉDÈRE #VUEPANORAMIQUE
#GRANDESPELOUSES

Quoi de mieux qu'une terrasse de 61 000 mètres carrés pour admirer Paris ? Perché sur les hauteurs de la ville, le domaine national de Meudon est un belvédère comme il en existe peu dans le

Monsieur et Madame Jemebalade | *Jardin des Plantes, Paris.*

Noyés dans le vert | *Parc de Sceaux, Sceaux.*

Raie au milieu | *Jardin des Plantes, Paris.*

Grand Paris et qui permet de contempler, à l'écart de la foule, les 1001 merveilles de la capitale. Une fois que vous en aurez pris plein les yeux, et si le soleil est au rendez-vous, vous n'aurez plus qu'à profiter des pelouses bordées de platanes qui vous tendent les bras, sans oublier d'aller jeter un œil de plus près à l'observatoire construit en 1876.

Ouvert tous les jours.

5, place Janssen, 92190 Meudon / meudon.fr
- RER — C : Meudon Val Fleury
- Bus — 169, 289 : Église de Meudon

PARIS

297 CITÉ UNIVERSITAIRE

#LETOURDUMONDEENUNPARC #ARCHITECTURE #GRANDESPELOUSES

Des allées arborées qui relient entre elles d'impressionnantes résidences étudiantes ; ce pourrait être le campus de Harvard. En tous cas, rien ne vous empêche d'y croire. Ils sont 12 000 étudiants-chercheurs venus du monde entier à vivre ici. Vous vous en rendrez vite compte en tendant l'oreille. Edifiée à l'issue de la Première Guerre mondiale, la Cité U constitue un patrimoine architectural singulier mais aussi l'un des plus grands parcs de Paris avec 34 hectares en tout. Des visites guidées gratuites sont d'ailleurs organisées régulièrement pour en explorer les recoins. Le calendrier est à retrouver sur ciup.fr.

17, boulevard Jourdan, 75014 Paris
Tél : 01 44 16 64 00 / ciup.fr
- RER — B : Cité Universitaire
- Tram — T3a : Cité Universitaire
- Bus — 21, 216 : Cité Universitaire
- Vélib' — Boulevard Jourdan

298 COULÉE VERTE DU SUD PARISIEN

#DEPARISÀMASSY #VÉLO #NATURE

Elle s'écoule paisiblement sur 14 km de Paris à Massy. La Coulée verte du Sud Parisien est une voie cyclable paysagée et entièrement balisée où il fait bon pédaler à l'abri du trafic. Elle relie un chapelet de parcs et jardins dont le fameux parc de Sceaux (voir page 190), joyau de verdure huit fois plus grand que le Jardin du Luxembourg. Elle passe également à proximité du parc de la Vallée-aux-Loups (voir page 185) à Châtenay-Malabry, qui abrite l'ancienne demeure de Chateaubriand où il entama l'écriture des *Mémoires d'outre-tombe*. En parlant de mémoires, il ne vous sera pas nécessaire de lire celles de Poulidor pour vous préparer. Le tracé, même vallonné, est accessible à tous les types de mollets.

Tracé cyclable de 14 km balisé entre Paris et Massy
Dans le sens Paris - Massy, départs de la place de Catalogne à Paris (14e) ou du métro Malakoff-Plateau de Vanves à Malakoff (92)
tourisme92.com/coulee-verte.html

299 JARDIN CATHERINE LABOURÉE

#CLAIRIÈRE #SOLARIUM #GRANDESPELOUSES

Soyez attentif car il est possible que vous passiez devant sans vous en apercevoir. Le jardin Catherine Labourée ressemble à une clairière en pleine ville. Ses grandes pelouses, bordées de tilleuls et de peupliers, sont un solarium prisé. Pour l'anecdote, sachez que l'entrée secrète de l'hôtel de Matignon se trouve juste en face, ce qui explique la présence constante de policiers en faction sur le trottoir. Sinon, profitez d'être là pour vous rendre à la Chapelle Notre-Dame de la Médaille Miraculeuse. Située au 140, rue du Bac, elle fait partie des 10 sites culturels les plus visités à Paris et abrite le corps embaumé de Catherine Labourée, à qui la Vierge est apparue en 1830.

Ouvert tous les jours.

29, rue de Babylone, 75007 Paris
paris.fr
- M — Lignes 10, 12 : Sèvres-Babylone
- Bus — 86 : Vaneau - Babylone
- Vélib' — Boulevard des Invalides

300 JARDIN DES PLANTES

#FLOREMAJESTUEUSE #GRANDESSERRES #VISITESGUIDÉESGRATUITES

Le Jardin des Plantes est sans doute le plus bel amphi pour un cours de botanique. Le long de ses allées entretenues par une armée de jardiniers passionnés, vous faites connaissance avec la flore tout en profitant de la beauté des lieux. Pour compléter votre cursus, des visites guidées thématiques et gratuites se déroulent d'avril à octobre dans les différents espaces du jardin. Une programmation à retrouver dans la rubrique agenda « Propos de jardiniers » sur jardindesplantesdeparis.fr. Un conseil : ne vous privez pas d'un détour dans la forêt luxuriante des grandes serres.

Tarifs: Grandes serres: 7 € (plein tarif), 5 € (3-25 ans) / Ménagerie: 13 € (plein tarif), 10 € (3-25 ans) / L'accès au reste du jardin est gratuit.
Ouvert tous les jours.

57, rue Cuvier, 75005 Paris
Tél: 01 40 79 56 01 / jardindesplantesdeparis.fr

- M — Lignes 7, 10: Jussieu
- Bus — 67: Cuvier-Jardin des Plantes
- Vélib' — Place Valhubert

301 JARDIN DU LUXEMBOURG

#SPECTACLECONTINU #SALLEDESPORT #LUNDESPLUSBEAUXJARDINSPARISIENS

Il y a toujours quelque chose à observer au Luxembourg. La grâce des adeptes du tai-chi, la foulée des amateurs de footing, le sillage des bateaux miniatures sur le bassin, les joutes tennistiques, les carreaux des boulistes, la concentration des joueurs d'échec, les expos photo sur les grilles ou les massifs de fleurs. S'ennuyer relève donc de l'impossible. D'autant que rien ne vous empêche vous aussi de pratiquer toutes ces activités pour, à votre tour, être l'objet de tous les regards.

Ouvert tous les jours.

2, rue Auguste Comte, 75006 Paris
Tél: 01 42 64 33 99 / senat.fr/visite/jardin

- M — Ligne 12: Notre-Dame des Champs
- RER — B: Luxembourg
- Bus — 21, 27, 82: Luxembourg
- Vélib' — Rue Guynemer

302 PARC MONTSOURIS

#GRANDESPELOUSES #LAC #UNTOURENPONEY

Vallonné, peuplé d'arbres remarquables aux formes intrigantes, d'oiseaux peu craintifs nichant près du lac et de statues disséminées sur ses larges pelouses, le parc Montsouris est un coin de nature touché par la grâce. L'urbain en quête d'un moment de quiétude peut s'allonger sur l'herbe, étudier les variétés végétales, manger une gaufre au kiosque, faire grimper ses enfants sur un poney ou emboîter le pas des accros du footing. Pour prolonger le plaisir, un tour s'impose dans les rues bordant le parc, riches de magnifiques maisons fleuries.

Ouvert tous les jours.

2, rue Gazan, 75014 Paris
Tél: 01 53 90 67 14 / paris.fr

- RER — B: Cité Universitaire
- Tram — T3a: Cité Universitaire
- Bus — 21, 216: Cité Universitaire
- Vélib' — Boulevard Jourdan

SCEAUX

303 PARC DE SCEAUX

#HUITIÈMEMERVEILLEDUMONDE #TROISENUN #GRANDESPELOUSES

Avec ses 180 hectares, le parc de Sceaux réussit le tour de force de réunir en un même lieu trois grands classiques franciliens: le domaine du château de Versailles, le bois de Boulogne et le parc Montsouris. Pour s'en convaincre, il suffit d'en décliner les principales caractéristiques: des jardins à la française bordés d'allées aux perspectives versaillaises et qui convergent vers un château, un bois parcouru de sentiers aux charmes boulonnais ainsi que de grandes pelouses où se prélasser dans l'esprit de Montsouris, sans risque d'avoir à supporter de trop près ses congénères. La liste des réjouissances ne s'arrête pas là. S'ajoute à cela une magnifique aire de jeux en bois imaginée par les enfants eux-mêmes, une grande piscine en plein air, un canal où pêcher carpes et gardons de même que plusieurs kiosques dans lesquels trouver refuge pour vaincre la faim.

Ouvert tous les jours.

Avenue Le Nôtre, 92330 Sceaux
Tél: 01 41 87 29 50 /
domaine-de-sceaux.hauts-de-seine.fr

- RER — B: Parc de Sceaux
- Bus — 196, 197, 297: La Fontaine
- Vélib' — Rue du Docteur Berger, Sceaux

VERRIÈRES-LE-BUISSON

304 FORÊT DE VERRIÈRES

#ÀPIED #ÀVÉLO #GRANDESALLÉES

Pour vraiment profiter de la forêt de Verrières comme le fit en son temps Henri IV, n'hésitez pas à vous y enfoncer. Longée de part et d'autre par les torrents automobiles de l'A86 et de la N118, elle ne laisse guère percevoir le chant des petits oiseaux lorsqu'on y pénètre. Afin d'échapper aux bruits parasites, aventurez-vous franchement en son cœur, à pied et même à vélo car les allées sont larges, plates et pour certaines, bitumées. 575 hectares de chênes et de châtaigniers vous attendent.

Route de Montauzin, 91370 Verrières-le-Buisson
onf.fr

- RER — C: Igny
- Tram — T6: Pavé Blanc
- Bus — 196, 294: Croix Belle Avoine
- Vélib' — Place Aimé Césaire, Meudon-la-Forêt

manger

CHÂTILLON

305 BARBEZINGUE

#UNIQUEAUMONDE #RESTOMULTIFONCTION #TAPAS

Attention, concept unique au monde. Le Barbezingue est le premier restaurant à faire également barbier, club de jazz, fronton de pelote basque, terrain de pétanque, hammam, épicerie, table d'hôtes et bar à vin. Grand ordonnateur de cet improbable mélange, le chef Thierry Faucher est passé entre autres par les cuisines du Crillon® sous l'ère du triplement étoilé Christian Constant. Adepte de la bistronomie, ce briseur de codes met son savoir-faire à la portée de tous. Au zinc, vous dégustez des tapas dont l'os de veau à ronger à 1€. À l'étage, vous prenez place sur de grandes tables en bois pour profiter d'un menu à volonté à 28€. Au petit-déj, on vous installe dans l'épicerie et on vous régale de terrines et de pâtisseries maison pour 16€. Enfin, pour les grandes occasions, vous vous offrez un menu dégustation à 51€. Dommage que le chef n'ait pas encore eu l'idée d'ouvrir des chambres.

Fermé le dimanche soir et le lundi.

14, boulevard de la Liberté, 92320 Châtillon
Tél : 01 49 85 83 50 / barbezingue.com

- Tram — T6 : Centre de Châtillon
- Bus — 194, 394 : Centre de Châtillon

ISSY-LES-MOULINEAUX

306 L'ÎLE

#DÉCO #TERRASSE #AUGRÉDESSAISONS

Surtout n'allez pas à L'Île un jour de beau temps. Vous seriez tenté de profiter de la terrasse, spacieuse, au détriment de la salle, de son style indus-chic, de son plafond haut, de sa verrière et de son parquet foncé. Mais qu'importe que vous soyez à l'intérieur ou à l'extérieur, le chef ne fait pas de différence et vous régale avec une carte de saison. L'été, vous dégustez une mozzarella burratina, suivi d'un dos de cabillaud sauce chimichurri pour finir par une pavlova aux fraises et framboises. Et l'hiver, vous prenez place près du poêle à bois pour dévorer une entrecôte *Irish Cut.* De quoi aimer éperdument les saisons.

Formules déjeuner à 25€ et 28€ du lundi au vendredi / Plats entre 8€ et 35€.
Ouvert tous les jours.

Parc de l'Île Saint-Germain, 170, quai Stalingrad, 92130 Issy-les-Moulineaux
Tél : 01 41 09 99 99 / restaurant-lile.com

- RER — C : Issy Val de Seine
- Tram — T2 : Jacques-Henri Lartigue
- Bus — 260 : Passerelle de l'Europe
- Vélib' — Boulevard des Îles, Issy

307 ISSY GUINGUETTE

#AUMILIEUDESVIGNES #BELLETERRASSE #450SORTESDEVINS

Niché au sommet d'un coteau parsemé de pieds de vigne, le Chemin des vignes offre un dépaysement inattendu. Installé dans une ancienne maison de chantier en briques, cette table champêtre jouit également d'une vaste terrasse sur deux niveaux. Dans l'assiette, des classiques revisités et dans les verres, les nectars préférés de Bacchus que vous retrouvez également dans la boutique aux 450 références dont le vin naturel récolté et produit sur le site.

Plats entre 8€ et 25€.
Fermé samedi et dimanche.

113, bis avenue de Verdun, 92130 Issy-les-Moulineaux
Tél : 01 46 62 04 27 / issyguinguette.fr

- RER — C : Issy
- Bus — 123 : Chemin des Vignes
- Vélib' — Cours Saint-Vincent, Issy

MEUDON

308 AU RENDEZ-VOUS DES PÊCHEURS

#SECRETSPOT #CABANEAUCANADA #ÀLALUEURDESBOUGIES

Inutile d'aller au Canada pour trouver une cabane blottie au fond des bois. À Meudon, Le Rendez-vous des pêcheurs remplit parfaitement ce rôle. Cette guinguette posée au bord d'un étang en forêt de Meudon est l'une des tables les mieux cachées du Grand Paris, et donc une adresse précieuse. Tenue par la même famille depuis une vingtaine d'années, on y mange des plats faits maison dans un intérieur aux allures de refuge de montagne, à moins que vous ne préfériez la terrasse sous les arbres. Lorsque la température se fait basse, des bougies viennent réchauffer l'atmosphère, donnant au lieu un charme irrésistible. Dépaysement garanti.

Plats entre 6 et 16 € / Pas de CB.
Fermé lundi et vendredi.

Route de l'Étang de Trivaux, 92190 Meudon
Tél : 06 65 70 79 92

309 QUAI DE MEUDON

#ANCIENNEGARE #TERRASSEPANORAMIQUE #PROMENADEDIGESTIVE

Avant d'entamer l'ascension de la côte des gardes, soit 2 km avec un dénivelé qui atteint sur certaines portions près de 10%, mieux vaut prendre des forces. Et ça tombe bien puisque, au pied de ce mur emprunté chaque année par les 25 000 coureurs du Paris-Versailles se trouve le Quai de Meudon, ancienne gare transformée en restaurant gourmet. Parfait pour une halte avec vue sur le Grand Paris lorsque la terrasse panoramique est ouverte au dernier étage. À la carte, on recommande vivement les escalopes de saumon bio aller/retour, salade de pourpier citron confit ainsi que l'île flottante glacée au chocolat, popcorn caramélisé. Et pour digérer, grimpez ensuite pendant 1,5 km jusqu'au parc de l'observatoire de Meudon (voir page 186) pour y admirer le paysage de carte postale.

Menu déjeuner du mardi au vendredi 27 € (2 plats) / Plats entre 14 € et 30 €.
Fermé le dimanche soir et le lundi.

10, route des Gardes, 92190 Meudon
Tél : 01 40 95 24 60 / quaidemeudon.com

- Transilien — Ligne N : Meudon
- Tram — T2 : Meudon-sur-Seine
- Bus — 389 : Meudon-sur-Seine

en famille

BAGNEUX

310 LE PLUS PETIT CIRQUE DU MONDE

#PASSIPETITQUEÇA #STAGES #SPECTACLES

Mesdames, Messieurs, bienvenus sous le chapiteau du Plus Petit Cirque du Monde ! Un nom qui ne traduit pas l'extrême richesse du projet développé par ce centre des arts circassiens où tout le monde peut se former aux techniques du cirque mais également à d'autres disciplines comme le *hip-hop*, la *slackline* ou le BMX. Outre les stages et les ateliers, le Plus Petit Cirque du Monde accueille aussi spectacles et café-rencontres.

Fermé le dimanche.

1, impasse de la Renardière, 92220 Bagneux
Tél : 01 46 64 93 62 / lepluspetitcirquedumonde.fr

- RER — B : Bourg-la-Reine
  puis bus 390 : Les Blagis
- Vélib' — Avenue Jean Perrin

FRESNES

311 PLAYMOBIL® FUNPARK

#SALLEDEJEUXRÊVÉE #ENAVANTLESHISTOIRES #DÉCIBELS

Le Playmobil® Funpark est la salle de jeux rêvée. Des jouets en accès libre s'étalent à perte de vue sur plus de 2 000 m², répartis en différents univers thématiques. Châteaux forts, maisons de princesses, bateaux de corsaires ou encore fermes sont à disposition avec tous leurs accessoires. Pour les plus petits, qui seraient tentés d'avaler un micro-sabre ou une pantoufle de vair taille 2, un espace garanti sans petite pièce est aménagé spécifiquement. Alors certes, l'endroit peut s'avérer bruyant. Mais qu'importe. À la fin, on s'épargne les séances de rangement.

Tarifs : 3 € à partir de 3 ans.
Fermé le lundi.

22/24, allée des Jachères, ZA « La Cerisaie », 94260 Fresnes
playmobil-funpark.fr

- Bus — 396 : Cerisaie

Origami | *Parc Montsouris, Paris.*

« Mon meilleur profil » | *Parc de Sceaux, Sceaux.*

cartes & index

pour aller plus loin ...

Tranquillos 1 | *Canal de l'Ourcq, Pantin.*

ENLARGE YOUR PARIS

Média local indépendant et auteur du Guide des Grands Parisiens, Enlarge your Paris explore le Grand Paris depuis 2013 avec une attention particulière pour la culture et ce qu'il se passe au-delà du périph'. Chaque vendredi, la rédaction concocte pour ses plus de 50 000 abonnés la newsletter des sorties du week-end dans le Grand Paris. Elle organise également de nombreux événements comme la Transhumance du Grand Paris en 2019 avec les Bergers Urbains du 93 et la Métropole du Grand Paris ou encore les randonnées urbaines le long des futures lignes du Grand Paris Express pour faire découvrir la richesse de l'outre-périphérique.
enlargeyourparis.fr

#EXPLOREPARIS

Créée par l'Office de tourisme et des congrès de Paris, le Département des Hauts-de-Seine, Seine-Saint-Denis Tourisme et Val-de-Marne Tourisme & Loisirs, la RATP, le Welcome City Lab, l'IREST et Atout France, la plateforme Explore Paris propose de nombreuses visites et balades guidées tout au long de l'année pour sortir des sentiers battus et se familiariser avec toutes les facettes du Grand Paris.
exploreparis.com

Tranquillos 2 | *Jardins du Château de Versailles, Versailles.*

HELLOWAYS

Mieux qu'une boussole, Helloways. Créé par Clément Lhommeau et Nicolas Chevolot, ce site permet de trouver des randonnées dans le Grand Paris les plus adaptées à ses envies et accessibles en transports en commun. Ils sont aussi les co-concepteurs d'un tout nouvel itinéraire en forêt de Fontainebleau, la Trans'Bleausarde, qui affiche 52 km et 1200 mètres de dénivelé (voir p.139).
helloways.com

VISIT PARIS REGION

Pour partir à la découverte de l'Île-de-France, le Comité régional du tourisme partage sur son site de nombreuses idées sorties dans et autour de Paris (parcours dans les Parcs naturels franciliens, week-end à Versailles ou à Fontainebleau...). Il propose également en téléchargement gratuit l'appli Paris Region Aventure, un jeu de piste regroupant 30 aventures pour explorer la région, son patrimoine culturel, ses lieux touristiques et leurs différents secrets.
visitparisregion.com

BOUGEOTT

Téléchargeable gratuitement, l'appli bougeott, lancée par la Région Île-de-France, permet de partir à la découverte des paysages et des monuments d'Île-de-France. Elle propose pour ce faire des itinéraires clés en main pour marcher ou courir en ville ou en forêt avec en prime des informations historiques sur les points d'intérêt croisés.
iledefrance.fr

LE RÉSEAU DES TRANSPORTS EN COMMUN EN ÎLE-DE-FRANCE

Prolongement de lignes de métro au-delà du périph', développement tous azimuts du tramway, modernisation du réseau des trains de banlieue et des RER… les transports en commun franciliens font l'objet d'importants chantiers depuis plusieurs années. Sans oublier le Grand Paris Express qui prévoit de doubler d'ici à 2030 le réseau du métro, avec de nouvelles lignes autour de Paris et la construction d'une soixantaine de gares. C'est tout simplement le plus grand plan de transport public depuis la création du métro parisien en 1900. Une autre nouveauté concerne le réseau de bus, qui a été modifié et renforcé en 2019 avec notamment la création de nouvelles dessertes et une augmentation du nombre de bus en circulation. Alors pour vous y retrouver dans cette offre pléthorique et préparez vos déplacements, consultez transilien.com, ratp.fr ou vianavigo.com.

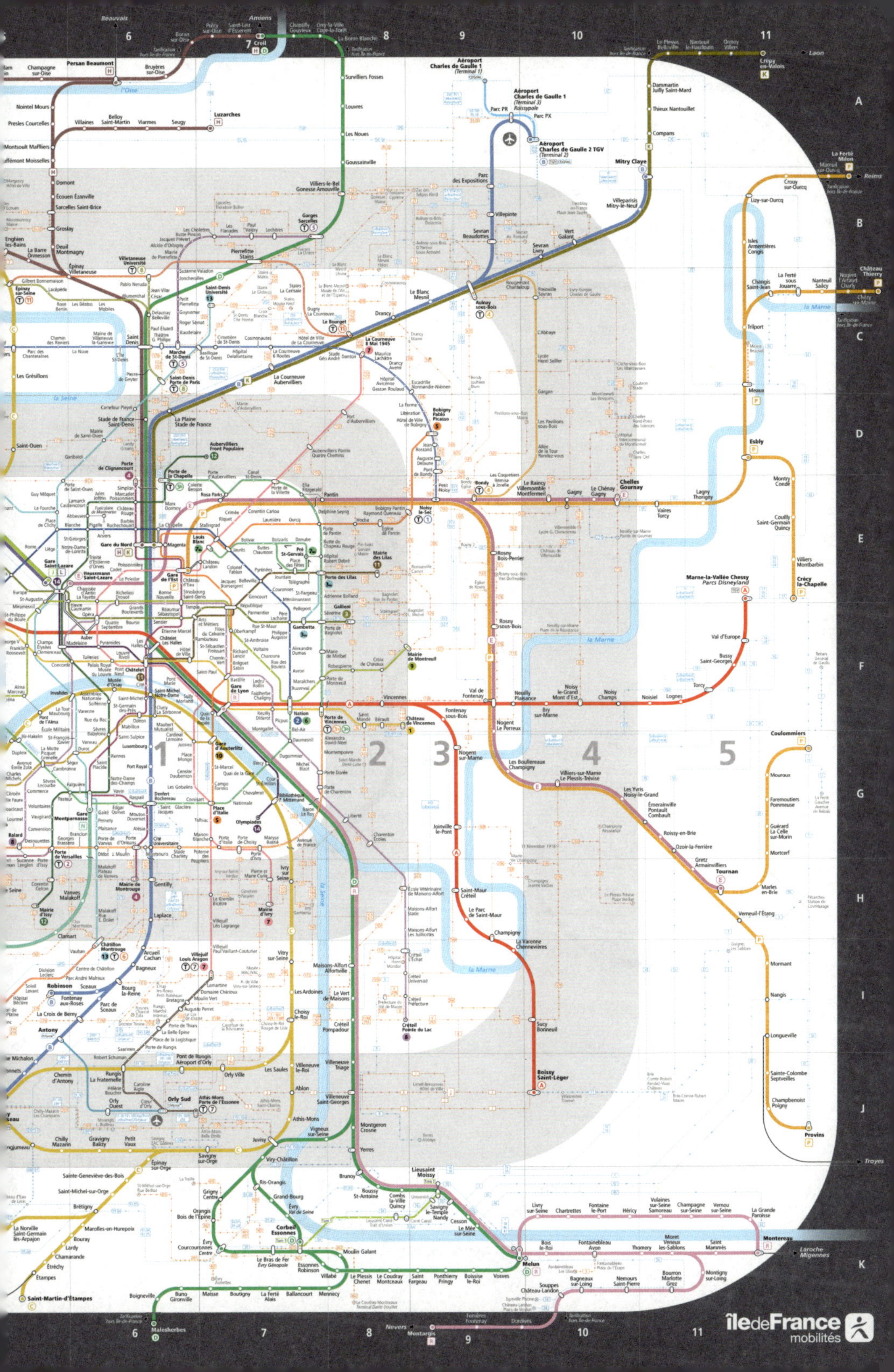

Beauvais
Amiens
6
7
8
9
10
11
Creil
Chantilly Gouvieux
Orry-la-Ville Coye-la-Forêt
La Borne Blanche
Laon
Crépy en-Valois
Persan Beaumont
Champagne sur-Oise
Bruyères sur-Oise
l'Oise
Nointel Mours
Presles Courcelles
Villaines
Belloy Saint-Martin
Viarmes
Seugy
Luzarches
Survilliers Fosses
Louvres
Les Noues
Goussainville
Aéroport Charles de Gaulle 1 (Terminal 1)
Aéroport Charles de Gaulle 1 (Terminal 3) Roissypole
Parc PR
Parc PX
Aéroport Charles de Gaulle 2 TGV (Terminal 2)
Dammartin Juilly Saint-Mard
Thieux Nantouillet
Compans
Mitry Claye
Villeparisis Mitry-le-Neuf
A
B
C
D
E
F
G
H
I
J
K
La Ferté Milon
Reims
Crouy sur-Ourcq
Lizy-sur-Ourcq
Isles Armentières Congis
Changis Saint-Jean
La Ferté sous Jouarre
Nanteuil Saâcy
Château Thierry
la Marne
Trilport
Meaux
Esbly
Montry Condé
Couilly Saint-Germain Quincy
Villiers Montbarbin
Crécy la-Chapelle
Marne-la-Vallée Chessy Parcs Disneyland
Val d'Europe
Bussy Saint-Georges
Torcy
Lognes
Noisiel
Noisy Champs
Noisy le-Grand Mont d'Est
Neuilly Plaisance
Bry sur-Marne
Nogent Le Perreux
Val de Fontenay
Fontenay sous-Bois
Vincennes
Nogent sur-Marne
Joinville le-Pont
Saint-Maur Créteil
Le Parc de Saint-Maur
Champigny
La Varenne Chennevières
Sucy Bonneuil
Boissy Saint-Léger
Les Boullereaux Champigny
Villiers-sur-Marne Le Plessis-Trévise
Les Yvris Noisy-le-Grand
Émerainville Pontault Combault
Roissy-en-Brie
Ozoir-la-Ferrière
Gretz Armainvilliers
Tournan
Marles en-Brie
Verneuil-l'Étang
Mormant
Nangis
Longueville
Sainte-Colombe Septveilles
Champbenoist Poigny
Provins
Coulommiers
Mouroux
Faremoutiers Pommeuse
Guérard La Celle sur-Morin
Mortcerf
Troyes
Chelles Gournay
Le Chénay Gagny
Gagny
Le Raincy Villemomble Montfermeil
Vaires Torcy
Lagny Thorigny
Rosny Bois-Perrier
Rosny sous-Bois
Villepinte
Sevran Beaudottes
Sevran Livry
Vert Galant
Parc des Expositions
Villiers-le-Bel Gonesse Arnouville
Garges Sarcelles
Pierrefitte Stains
Le Blanc Mesnil
Drancy
Aulnay sous-Bois
Le Bourget
La Courneuve 8 Mai 1945
La Courneuve Aubervilliers
Bobigny Pablo Picasso
Bondy
Noisy le-Sec
Pantin
Saint-Denis
La Plaine Stade de France
Stade de France Saint-Denis
Saint-Denis Université
Saint-Denis Porte de Paris
Marché de St-Denis
Épinay Villetaneuse
Épinay sur-Seine
Villetaneuse Université
Sarcelles Saint-Brice
Écouen Ézanville
Domont
Groslay
Deuil Montmagny
Enghien les-Bains
La Barre Ormesson
la Seine
Les Grésillons
Saint-Ouen
Aubervilliers Front Populaire
Porte de la Chapelle
Porte de Clignancourt
Gare du Nord
Magenta
Gare de l'Est
Gare Saint-Lazare
Haussmann Saint-Lazare
Auber
Châtelet Les Halles
Châtelet
Gare de Lyon
Gare d'Austerlitz
Bibliothèque F. Mitterrand
Nation
Porte de Vincennes
Château de Vincennes
Mairie de Montreuil
Gallieni
Gambetta
Mairie des Lilas
Porte des Lilas
Invalides
Montparnasse
Place d'Italie
Olympiades
Porte de Versailles
Mairie de Montrouge
Mairie d'Issy
Mairie d'Ivry
Ivry sur-Seine
Vitry sur-Seine
Villejuif Louis Aragon
Châtillon Montrouge
Robinson
Antony
Pont de Rungis Aéroport d'Orly
Orly Sud
Orly Ouest
Athis-Mons Porte de l'Essonne
Juvisy
Savigny sur-Orge
Épinay sur-Orge
Choisy le-Roi
Les Ardoines
Le Vert de Maisons
Maisons-Alfort Alfortville
Créteil Pompadour
Créteil Pointe du Lac
Villeneuve Triage
Villeneuve le-Roi
Villeneuve Saint-Georges
Ablon
Athis-Mons
Vigneux sur-Seine
Montgeron Crosne
Yerres
Brunoy
Boussy St-Antoine
Combs la-Ville Quincy
Lieusaint Moissy
Savigny le-Temple Nandy
Cesson
Le Mée sur-Seine
Melun
Corbeil Essonnes
Évry Courcouronnes
Grigny Centre
Ris-Orangis
Grand-Bourg
Viry-Châtillon
Orangis Bois de l'Épine
Moulin Galant
Mennecy
Ballancourt
La Ferté Alais
Boutigny
Maisse
Buno Gironville
Boigneville
Malesherbes
Saint-Martin-d'Étampes
Étampes
Étréchy
Chamarande
Lardy
Bouray
Marolles-en-Hurepoix
Brétigny
Saint-Michel-sur-Orge
Sainte-Geneviève-des-Bois
La Norville Saint-Germain lès-Arpajon
Le Plessis Chenet
Le Coudray Montceaux
Saint Fargeau
Ponthierry Pringy
Boissise le-Roi
Vosves
Livry sur-Seine
Chartrettes
Fontaine le-Port
Héricy
Vulaines sur-Seine Samoreau
Champagne sur-Seine
Vernou sur-Seine
La Grande Paroisse
Montereau
Laroche Migennes
Bois le-Roi
Fontainebleau Avon
Thomery
Moret Veneux les-Sablons
Saint Mammès
Souppes Château-Landon
Bagneaux sur-Loing
Nemours Saint-Pierre
Bourron Marlotte Grez
Montigny sur-Loing
Nevers
Montargis
1
2
3
4
5
îledeFrance mobilités

Grand Paris express

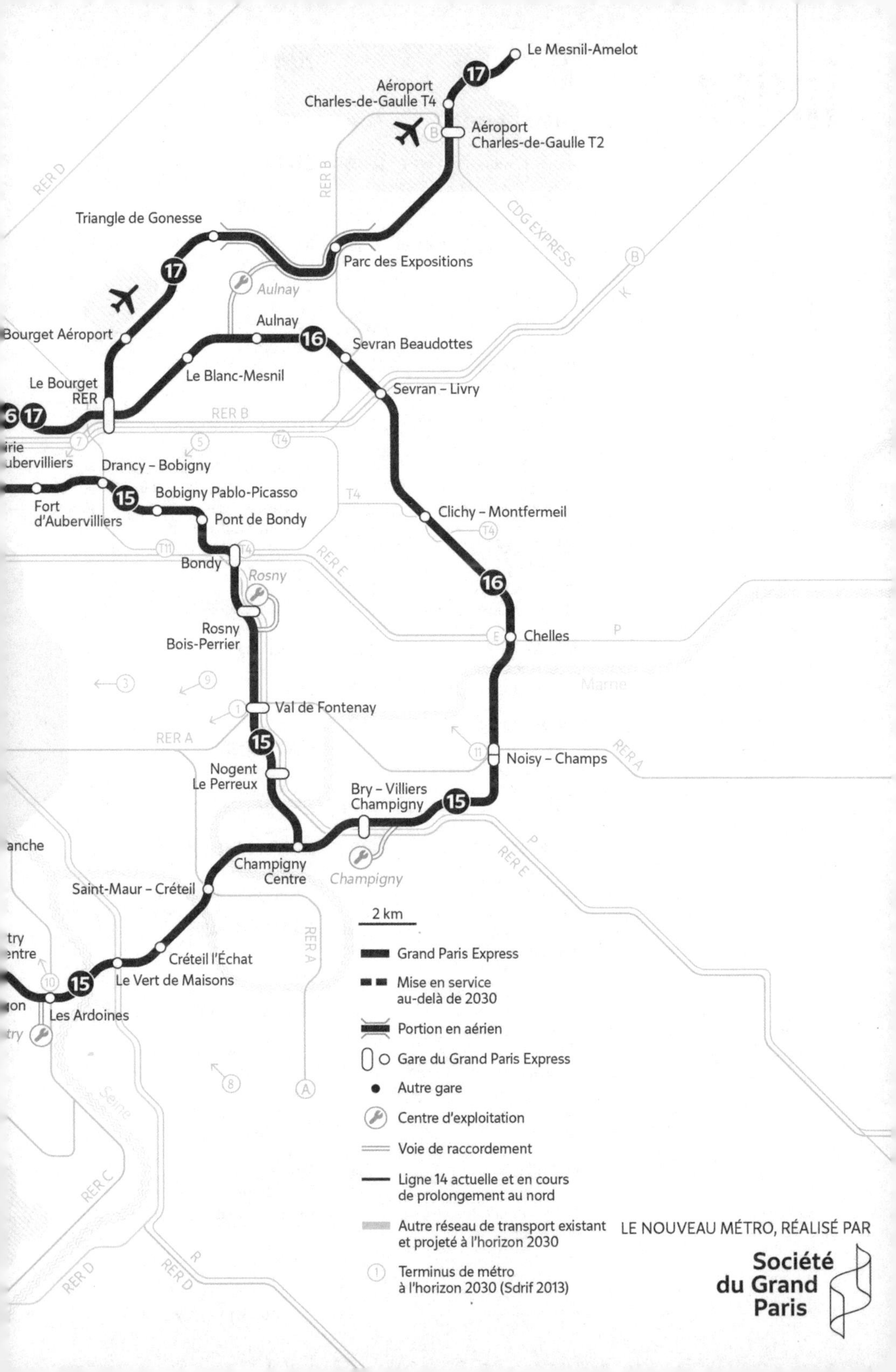
Le Mesnil-Amelot
17
Aéroport Charles-de-Gaulle T4
Aéroport Charles-de-Gaulle T2
B
RER D
RER B
CDG EXPRESS
Triangle de Gonesse
Parc des Expositions
17
Aulnay
B
K
Aulnay
16
Sevran Beaudottes
Le Blanc-Mesnil
Sevran – Livry
Le Bourget RER
RER B
17
7
5
T4
Drancy – Bobigny
15
Bobigny Pablo-Picasso
Fort d'Aubervilliers
Pont de Bondy
T4
Clichy – Montfermeil
T4
T11
T4
Bondy
RER E
Rosny
16
Rosny Bois-Perrier
E
Chelles
P
3
9
Marne
1
Val de Fontenay
RER A
15
11
Noisy – Champs
RER A
Nogent Le Perreux
Bry – Villiers Champigny
15
P
RER E
Champigny Centre
Champigny
Saint-Maur – Créteil
RER A
Créteil l'Échat
Le Vert de Maisons
10
15
Les Ardoines
8
A
Seine
RER C
R
RER D
RER D
2 km
Grand Paris Express
Mise en service au-delà de 2030
Portion en aérien
Gare du Grand Paris Express
Autre gare
Centre d'exploitation
Voie de raccordement
Ligne 14 actuelle et en cours de prolongement au nord
Autre réseau de transport existant et projeté à l'horizon 2030
1 Terminus de métro à l'horizon 2030 (Sdrif 2013)
LE NOUVEAU MÉTRO, RÉALISÉ PAR
Société du Grand Paris

index

Photographe photographié | *Quelque part dans le Grand Paris.*

Président
Rémi Babinet

Directrice de la publication
Eugénie Lefebvre

Directeurs éditoriaux
Renaud Charles
et Vianney Delourme

Directrice de la création
Aurélie Scalabre

Responsables éditoriales
Emma Haskins
et Prune Spire de Galard

Direction artistique, design graphique et fabrication
gr20paris

Photographies et légendes
Vincent Migrenne

Cartographie
Institut Paris Region –
Laurie Gobled

Imprimeur
Musumeci
Loc. Amérique, 97
11020 Quart (AO)
Valle d'Aosta – Italie

Le Guide des Grands Parisiens est une proposition originale de Enlarge your Paris et des Magasins généraux, créés par BETC.

REMERCIEMENTS
Ont collaboré aux côtés d'Enlarge your Paris :
Félix Barres, Rémi Belot, Audrey Bizet, Alain Charles, Marianne Deula, Alicia Dorey, Marc Feustel, Manon Gayet, Emmanuelle Jacquet, Sophie Le Renard, Guillaume Le Roux, Jean-Fabien Leclanche, Anaïs Lerma, Corinne Martin-Rozès, Faustine Prévot, Virginie Senizergues, Lucinda Terreyre et Noé Termine.

Ont également contribué au sein de BETC à la réalisation de ce guide :
Mercedes Erra, Saba Agri, Alexis Bourély, Laetitia Ceretti, Benjamin Coton, Alexandra Derrien, Fabienne Duclos, Christelle de la Fournière, Jade Fusillier, Sylvie Geiger, Guillaume Giraud, Elise Herfort, Héloïse Hooton, Charlotte Lévy-Frébault, Vanessa Lekhal, Géraldine Marchaudon, Saskia Millasseau, Serena Kuchta, Lucie Munsch, Agnès Renoult, Emmanuel Sadacca, Joelle Sénéjean-Chung, Fanny Shin, Sandrine Simoes, Julie Thine et Laurence Veyssière.

Stéphane Elbaz pour la fonte de texte courant Cambon.

Le Guide des Grands Parisiens est édité par Magasins généraux, 7, rue de l'Ancien Canal 93500 Pantin.
magasinsgeneraux.com /
lesgrandsparisiens@
magasinsgeneraux.com

Société par actions simplifiée à associé unique de 1000 €
808 293 823 RCS Bobigny

Dépôt légal : mars 2021
Imprimé en janvier 2021

PARTENAIRES
Ce guide a été édité grâce au soutien de Grands Partenaires investis pour le Grand Paris :

apur
BETC
CHOOSE PARIS REGION
EDF
#ExploreParis
LA POSTE
L'OBS
PARIS AÉROPORT
PARIS VOUS AIME
PORTS de PARIS
HAROPA
QUARTUS
ET LA VILLE SE PARTAGE
Région îledeFrance
SNCF
VEOLIA
VILLE DE PARIS